南开大学建校100周年纪念丛书

总主编 刘景泉

周恩来与南开

薛进文 主编

南开大学出版社

天津

图书在版编目(CIP)数据

周恩来与南开 / 薛进文主编. —天津：南开大学出版社，2011.5(2024.9 重印)
ISBN 978-7-310-03686-8

Ⅰ.①周… Ⅱ.①薛… Ⅲ.①周恩来(1898～1976)—生平事迹 Ⅳ.①K827=7

中国版本图书馆 CIP 数据核字(2011)第 053571 号

版权所有　侵权必究

周恩来与南开
ZHOU ENLAI YU NANKAI

南开大学出版社出版发行
出版人：刘文华
地址：天津市南开区卫津路 94 号　邮政编码：300071
营销部电话：(022)23508339　营销部传真：(022)23508542
https://nkup.nankai.edu.cn

天津创先河普业印刷有限公司印刷　全国各地新华书店经销
2011 年 5 月第 1 版　2024 年 9 月第 7 次印刷
230×170 毫米　16 开本　23 印张　12 插页　389 千字
定价：78.00 元

如遇图书印装质量问题，请与本社营销部联系调换，电话：(022)23508339

願相會於中華騰飛世界時

翔宇臨別贈言

周恩来为同学郭思宁题词(1917年8月30日)

切磋集

朴山束来沪上四余人诚乐也倘造不完翻阅其篇得是册中汇录师友们作之语最多因取对之字题作切磋集乃进而谓得当不愧也

中华民国六年九月下浣

翔宇周恩来题

周恩来为同学王朴山《师友赠言录》题词（1917年9月）

大江歌罢掉头东,
邃密群科济世穷。
面壁十年图破壁,
难酬蹈海亦英雄。

周恩来为同学张鸿诰题诗(1919年3月)

周恩来致严修信(1921年1月25日)

让周恩来同志的精神永远在南开发扬光大

一九八四年九月 胡乔木

胡乔木题词

周恩来(左)在南开中学课堂上

畢業證書存根

中學部學生周恩來年十九歲浙江省紹縣人於中華民國六年六月業將功課肄習完畢計得畢業分數八十九分七二

校長張壽春

中華民國六年六月二十六日給

周恩来南开中学毕业证书存根

1919年9月25日南开大学开学典礼,周恩来(后排左一)等合影纪念

1938年周恩来(后排右一)、邓颖超(前排右四)与张伯苓(后排右九)在重庆南开中学

1951年周恩来(前排左一)视察南开大学

1957年周恩来(二排右二)视察南开大学

1959年周恩来(前排右二)视察南开大学

南开中学周恩来塑像

南开大学周恩来纪念碑

南开大学周恩来塑像

出版弁言

2009年,在南开大学建校90周年时,我们出版了《周恩来与南开》一书,以大量历史资料和口述实录再现了敬爱的校友周恩来在南开读书、生活及从事革命工作的历程。2018年,在周总理120周年诞辰时,我们在南开中学、南开大学新闻中心和南开校友总会的大力支持下,对该书加以修订,收入了近年来整理和发表的关于周恩来与南开中学、南开大学的研究和纪念文章,并在文前插页中补充了周恩来同志的一些有重要价值的手迹。该书被学校选为2018年新生入学的推荐读物向学生发放,以帮助南开学生更好地了解周总理的光辉事迹和崇高品格,体会南开精神的内涵。

2019年,我们又迎来了南开大学百年华诞这一历史盛事。《周恩来与南开》被列入"南开大学建校100周年纪念丛书"。本次重印,为保持丛书体例统一,我们对全书版式做了调整,并增加了一篇纪念文章,同时,核对和订正了原书中存在的史料及文字讹误。

周总理青年时代曾题赠同学:"愿相会于中华腾飞世界时。"周恩来精神值得南开人世代传承,值得全社会景仰学习。谨以此书迎接南开新百年的辉煌,期待周总理生前念兹在兹的中国现代化的宏伟目标早日实现。

南开大学出版社
2019年8月

序

在南开学校创办 105 周年、南开大学建立 90 周年和重庆南开中学建立 73 周年之际,我们组织编辑出版了《周恩来与南开》一书,以大量历史资料和亲历者的回忆,再现了 20 世纪我们敬爱的校友周恩来在南开读书、生活及从事革命工作的历史情景,把南开的历史与周恩来同志联系在一起,把南开人与周恩来同志的世纪情联系在一起,为我们缅怀总理,学习和发扬周恩来的精神提供了很好的教材。

周恩来同志是南开的杰出校友,是南开人的崇高楷范,也是南开精神的象征。南开各校始终以周恩来同志为榜样,从培养人的总目标出发,以周恩来同志在南开留下的宝贵精神财富,作为文化育人的红色资源,创造了思想政治教育的生动局面,导活了南开独具特色的"第二课堂"。

2008 年 2 月 29 日,在中央召开的纪念周恩来同志诞辰 110 周年座谈会上,我有幸作为周恩来同志母校的代表,亲聆了胡锦涛总书记的重要讲话。胡锦涛同志在重要讲话中,回顾了周恩来同志伟大、光辉的一生,高度评价了周恩来同志的丰功伟绩、高尚品德和崇高精神,着重指出:周恩来精神就是周恩来同志始终信仰坚定、理想崇高,集中表现为他对党和人民无限忠诚的精神;始终热爱人民、勤政为民,集中表现为他甘当人民公仆的精神;始终顾全大局、光明磊落,集中表现为他高度珍视和自觉维护党的团结统一的精神;始终实事求是、严谨细致,集中表现为他求真务实的精神;始终虚怀若谷、戒骄戒躁,集中表现为他谦虚谨慎的精神;始终严以律己、廉洁奉公,集中表现为他无私奉献的精神。胡锦涛同志对周恩来精神的精辟总结和高度概括,为我们在新世纪更加深入地研究周恩来思想提供了重要理论指导,也为我们教师干部和青少年学生学习周恩来精神和道德风范,继承他的未竟事业指明了方向。2009 年 2 月 15 日,温家宝总理视察南开大学,亲切看望在校师生并发表重要讲话。

温家宝总理说,我记得周总理说过一句话——"我是爱南开的",我也是爱南开的!温家宝总理继续说道:"我在考虑,南开的道路是什么,南开学校有100多年的历史,南开大学也有90多年的历史,南开的道路是同我们民族和国家的道路紧密相结合的,也就是说,南开人总是把自己的命运同国家和民族的命运联系在一起。无论是在战争年代,还是在建设时期,这一点表现得非常清楚。心系国家,应该是南开人应有的作风。

"南开的品格是什么?允公允能,日新月异。其实这两句话,我以为就是指要为公、奉献和创新。这是每一个南开学生应该做到的,而且应该是一生的座右铭。

"南开的精神是什么?南开的精神是她青春的精神。经过100年了,这所学校是不是还是那么年青?充满朝气,面向未来,这就是南开的精神。

"我讲南开的道路、南开的品格、南开的精神是发自内心的,因为它是我们许多学长、我们的前辈,用他们的经历和献身的事迹铸成的,这就是一个学校的灵魂。一个学校是有生命的,南开的灵魂就是我刚才讲的。我们要坚持走南开的道路,坚持发扬南开的品格,坚持南开的精神。"

温家宝总理的重要讲话,充分体现了他对南开的深挚感情和对南开教育的深刻理解,充分体现了党和国家对南开的亲切关怀与殷切的期望,对于在新的形势下隆重纪念南开大学建校90周年,进一步推进南开改革和事业发展具有重要指导意义。

本书由梁吉生教授编撰。梁吉生教授是南开大学周恩来研究中心研究员,也是中国中共文献研究会周恩来思想生平研究分会常务理事,周恩来邓颖超研究中心特邀研究员和周恩来邓颖超纪念馆名誉馆员,长期从事周恩来研究,搜求周恩来与南开的历史资料。梁吉生教授从1979年就参与编辑《"五四运动"在天津》《"五四"前后周恩来同志诗文选》,以后又参与编辑《周恩来与天津》等书,撰写了《张伯苓与周恩来》《周恩来与南开纪略》等十余篇文章,取得了可喜的成绩,特别是为本书的编辑出版做了大量工作,在此,向他表示感谢,也借此机会向收入本书文章的作者以及为本书出版给予帮助的同志致以谢意。

薛进文
2009年7月

目 录

悠悠赤子心　拳拳南开情
　　——周恩来与南开纪略 ……………………………………… 梁吉生 /1

周恩来与天津南开中学

关于学习周恩来中学时代学习精神的决定
　　………………………………………… 中共南开中学支部委员会 /19
周恩来——南开最好的学生 ………………………………… 张希陆 /21
青春回放——走进周恩来青年时代 ………………………… 梁吉生 /25
周恩来在南开学校的学习与生活 …………………………… 张鸿诰 /30
回忆周总理在南开中学校 …………………………………… 张轮远 /39
周恩来学生时代的体育活动 ………………………………… 鄂　璠 /42
周恩来与敬业乐群会 ………………………………………… 张绍祖 /46
周恩来与《敬业学报》 ……………………………………… 廖永武 /49
周恩来与南开《校风》 ……………………………………… 廖永武 /54
回忆周恩来同志在南开学校的新剧活动 …………………… 黄钰生 /60
回忆周总理在南开与师生创演新剧纪略 …………………… 张轮远 /63
周恩来青年史页
　　——到南郊高庄李氏小学度假编剧 …………………… 周汝昌 /66
严修后人忆念周恩来 ………………………………………… 王庆民 /69
周恩来与常策欧的友谊 ………………………… 常卓超　常竞超 /73
周恩来与吴国桢
　　——兼忆吴国桢二三事 ………………………………… 严仁曾 /80
难以忘怀的五十年友谊 ……………………………………… 李　牲 /84
回母校——南开中学 ………………………………………… 纪文郁 /91

周恩来的叮嘱 ………………………………………… 何启君 /94
幸福的回忆　殷切的教诲 ……………………………… 杨坚白 /95
铭心的教诲　力量的源泉
　　——纪念周恩来总理视察南开五十周年 ………… 刘捷鹏 /100
幸福的回忆
　　——周恩来总理1957年给南开中学
　　　来信的情景追记 …………………………………… 田家骅 /102
周恩来总理和邓颖超同志的教导 …………………… 杨志行 /105
在纪念周恩来总理视察南开学校五十周年大会上的讲话
　　……………………………………………………… 康岫岩 /107
南开镜箴与周恩来的气质 …………………………… 张　颖 /110
在《周恩来青少年论说文集》外文版系列丛书首发式
　　暨新闻发布会上的讲话 ……………………………… 马　健 /113
周恩来南开中学论说文与培根论说文之比较 ……… 左轶凡 /116
学习研究青年周恩来的集大成之作 ………………… 程津培 /121

周恩来与"五四运动"

周恩来在"五四运动"中
　　——纪念"五四运动"九十周年 …………………… 梁吉生 /127
周恩来同志和《天津学生联合会报》 ……………… 潘世纶 /136
觉悟社的光辉 ………………………………………… 魏宏运 /139
漫话"五四"当年 ……………………………………… 邓颖超 /145
我认的主义一定是不变了
　　——学习周总理青年时代崇高的革命思想和
　　　革命实践 ………………………………………… 史冀宇 /148

周恩来与南开大学

关于周恩来同志在南开中学、南开大学上学和解放后
　　几次来南开大学情况的报告 ……… 中共南开大学委员会 /157
关于纪念周恩来百年诞辰活动的安排意见
　　…………………………………… 中共南开大学委员会 /160

南开大学有周恩来	张伯苓	/163
南开大学第一期学生周恩来	刘 焱	/164
新发现的严修资助周恩来的信稿	梁吉生	/169
三十年后五十年前周总理来到南开园	梁吉生	/172
回忆周总理1949年后第一次来南开视察	李赫喧	/175
在纪念周恩来视察南开五十周年大会上的讲话	洪国起	/177
周总理二次来南开	梁吉生	/180
周恩来关心母校发展		
——纪念1959年周总理视察南开大学	梁吉生	/182
周恩来总理在南开大学做报告	辛 夷	/187
我为周总理摄影	陈锦俶	/190
永世难忘的记忆	邵丽影	/194
幸福的回忆 巨大的鼓舞		
——记周总理1959年视察南开大学图书馆	孙书瑜	/196
周总理和同学们在一起	张金光等	/199
周总理来到了我们教室	高秋福	/203
亲切的关怀 巨大的鼓舞	冯百洲	/206
亲切的教诲	杨石先	/209
周恩来引导我走上红色晚年的路程	黄钰生	/213
周总理永远鼓舞我们前进	滕维藻	/216
幸福的时刻	何炳林	/219
难忘的幸福	赵志宽	/222
周总理"我是爱南开的"一语是怎样被发现的	赵耀民	/225
春风桃李七十载 浓墨重彩庆华诞		
——南开大学隆重举行庆祝建校七十周年		
暨周恩来塑像揭幕仪式	陈健强	/227
在建校70周年暨周恩来塑像揭幕仪式上的讲话	母国光	/230
周恩来塑像卓然而立南开园	王文俊	/234
在纪念周恩来同志诞辰95周年大会上的发言	吴大任	/239
南开学子誓承总理志 为中华之崛起而读书	平 扬	/242

在澳门《为中华之崛起——周恩来生平业绩展览》
　　开幕式上的致辞 …………………………………… 薛进文 /245
周恩来对南开大学及高等教育的关怀 ………………… 薛进文 /247
缅怀伟人风范　弘扬恩来精神　建设一流大学
　　——在南开大学师生座谈会上的讲话 …………… 曹雪涛 /252
缅怀伟人风范　传承恩来精神 ……………………… 李正名等 /258

周恩来与重庆南开中学

周恩来总理在重庆南开中学 ……………………………… 梁华友 /271
抗战中的周恩来与张伯苓 ………………………………… 梁吉生 /275
伉乃如与周恩来 …………………………………………… 梁吉生 /282
深切怀念 …………………………………………………… 伉铁健 /288
位尊不忘师生情 …………………………………………… 谭伯鲁 /290
周恩来与喻传鉴的师生情谊 ……………………………… 魏仲云 /291
柳亚子在津南村 …………………………………… 梁吉生　杨　珣 /293
记在重庆南开中学求学时张伯苓谈周恩来 …………… 阎明复 /296
回忆我与周恩来的几次会见 ……………………………… 柳无忌 /298
难忘的一天
　　——记周恩来总理视察重庆南开中学 ………… 王敬慈 /303
周总理回南开
　　——记周恩来总理1957年回重庆南开 ………… 胡德鹿 /305

附录一

本会成立小史 …………………………………………………… 311
吾校新剧观 ……………………………………………………… 314
本社之责任观 …………………………………………………… 319
《南开学校第十次第二组毕业同学录》序 …………………… 327
致留日南开同学 ………………………………………………… 329
天津中等以上男女学校学生短期停课宣言书 ………………… 331
致南开出校同学诸君 …………………………………………… 333
《觉悟》的宣言 ………………………………………………… 335

致张伯苓信……………………………………………………… 337
埃德加·斯诺《西行漫记》录周恩来谈话……………………… 338
周恩来和美国记者李勃曼的谈话记录………………………… 339
周恩来总理在天津高等学校师生欢迎大会上的讲话………… 341
给南开中学(天津市第十五中学)学生会、青年团委员会的信 ………… 344

附录二
周恩来总理来我校视察………………………《人民南开》/347
周总理在职工食堂……………………………《人民南开》/349
周总理巡视物理系……………………………《人民南开》/352
南开大学建立周恩来同志纪念碑……………《天津日报》/355

后　记 ……………………………………………………………… 357

悠悠赤子心　拳拳南开情

——周恩来与南开纪略

梁吉生

在南开大学马蹄湖中心岛上,青松翠柏掩映下有一通硕大的白色大理石纪念碑。碑左上方镶嵌着镀金周恩来头像,正面镌刻着周恩来手迹——"我是爱南开的"。这六个镏金大字,犹如一部编年史,记载着周恩来对南开母校的眷眷情怀。而今碑迹人遐,暮云春树,引起南开人无尽的思念。

位于马蹄湖边的周恩来纪念碑

（一）

　　周恩来总理在1913年暑期考入南开中学,入己三班(后改丁二班)。那时他的伯母住在天津河北区元纬路元吉里2号,生活拮据,所以周恩来上学时经济很不宽裕。他住在学校里,只有星期日才回到伯母那里。周恩来在学校是个品学兼优的学生,又很有社会活动能力,刚刚过了一个学期,他这方面的才能就显露出来。1914年3月,他与同学张瑞峰、常策欧等创办敬业乐群会,并当选为智育部部长。暑假又当选为暑期乐群会会计。他主编会刊《敬业》,又参加新剧演出,扮演女角,在南开学校十周年纪念演出中饰烧香妇,"牺牲色相,粉墨登场,倾倒全座"。南开新剧团成立时,周恩来担任了布景部副部长。对于这样一个学生,不能不在张伯苓心目中留下深刻印象。他很赏识、关怀周恩来。他免去了周恩来的学费、书费、宿费,让周恩来业余帮助学校做些抄写、刻字的杂事。张伯苓一再地说:"周恩来是南开最好的学生。"

　　1915年7月,学校成立暑期乐群会,校长张伯苓是名誉总干事,周恩来任总干事,负责全校暑期活动。1916年暑期,张伯苓率南开新剧团到津郊高庄编写新剧,只挑选四名学生,其中就有周恩来。新剧团在高庄借宿李氏小学,每天搔首构思,累了,张伯苓给大家讲趣语笑话,再不就是"旅行数里之外,或泛舟河渠之中,或观学校,或观稻田,又或促膝谈心"。有时,周恩来还与校长一起观剧。如1917年4月6日,周恩来就曾与严范孙、张伯苓、林墨青、梁漱溟等观看志德社演出《一元钱》剧。5月底,当张伯苓作为中国体育总领队(内有南开七名选手)参加在日本举行的远东运动会回到天津时,南开中学组织了全校师生大会欢迎张伯苓和南开运动员,周恩来作为大会主席致欢迎辞。1917年6月26日周恩来中学毕业,南开学校举行第十届毕业典礼。张伯苓和徐世昌、陈独秀等来宾坐在主席台上。周恩来代表毕业同学讲话,徐世昌颁发毕业证书,周恩来还获得"国文最佳奖"金质奖章。

　　四年的中学生活结束了。周恩来开始为自己的进一步求学奔忙。张伯苓也决心进一步深造。8月8日,他由津启程到上海,乘天祥丸日船去美国哥伦比亚大学师范学院研究教育。9月,周恩来抱着"邃密群科济世穷"的理想东渡日本留学。周恩来到日本后,与南开留日同学一起住在东京牛込区鹤卷町

141番,名曰新中学舍。他们不用仆役,"炊爨及杂事,皆学生自为之"。1918年12月14日,严范孙、张伯苓由美国回国途经日本时,张伯苓还曾去新中学舍看望周恩来等南开同学,并与他们聚餐、合影。

深厚的师生情谊,优良的南开校风,使周恩来一直对南开念念不忘。周恩来投身革命以后,多次谈到张伯苓校长,谈到南开对他的培养。1957年他陪波兰政府代表团访问天津,在全市高等学校欢迎会上讲话时说:"我每次来至天津,总是告诉我过去的师友说:我还是感谢南开中学给我那些启蒙的基本知识,使我有可能寻求新的知识,接触新的知识。"

周恩来在日本留学一年多,俄国发生了十月革命,他接触了新思潮。1919年"五四运动"前夕,周恩来回到天津。伟大的反帝爱国运动的实践,促进了他思想的转变,他开始用新的宇宙观观察中国和世界问题。周恩来对于南开教育,对于张伯苓校长虽然一如既往地热爱和敬重,但新的觉悟也使他有了新的认识。他不赞成张伯苓当时为办南开大学向北洋政府的官僚政客如曹汝霖、梁士诒、周自齐辈乞援,反对拉曹汝霖、杨以德之流充任校董。1919年5月他在给南开留日同学会的信中公开批评张伯苓的上述做法,说"校长近来人心大变,总是拿中国式政治手腕办教育"。他还尖锐提出南开教育的弊端。他说:"从中学二年级起,耳朵里不大听中国话了。除开国文还有一个先生讲中国话外,英文、代数、三角、几何、历史、地理、物理、化学……都是用英文教,用英国的教本,直到现在还有一些科学的术语,要我说成中国名字,我还说不出来。把一个青年搞成这个样,还有什么办法跟中国的实践相结合呢?"此后,张伯苓通过对美国教育的考察,也深深感到南开教育需要革新。他积极创办大学也意在摸索中国教育的道路。1919年9月南开大学成立,张伯苓准予周恩来免试入文科(学号62号)。当时张伯苓提出,教育目的不能仅在个人,在谋社会进步。教育要尚实勿虚,联系实际,注重科学教育,"按科学方法教之作事"。他亲自拟定改革草案和宣言书。12月,张伯苓委托周恩来在修身班上向全校师生宣布改革大纲。这是周恩来作为南开大学学生参加的张伯苓主持的教育改革活动。

但是,急剧变化的政治形势,深入发展的爱国运动,周恩来没有来得及协助校长开展具体工作。1920年1月29日,为反对山东问题中日直接交涉,以及要求人民言论结社自由等权利,周恩来带领南开等校三千余名学生到直隶省公署请愿,被反动当局逮捕。这年春节,张伯苓去警察厅看望周恩来和南开

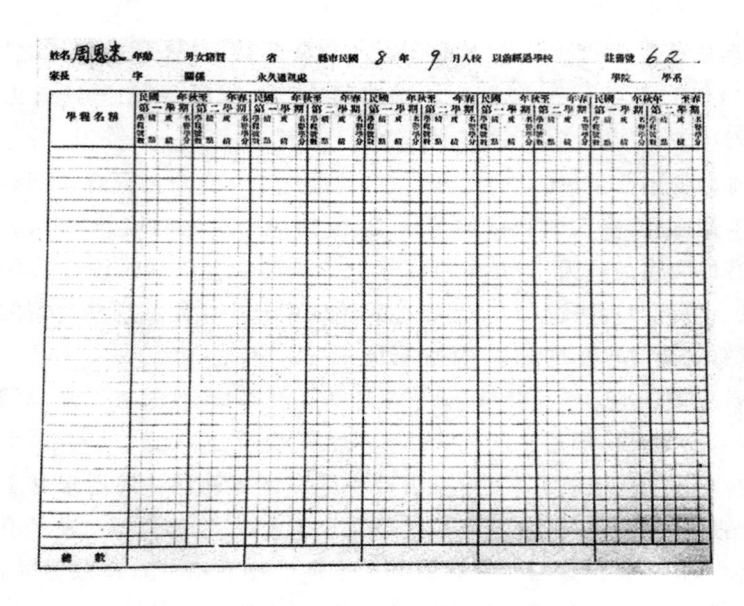

1919年周恩来升入南开大学的注册表

其他被捕同学。周恩来领导被捕代表在狱中展开斗争。7月17日反动当局被迫释放周恩来等人。

还在狱中的时候,周恩来就有去欧洲学习的打算。1920年6月8日他在给李愚如(觉悟社社友)的诗中写道:"三月后,马赛海岸,巴黎郊外,我或者能把你看。"诗的附言中也说:"别了!三个月后,或者能见着,希望了。"周恩来出狱后,校董严范孙决定以南开设置的"范孙奖学金"派遣学生出国深造。对于派谁出国,严老先生和张伯苓校长做了商量,他们都同意周恩来和李福景两人出国。随后张伯苓还征求其他校董和有关人士的意见(通知内附有出国留学生条件),都一致认为周、李符合条件。周恩来第一年的用款是以支票交给本人带去的(他曾丢失支票,后来挂失,又领到),以后三年每学期领一次。旅欧勤工俭学,开辟了周恩来的革命道路。严范孙的经济支持,张伯苓的热情关怀,产生了意想不到的后果。

1924年7月下旬,周恩来从法国启程,由海路回国。9月初,坐佛山号轮船由香港到达广州长堤码头,回到他已经别离四载的祖国。他在广州两年多的繁忙革命工作余暇,没有忘记与同在广州的南开校友进行联络。1926年4月初,他和在广州的南开校友一起为南开校长张伯苓先生庆祝50寿辰。在宴会上,校友们谈起各自的留学生活。周恩来承认,大多数在法国的中国学生读书求学的机会不多,学习不用功,但他们接触了工人,帮助在法国的中国工人争取平等权利和公平待遇,打开了眼界和心扉,周恩来说,他从来没有想到过他的没有文化的同胞是那样可爱,又是那样的难于组织。

周恩来自旅欧离津,第二次回到阔别八年的他的第二故乡天津,是1928年末的事情。这是他奉中央政治局之命前来整顿顺直党委的。12月中旬,周恩来化装成商人,身穿长袍马褂,留着胡子,从上海乘轮船到天津,他在天津一共住了一个月左右的时间,在极秘密的状态下夜以继日地工作。周恩来到天津的消息,南开有些人是知道的,因为他秘密地看望过老校长张伯苓等人。当时伉乃如、章辑五都知道这件事。章辑五还同体育教师侯洛荀说,周校友回来了,并用手在下巴颏下作了个动作,接着说,留着胡子。这是在白色恐怖下,南开人第一次见到他们的校友周恩来。1930年3月,周恩来代表中共中央去莫斯科向共产国际汇报工作。8月上旬离开莫斯科乘火车经满洲里回国。到达沈阳后,要从这里换车到大连,然后再搭船回上海。当时日本军已经得到消息有共产党要人到达沈阳,气氛相当紧张。周沉着应付,找到了皇姑屯车站车务段段长那里。段长是南开校友胡纯赞,中学时是周发起组织的敬业乐群会会员,与周很接近,又一起入南开大学,1920年去美国,1923年回国入京奉铁路局。胡一见周校友很是惊讶:"啊!你怎么到这儿来了?"周说:"我要到你这儿住一夜。"胡说:"你看我这儿进进出出的人,太杂。走,我带你到一个保险地方去。"说着,把周带到皇姑屯工务段副段长的住处。工务段段长是日本人。副段长不是别人,正是周中学和旅欧时最好的朋友李福景。久别重逢,高兴异常。周恩来一直紧张的神经松弛下来,他美美地睡了一夜。第二天车务段长胡纯赞亲自把周安排到火车上,日本宪兵哪里知道,就在他们日本人住的地方,却住了他们要缉拿的共产党要人。胡送走周不久,日本宪兵就到胡的住处来搜查,胡从容地说,没人来过。日本兵屋里屋外翻查一过,悻悻而去。

周走后,胡与同在铁路工作的南开校友陈颂言谈起此事,非常敬佩周的过人胆量。陈颂言也是过去敬业乐群会的会员,与周很要好。周恩来等人去北京演出新剧,陈随同去京在北京青年会(米市大街,现为红星剧场)门口售《敬业》杂志。周毕业时,陈颂言、杨祖荣特邀周恩来到鼎章照相馆合照一影。"五四运动"时,周在天津学联评议部工作,他们每天在东马路青年会楼下饭厅开会,研究爱国运动发展情况。有时晚上他们就在青年会食堂吃饭。1938年陈颂言在衡阳铁路局工作,遇到周恩来的堂弟周恩彦。周恩彦对陈说,周恩来在长沙大火中冒着危险冲出火海,到达衡阳。周曾问他,此地还有什么熟人吗?周恩彦说,陈颂言在运输局调度所工作。周说:"我没有时间去看他了。"随即掏出一张名片,在名片背面匆匆急书:"昔日格于势,而今复格于时……失之交臂不能一晤 …… 将有重庆之行 ……"陈颂言收到名片后,激动得难以名状,即使在那战火纷飞的紧急时日,周恩来依然不忘过去的校友。

红军长征到达陕北后,周恩来有条件重新获得母校和校友的信息。轰轰烈烈的"一二·九"运动,标志着中国人民的抗日救亡运动掀起了新的热潮。北方的政治局势和京津学生运动引起党中央的高度重视。大约在此时,周恩来更多地知道了学校情况,也听说了上海"一·二八"抗战后张伯苓"曾拟挺身入江西苏区,主停内战,一致对外"的消息。1936年4月9日晚,周恩来偕李克农与张学良在肤施(延安)城内一座教堂里举行谈判。周同张学良一见面,就说:"我是在东北长大的。"张说:"我了解,听我的老师张伯苓说过。"周颇感惊奇,问:"张校长怎么是你的老师?"张学良爽快地回答:"我原来抽大烟,打吗啡;后来听了张先生的规劝,完全戒除了。我很感激他,因此对他总是以师礼事之。"并说:"我和你是同师。"于是会谈便在一种亲切而轻松的气氛中开始了。5月15日,周恩来在瓦窑堡写了两封信。一封给张伯苓校长。信一开头便说:"不亲先生教益,垂廿载矣。曾闻师言,中国不患有共产党,而患假共产党。自幸革命十余年,所成就者,尚足为共产党之证,未曾以假共产党之行败师训也。"信中赞扬张呼吁停止内战、一致对外的救国热忱;说明中共主张"组织国防政府与抗日联军"实现团结抗日的方针,希望张赞同,"请一言为天下先"。第二封信是写给时子周的。时是南开教师,周加入南开新剧团时,时为团长,"五四运动"时两人又是战友,一起度过了半年的铁窗生涯。此时,时子周已是国民党候补中央委员。7月8日,周恩来在陕北百家坪的一间小屋里,盘腿坐在土炕上与美国记者斯诺谈起了他在南开中学、南开大学读书的情景,在天津城西南那座灰色院墙中那神奇美妙的学生生活,又一幕一幕地展现在他的眼前。此后,他还在延安接待了天津一家英文报刊《华北明星报》的外国记者的采访。他说:"我在天津南开读中学、大学。这个学校教学严格,课外活泼,我以后参加革命活动是有南开教育影响的。请你回到天津后,在南开大学张伯苓校长前代我问候。"

1936年发生震惊中外的"西安事变"后,张伯苓受孔祥熙之托给周恩来打电报。事变和平解决后,张伯苓非常高兴,在学校大礼堂向师生报告这一喜讯,并当众介绍周恩来为本校校友。学生也发通电给周恩来。事后,周恩来以"约翰·骑士"的署名给南开同学来信表示感谢,此信放在大学第一宿舍郭平凡先生办公室,让同学们去看。1937年7月7日卢沟桥事变发生,抗日战争开始,蒋介石邀请各方著名人士在庐山举行谈话会,听取他们对"国是"的意见。张伯苓、梅贻琦、胡适等参加。13日,周恩来为与蒋介石谈判国共合作事宜也到庐山,住仙岩饭店,见到了张伯苓。张伯苓在"国是座谈会"上带头提出,"拥护抗战的蒋委员长",得到大家的赞同,周恩来对张校长的这一观点亦表支持。7月底,南开被日军炸毁,师生辗转南迁到达南京。张伯苓表示要亲自与周恩来联系,将南开部分进步学生通过八路军在宁办事处送往延安。

1938年5月,张伯苓到武汉为南开募款。当时武汉云集了许多南开校友。在南开中学时比周恩来低一班的吴国桢正任武汉市市长。周恩来也在武汉。他是八路军驻国民政府军事委员会的全权代表,并在这个委员会中任政治部副部长,住在汉口长春街67号"八路军武汉办事处"。张伯苓到来后,武汉的一百多名南开校友聚会欢迎张校长。欢迎会在汉口金城银行二楼举行。周恩来偕邓颖超及刘清扬联袂而至。周恩来穿藏青色哔叽中山装,浓眉朗目,神采奕奕。他的到来,使会场顿时热烈起来。他亲切问候校长,并和校友一一握手。会间最激动人心的是他那言宏词峻、声音洪亮、富于感染力的讲话。他向校友们分析了抗战形势,指明了努力方向,并深情地回忆了在南开所受校长的哺育和南开校风的熏陶。他说:"南开除严格之训练与优良之校风外,有两点至可注意:一为抗日御侮之精神,一为注意科学训练。"张伯苓认真地听着周恩来讲话,他从心眼儿里为有这样的学生而自豪。他亲昵地称呼着"恩来"的名字,而不加姓。会上还放映了有关南开和校友们的幻灯片。当映出长征途中戎装而又留着胡须的周恩来形象时,张伯苓用手杖指点着对大家说:"这个脑袋要值十万块钱呢!"在场的校友都知道,抗战以前,蒋介石曾以近十万元的高价悬赏周恩来的首级,当时有的校友笑着说:"校长,您可以领着周校友到蒋先生那里,向他要几十万块钱,这不是很好的募款方式吗?"周恩来笑了,张伯苓和校友们也笑了。这次,周恩来应张伯苓之邀,答应参加为南开的募款活动。几天后,吴国桢在三教街的市长私邸宴请周恩来及魏文翰、施奎龄等校友。张伯苓也在汉口腴川菜馆请周恩来、吴国桢、何廉、范旭东等人吃饭,商讨建设后方南开之大计。

1938年底,周恩来作为中共中央代表和南方局书记来到重庆,与南开校友和南开师生的接触更多了。当时张伯苓是国民参政会副议长,居住在沙坪坝南开中学内的教职员宿舍——津南村。这里很快成了重庆社交活动的中心之一。傅作义、柳亚子、范旭东、谭仲逵、侯德榜等或其家属都住在那里,文化界名人郭沫若、曹禺、舒绣文、陶金、钱千里等常去津南村。国民党方面的要人,如当时的重庆市市长吴国桢,以及张道藩、杜建时、张平群、段茂澜、施奎龄等也常有往还。周恩来为广泛团结爱国人士抗日,几乎每周末都到南开中学去。他有时到南开化工研究所所长张克忠家,有时先到他的老师伉乃如家,然后到张伯苓的住处,向校长和师母问好。1939年1月初,周恩来应张伯苓邀请,从机房街八路军办事处来到南开中学。当他与邓颖超在张伯苓陪同下走进学校礼堂——午晴堂时,受到南开师生长时间的热烈欢迎。不仅礼堂内座无虚席,连过道、窗台都挤满了闻讯赶来的附近学校的师生。张伯苓亲自主持会议,并向全校师生介绍周校友。周恩来站在讲台上,目光炯炯地注视着全场,他说:"我也是南开的学生,张校长是我的校长,在座的老师有的也是我的老师。能够回到母校与老师和同学见面,畅谈国家大事,感到十分高兴。"接着就统一战线、抗战形势与前途、青年在抗战中的责任等问题做了深入浅出的阐述。他说:我们全民族团结起来,建立了抗日民族统一战线,同日寇进行英勇顽强的战争,这在中华民族的历史上是空前的。在东方,在世界历史上也是十分伟大的。他还结合实际对南开的"公能"校训做了新的解释:"在当前,公,就是国家大事,就是抗战到底,取得最后胜利,把日本侵略者赶出我神圣的领土;能,就是学习,学好抗日的本领、建国的本领,打倒日本帝国主义,建设一个强大的国家。"讲话结束后,张伯苓先生设宴招待周恩来,作陪的有周和邓颖超的几个老同学,还有几位学生代表。当他得知几位同学都是南开中学话剧队成员时,十分高兴,深情地回忆起当年他在学校时演出新剧的情景,勉励同学们用话剧这个武器为抗日救亡宣传出力。1月9日,周恩来又出席了南开校友会在城内陕西街留春幄餐馆举行的新年聚餐会。晚上,又到南开礼堂发表《抗战建国与南开精神》的演讲,希望校友们发扬南开精神,继续为争取抗战胜利而努力奋斗。

  周恩来的讲话在校友和南开师生中引起巨大反响。当时出版的《南开校友》刊登《对"南开校友"提供一点意见》一文,其中提出希望该刊多多报道周恩来的讲话。文章写道:"譬如周恩来先生屡次在校友会上作讲演,我们不但要知道这个消息,而且极需要知道其演讲的内容。这次他讲《抗战建国与南开精神》，我们想象中他不但说明了抗战建国光明前途，而且更给南开精神作了进一步的发展，将南开精神和今日之抗战建国大业互相联系起来。这一切新的发挥，都是我们不得亲自与会聆听的校友所极盼望知道的。同时我们更知道周先生在桂林也曾作过讲演，那些材料也不妨经其同意之后披露。"（《南开校友》第4卷第6期）

周恩来还抽暇参加母校的其他活动，如参观南友剧社公演曹禺名剧《日出》的彩排，出席南开校友会召开的常务委员会。会上讨论收集张伯苓的教育言论，准备出论文集，他都极表赞成。

由于当时张伯苓在青年学生和上层社会的威望和影响，蒋介石对他竭尽拉拢之能事，蒋多次亲赴津南村看望张伯苓。因此，周恩来在与张伯苓接触过程中，非常注意方式方法，每逢张伯苓生日、校庆、年节，他都赶到张伯苓府上向老校长祝贺。1939年3、4月间，周恩来到浙江、湖南、广西等地视察工作，还嘱托邓颖超送花篮恭祝张伯苓64岁寿辰。在大是大非问题上，周对张伯苓总是耐心劝谕开导，等待他的进步，无论对老校长或别的校友，从不强加于人。曹禺曾回忆他和周恩来一起去看望张伯苓的情景，他说："我和周总理到南渝中学去见张伯苓校长，老校长留我们用饭。在座的还有九先生张彭春。席间九先生和周总理展开了讨论，九先生对共产党的主张不以为然。而周总理非常泰然，心平气和地向九先生解释说'你说得不对，不符合事实'。用许多事实来说服九先生。老校长一旁不置可否，只是注意听着。这次同去张校长家里，给我留下深刻的印象，他对老校长十分尊重，对九先生的意见也很耐心倾听，他总是以理服人，使你不能不心悦诚服。"

比较起来，在张伯苓家里与吴国桢的辩论要激烈得多。张伯苓总是从中调和，并说："我看多晚你们俩不吵了，中国就好了。"周恩来说："这不是我们两个人的问题。"每到周、吴争辩得不可开交时，伉乃如就把周请到自己家里去，但周恩来心情久久不能平静。说，张校长被蒋介石迷惑住了，真正抗日取得胜利才有中国，也才会有南开，不抗日中国就没有了。

周恩来更多的精力还是着眼于广大南开师生及住在津南村的爱国民主人士，邓颖超每次陪周恩来去那里都有别的任务，与进步知识分子取得联系。1945年9月毛泽东正在山城重庆与国民党进行和平谈判。6日下午，毛泽东偕周恩来、王若飞驱车来到南开中学看望张伯苓和在津南村的柳亚子。在柳家邻居、南开教师卢延英（南开大学教师）之子卢国琦的请求下，周恩来为其书写了"民主团结,和平建国"的题词。

　　1948年,张伯苓在蒋介石多次敦请下出任南京政府考试院院长。他在南京仅待了几个月,便以养病为名离开南京避居重庆。国民党政权退守重庆后,蒋介石两次亲到张伯苓住所劝其一同迁往台湾。此时张伯苓的心情很矛盾。在北平和平解放后,张的老友傅作义将军十分关心他的安危,向周恩来报告了张伯苓仍在重庆的消息,周恩来当即决定要设法通知张伯苓,不让他去台湾,并很快通过香港的校友以"无名氏"的信件寄给张伯苓,信云:"老同学飞飞不让老校长动。"张伯苓知道"飞飞"是周恩来在南开常用的笔名,立即感悟到这是周在关键时刻对他的关照和爱护,从而坚定了不去台湾的决心,1949年11月在重庆迎来了山城的解放,掀开了他晚年历史的新篇章。

　　1950年春,张伯苓向周恩来表示希望返回北方。5月初周恩来亲自安排飞机接张伯苓夫妇,并请在西南地区主持工作的邓小平同志给予协助。飞机起飞后,他又指示政务院有关部门做好接待准备,张飞抵北京时,周恩来特派童小鹏和秘书前往机场迎接。张伯苓下榻傅作义寓所后,周恩来立即赶去问候,嘘寒问暖。以后不仅他自己尽量抽暇来看望张伯苓,还动员张在京的朋友故旧前来话谈。一次政协开会,周恩来见到张伯苓最早师范班的老学生韩诵裳,便对他说:"张校长在重庆未随蒋介石去台湾,我接他来北京看看新中国的情况。您是南开的老学长,请尽量给他多讲讲新中国的建设和面貌。"韩当时是北京市工商联副主任、政协委员,回到家对子女感慨地说:"周总理之伟大不仅在于他的革命精神,而且在于他不念旧过,能客观正确地对待故旧及师长,这是十分难能可贵的!"张伯苓对周恩来的博大胸怀也十分感佩,他对亲友说:"我活了七十多岁,与政府高级官员谈话,还没有一个人像周恩来那样推心置腹。"张伯苓逐渐认识了新中国,向周恩来讲了他对人民政府最赞成、最高兴的话,一个是新中国的对外政策,一个是人民政府清除贪污,经济建设。1950年9月,张伯苓要回天津,周恩来尊重他的意愿,并询问了他回天津的生活安排,让秘书给天津市政府写了信,请他们多加关照。临行那天,周恩来、邓颖超在中南海西花厅为张伯苓饯行,并请来老同学潘世纶、李福景等人作陪。席间,他们谈起严范孙。周恩来动情地说:"我在欧洲时,有人对严老先生说:不要帮助周恩来了,他参加了共产党。老先生说:'人各有志',这话是颇有见识的。他是清朝的官,能说出这种话,我对他很感激。"张伯苓回到天津不到半年,便因病去世。周恩来闻讯后亲赴张宅吊唁,并领衔组成张伯苓治丧委员会,亲自送了花圈,花圈缎带上写着:"伯苓师千古　学生周恩来敬挽"。

(二)

中华人民共和国成立后,担任国家总理的周恩来,宵衣旰食,日理万机,但仍然关怀着南开和广大师生。

1952年2月24日,周恩来视察南开大学、南开中学,并分别亲切会见师生,发表了语重心长的讲话,感谢南开对他的培养教育,使他学到了有用的科学知识。

1957年2月10日,周恩来出访亚非十一国回国途经重庆时,到重庆南开中学视察。他在校园里边走边向大家介绍南开的历史。走到操场时,他说:"南开这个学校历来很重视体育,很重视学生的健康。我身体之所以这些年来还不错,就是在中学的时候锻炼得好,这都应该感谢母校,感谢母校的老师们啊!"当走到津南村村口时,周恩来指着一处平房说:"这原来是张伯苓先生住的嘛！张伯苓没有追随蒋介石去台湾,还是对的嘛!"同年秋,喻传鉴到北京出席全国政协会议,在招待宴会上,周恩来走到喻传鉴席前举杯向喻老师敬酒,并介绍说:"喻老师是我中学时代的老师。"在场的政协委员深有感触地说:"总理真是位尊不忘师生情啊!"这年4月,他陪同波兰总理访问天津时,在讲话中说:我是四十年前在天津受过中学教育的一个学生。没有疑问,那时受的是资产阶级教育。但是,资产阶级教育对于当时我这样一个封建家庭出身的青年,也给予了一些启蒙知识,所以我每次来至天津,总是告诉我过去的师友说,我还是感谢南开中学给我那些启蒙的基本知识,使我有可能寻求新的知识,接触新的知识。5月4日,周恩来还给南开中学学生会写来亲笔信,向同学们表示节日祝贺,并希望他们好好学习,加强劳动观念,热爱祖国,提高政治思想觉悟,树立艰苦朴素作风,为准备做一个有文化、有技术的工人和农民,做一个体力劳动和脑力劳动相结合的知识分子而努力。

1959年5月29日,周恩来和邓颖超在河北省、天津市领导陪同下,又来到母校视察。他首先听取了南开大学副校长吴大任教授的汇报,当听说当时教育部公布的重点大学没有南开时,马上让秘书记下来。周恩来还对南开的老人一一询问情况怎么样,身体如何,现在什么地方,干什么事,等等。问到吴大任的哥哥吴大业时,周恩来关切地说:"请他从国外回来吧。"吴大任说:"他有一套资产阶级经济学理论。"周恩来说:"那有什么,让他回来,我们欢迎!"

周恩来(右一)听取南开大学党委工作汇报

随后,周恩来、邓颖超来到新开湖畔的图书馆大楼东侧,早已聚集在那里的 3000 余名师生热烈地鼓起掌来。周恩来缓步登上临时搭起的讲台,勉励大家贯彻执行党的教育路线和方针,正确对待当前的困难,使南开大学更好地为社会主义服务。接着,他就不久前中央发出的增产节约指示做了说明。他说:我们的国家虽然经过了十年的恢复和建设,但它还不可能一下子改变贫穷落后的面貌,大规模的经济建设还需要很多的积累。建设社会主义需要几代人的艰苦卓绝的努力,我们应该在青年中提倡讲建设,讲积累,讲贡献。你们看问题,想问题,都要从我国有六亿五千万人民这个根本观点出发。比如说,我们的生产发展了,国家拿出来用于消费的东西会多一点。但是,把这个数字用六亿五千万一除,那么分到每一个人头上能得多少呢?如果我们每一个人通过增产节约,为国家积累一点,哪怕这个数字是很小的,用六亿五千万这个数字一乘,然后再看看,这不就是一笔十分可观的财富吗?拿这笔财富可以办多少事业呢!这个一乘一除的方法,你们都懂得的。我希望你们都要这样去看问题,去想问题,正确处理国家、集体、个人三者之间的关系,正确处理目前利益和长远利益的关系,从而树立起革命的人生观、世界观。最后,周恩来满怀深情地说:"南开在新的时代要有新的校风,有新的教学重点,要保证质量,真正能够很好地为社会主义服务,为将来共产主义服务。"

周恩来走下台来,一霎间,同学们像潮水一般涌向新开湖边道路两旁,自动而有秩序地排成了长长的人廊,大家多么想多看一眼我们的校友、我们的总理啊!

悠悠赤子心　拳拳南开情　·13·

欢迎周恩来总理的南开大学学生

周恩来参观视察到下午一点多,来到教职工食堂。"周总理来了!"这一消息使炊事员们又高兴,又窘急。因为,中午饭早已经开过了,只剩下玉米面窝头和熬白萝卜菜,拿什么招待敬爱的总理呢!周恩来微笑着走进厨房,向炊事员们亲切问候。周恩来看到笼屉上还有剩下的窝窝头,问了价钱后,说:"这便宜,我买两个。来一盘熬萝卜,再加两分钱咸菜。"并招呼一同前来的省、市领导同志:"就在这儿吃饭吧!吃饱了好多参观。"又和同来的新闻记者及工作人员说:"你们忙了半天,也一定饿了,坐下来一起吃饭吧!我请客!"说着,便大口大口地吃起窝头。一边吃,还一边风趣地讲起他上中学时,在校长张伯苓家吃贴饽饽熬小鱼的故事。那时候,"大跃进"的浪潮虽然还未退去,但经济困难的阴影已经在食堂显现出来。食堂实在也拿不出什么剩余的像样食品给总理吃了,炊事员心里难受极了。幸好还有一个病号留下的鸡蛋,炊事员赶忙用它做了一碗热汤给总理端上来。周恩来连忙客气地说:"不用了,随便吃一点,不是更好吗?"吃完了饭,他叮嘱随行秘书务必把这一餐饭所需的粮票和钱如数交给食堂。周总理又一次来到了厨房,他走到赵师傅跟前,热情地把手伸过去。赵师傅满手沾着玉米面,慌忙中赶快在水里涮了一下,但仍然不好意思与总理握手。周恩来看透了他的心思,便和蔼地对他低声说:"不要紧,不要紧的。"说着,紧紧握住赵师傅的手。赵师傅仿佛有什么东西一下子憋在喉咙里了,说不出话来,眼里噙满了泪水。周恩来没有休息,便到化学系高分子实验室、物理系一一二实验室参观,详细询问了教学、科研、生产"三结合"的情况,并谆谆强调:科研工作必须结合生产,必须坚持为社会主义建设服务,为发展经济服务的方向。周恩来十分关心大学生的学习、生活和身体情况。在物理系,他仔细翻看同学的读书笔记,关切地询问每周上多少节课,课余时间如何分配,是否参加体育锻炼。为了观察学生们体育锻炼情况,他还一口气登上图书馆五楼楼顶平台,俯瞰运动场上同学们正在进行的体育活动。他在学生寝室里,亲手摸摸学生被褥的厚薄,检查室内照明亮度是否达到标准。他到图书馆参观,对他当年的一位老同学说,你们不要光埋在书堆里,要多与青年人接触。来到一楼阅览室,问一位历史系学生对"替曹操翻案"学术讨论的看法。见他正阅读《饮冰室文集》,周恩来说:"好啊!里面有些东西,学学好。"他拿起书翻了一下接着说:"这是最早的一个版本。"并翻到诗词小说类指着一篇小说道:"这是梁启超的浪漫主义作品。"走进外文系教室,正有两位女同学,周恩来让他们念一段英文。两位姑娘腼腆得不敢念。周恩来说:"你们年轻人应该破除迷信、解放思想嘛!"他拿起英文书带头念起来,那琅琅诵读声,在教室里回荡着,激起了女学生的勇气。

视察期间,还会见了他的一些老同学黄钰生、冯文潜及严仁曾等。他请他们一起吃便餐,并对服务员说:"这桌饭由我付款,是我私人宴请我的老同学,不要天津市出钱。"他热情地询问每个老同学的情况,举杯祝贺冯文潜教授光荣加入共产党。黄钰生教授带去天津市图书馆藏的两部书。当打开其中的一部《严修日记》时,周恩来仔细看着,若有所思,说:严老先生是封建社会的好人。他希望认真研究严修的教育思想,并当场嘱咐严修的侄孙严仁曾编写《严修年谱》。

在史无前例的"文革"动乱中,周恩来以其对党和国家命运的无限忠贞,及其无畏的胆略和勇气,保护了一大批领导干部、专家和学者,其中也包括南开校友。曹禺就是这些人中的一个。1966年12月的一个夜晚,红卫兵闯进曹禺的家,从床上把他拖下来,扔进汽车,呼叫着把他押走了。周恩来知道这个消息后,亲自赶到现场,对红卫兵说:"曹禺算什么呢?他又不是走资派。"就这样,红卫兵把曹禺放了。周恩来的这几句话传到北京人民艺术剧院,同样起了保护作用。虽然曹禺仍是"牛鬼蛇神"行列中的一员,但毕竟保住了性命,保住了他那艺术家的激情和火热的心。

"文化大革命"后期,周恩来抱病构建中美和解、建交的大桥。他的睿智、魅力不仅令美国基辛格折服,也使基辛格的助手温斯顿·洛德倾倒。后来洛德做了美国驻华大使,他的华裔妻子包柏漪(贝蒂)是位作家。在1972年2月21日招待美国一行人员的晚宴上,周恩来特到每一餐桌敬酒。他曾问包柏漪:"听说你要去天津?"包答:"去探亲。"周说:"我在天津待过。"包告诉周:"我父亲包新年也是南开中学毕业的,也在南开剧社演过戏。"周说:"对呀!"过了一会,周又走过来问:"你爸爸到底是哪一年在南开的?""南开"的旧情给包柏漪带来快慰和温馨,也使她的丈夫更加崇敬中国的这位总理。那次洛德与周待在一起的时光,先后有80多个小时,对架成中美交流的桥梁起了作用。

周恩来病重住院后,在他的医疗组里有一位南中1928班、南大1932班毕业的校友熊汝成。在三年的时间里,他几乎每天看到周恩来带病操劳,并以坚强的革命毅力同病魔做斗争。当周恩来知道熊医师是从南开出来的,便说:"我也上过南开,我们是先后同学嘛!"熊回答:"您是我的前辈和师长!"周恩来笑了一下,就对熊讲行医之道。1976年1月8日,敬爱的周恩来同志与世长辞。十亿神州沉浸在无比悲痛中。而熊汝成作为医疗组的医师和南开校友,格外怀念周总理。至今他珍藏着中共中央讣告、悼词、遗像以及邓颖超送给他的总理遗物。周恩来走了。他匆匆而去,依然没有忘记他青年时代学习和从事革命活动的地方。1976年1月16日,按照他的遗愿,骨灰撒在海河,撒在渤海,伴着哀乐,伴着"我是爱南开的"的余音,撒在每一位南开校友的心头!

从1913年至1976年,60多年的时间,周恩来与南开有着割舍不断的情怀。他的伟大人格和业绩,永远是南开人的骄傲,他的谆谆教言,永远是鼓舞南开人前进的力量。"学之弥笃,仰之弥高。绍隆志业,勉矣吾曹!"

(原载《周恩来青年时代》第八期)

周恩来与天津南开中学

关于学习周恩来中学时代学习精神的决定

（1979年1月8日）

中共南开中学支部委员会

周恩来在南开中学时上课的教室

为了永远怀念敬爱的周总理，以周总理精神武装全体师生员工，办好南开中学，为实现新时期总任务，培养更多的又红又专的人才，特做如下决定：

一、3月5日是周总理诞辰纪念日，每年要举行纪念活动，总结交流先进经验，表彰有贡献的教工和德、智、体全面发展的学生。

二、逐步布置复原周总理在校学习、战斗过的部分旧址。

1. 周总理中学毕业时的宿舍——二排九室。

2. 周总理中学时讲演、开会等活动场所——礼堂后原思敏室。

室内展出有关史料的影印件和照片，陈设有关仿制品。

将思敏室改作学校荣誉室。

三、树立周总理的塑像和给我校来信的标语牌。

1. 在礼堂安放周总理标准石膏像。

2. 在南楼安放周总理青年时期石膏像。

3. 在新楼门厅上方树立周总理1957年给我校来信的标语牌。

四、要用周总理精神和在南开中学的光辉事迹教育全体师生。

1. 安排出版《周恩来同志在南开学校》一书。

2. 新生入校后，首先组织参观"周恩来同志青年时代在津革命活动纪念馆"。在迎新会上概要介绍周总理在我校的光辉事迹，并向学生颁发有关资料。新生入学后一个月内，要利用班会、校会和课外时间，集中学习周总理青少年时代的事迹和1957年给我校来信，并要求见之于行动。

3. 语文课按不同年级增讲周总理的诗词和文章，篇目由教务处会同语文学科选定。音乐课要教唱纪念周总理的歌曲，每一个学生都要会唱两首纪念周总理的歌，由教务处会同音美学科选定。

五、要以周总理的光辉形象和精神激励师生上进。设立"荣誉室""恩来班""光荣簿"，制作"荣誉奖章"以及采取在周总理塑像和纪念馆前照相等措施，表彰先进人物。

1. 奖励在教育、教学或其他各项工作中成绩优异，贡献较大的教职工。

2. 对德、智、体全面发展的班级和个人或某一方面成绩优异，表现突出者，将分别授予"恩来班""三好学生""三好班集体"等荣誉称号或颁发荣誉奖章，登入光荣簿以及在总理塑像前照像等奖励。

六、本决定将根据广大师生的意见和进一步实践，加以修改和补充。

我们号召全体师生员工，高举毛泽东思想的伟大旗帜，以敬爱的周总理为光辉榜样，学习周总理精神，勤勤恳恳，兢兢业业，办好南开中学，在党中央的领导下，为实现四个现代化贡献我们的一切力量！

（原载《解放后南开中学的教育》）

周恩来——南开最好的学生

张希陆

敬爱的周恩来总理的中学时代,是在天津南开学校度过的。那时候,这所中学叫天津市私立南开学校,是按照欧美的教育制度于1904年建立的新学堂。我父亲张伯苓一直任校长。

周总理是1913年8月至1917年6月在那里念书的。1919年"五四运动"时又在天津念南开大学。抗日战争期间,南开学校迁到重庆,他又是常来常往。我比总理小三岁,比他低一班。在学校或在我家里,我们经常接触。他风度翩翩,神采奕奕,举止安详,言谈不苟,毫无时下青年学生的俗习。张校长一再说过:"周恩来——南开最好的学生。"

周总理上中学时,每隔几个礼拜天,就到我家看望校长,并做长谈。校长总是留他吃饭。吃的是贴饼子,煮稀粥,熬小鱼。后来总理开玩笑说:"我小时

周恩来(前坐右二)与所在班国文优胜者合影

候,校长给我熬鱼吃。"在我家里,总理同校长常进行长时间谈话,谈论社会问题、国家大事和国际问题。总理关心国内外大事的精神,在当时中学生中是很突出的。他辩难析疑,勇于追求真理,渴望祖国富强,是一个朝气蓬勃、立志救国、才华出众的爱国青年。

说周恩来同志是"南开最好的学生",不只说他的考试成绩,文凭上写着平均分是89分多,而是说他的能力,全面发展的情况。有一次全校演讲比赛,我们在礼堂听演讲,周恩来同志也参加比赛。他上台演讲,言宏词峻,理壮力强,声音洪亮,态度轩昂,富有感染力,听之折服。他讲的主题是"中国现时之危机",批判北洋政府,义正词严,忧国爱民,溢于言表。这是大胆冒险之举,给人深刻的印象,事隔六十多年,至今仍不忘。

周总理对人热情,挚于友谊,一心为公,有牺牲精神。他组织的敬业乐群会,我也参加了。这个会办得活,经常搞演讲会、茶话会、读书会,出刊物等,比其他学生团体办得好。他热心搞这些活动,为同学服务。有一次,我中午到他的宿舍去,只见他俯首执笔,疾书文稿。他中文造诣深,知识渊博,精力充沛,《敬业》学报和《校风》里的长篇稿件,都是他挤出时间写成的。他在学习之余,挤出时间多做工作,这种精神深得师生钦佩。他办事很认真,为了演好新剧,还同新剧团演员李福景一起住,揣摩剧情,说这是"生活于剧中"。

1919年春,周总理从日本回国,上南开大学期间,参加了"五四运动"。那时我在清华念书,冬天放寒假时,我回到天津,正赶上天津学潮闹得很厉害。1920年1月29日,我同一些老同学一起参加游行。当时学生包围了省署,要见省长曹锐。我站在离大门不远的地方,亲眼看到周恩来同志和郭隆真等四人从大门下面的缝里钻进省署。他们是学生代表,可是一进去就被捕挨打。接着军警用枪托和刺刀、大刀背殴打学生,乱推乱打,许多学生受伤。我躲避不及,后脑勺也挨了一刺刀,至今留下伤痕。当时天津《益世报》曾夸大我受伤之事。周恩来同志率领学生英勇斗争的情景,至今仍历历在目。

1920年夏,周总理被释放后,南开学校校董严修向张校长提出,要推荐两个学生出洋留学,一是周恩来,一是李福景,征求张校长的意见。这件事,我还记得。当时出国是去英国,后来到法国勤工俭学。总理到法国后,加入共产党。有人在严修面前告状,说严修供给一个共产党上学。严答道:"人各有志。"照常供给周恩来留学的费用。直到中华人民共和国成立后,校长由北京回天津时,总理欢送,并请我们吃饭,还向我父亲要一张严修先生的照片,说严修先生的话是颇有见识的。总理旅欧期间,常给天津《益世报》写文章。因为他出国时,答应当《益世报》驻欧通讯员,补贴一点费用。这份报纸是法国教士雷鸣远办的,还能如实地报道国内外新闻。

南开学校办校的传统方针,是严格训练学好基础课程,自由发展各人特长,重视爱国教育。1937年"七七"事变,日本飞机轰炸天津,炸毁南开校舍。一个日本军官曾对西方记者说:"南开是我们二十多年的敌人。"南开的教育是有成绩的,为国家、为社会培养了不少人才。周总理曾多次讲过,要感谢南开中学,他的成绩就得南开的教益不少。张校长非常器重周总理,周总理也很尊重张校长。在老校友中流传着这样一句话:"他们的关系是轶出于普通师生之外。"他们之间的来往很密切,一直没间断。在中学期间,总理家境困难,南开学费、膳费都很贵,学校让他刻蜡版、缮写文件来补贴生活。这类事一般都是给好学生干的。我小的时候,还见过校长在经济上补贴过周恩来同志。在抗日期间,总理在重庆领导八路军办事处工作,广泛团结爱国人士抗日。他几乎每周末,都到重庆南开中学,同校长或校友会面,通俗易懂地宣传党的政策、抗日统一战线的主张,阐述毛主席的光辉思想,讲述壮烈事迹,回忆长征故事,指明救国方向。校长和师友都很愿意倾听他的意见,政治认识有所提高。有时在我家里,他还同政治上敌对的南开校友争辩,坚持原则,注意策略,众人咸服。不论在什么场合,他都在为革命工作。

1951年1月23日下午,张校长去世,我给总理去电报。第二天上午十点,总理到天津,由黄敬市长(又名俞启威,南开学生)、许建国副市长等陪同到我家吊唁。吊唁后,大家都到小屋里休息,有人问总理,对张校长如何评价。总理说:"看一个人应当依据他的历史背景和条件,万不可用现在的标准去评论过去的人。张校长在他的一生中是进步的、爱国的,他办教育是有成绩的,有功于人民的。"总理还说,校长晚年失节,但究竟还没有跟蒋介石跑到台湾。有许多人在共产党初期参加了党,但后来脱党了,而参加时是有贡献的。我们要用历史唯物主义来看问题。总理对校长的正确评价,使在场的老校友心里佩服、感动,有的潸然泪下。这时我想起重庆解放前夕蒋介石和蒋经国先后两次到我家,逼校长到台湾的情景。校长装病走不了,我母亲说想念天津的儿子,要回天津老家,结果蒋介石没法。重庆解放后,总理把校长接到北京。中华人民共和国成立后,总理很关心我家生活,在1961年困难时期,总理把自己的高干购物证给我母亲,还送给五百元,嘱交际处徐科长关照我们。总理对我家政治和生活上的关怀,我永远不忘。

  周总理逝世后,许多人曾鼓励我写回忆录,因为我和他交情垂六十余年,而且家庭间又有特殊之关系,执笔直书,义不容辞,今挥书片断,以寄无限哀思!

记于 1977 年 12 月 29 日

(原载《南开校友通讯》第二期)

青春回放——走进周恩来青年时代

梁吉生

青春是美好的。青春是人生最关键的一步。有人说,人的一生就那么关键的几步,这几步走好了,就掌握了人生的主动权。

今天在座的年轻人,都正在美好的青春时代,怎么样才能不负光阴,使青春绽放出绚丽的光彩?借鉴前辈,学习前辈,从中汲取精神动力,不失为一条通达、便捷之路。我以为,在众多前辈典范中,周恩来是我们最应当学习的楷模。

但是,就人的成长规律而言,周恩来与我们大家一样,也有过从十几岁到二十几岁的青年时代,这个年龄段的青年人都面临着长知识、长身体的青春期,都要回答立志、做人的人生重要课题。周恩来的青年时代也是跟我们在座的一样的,世界上没有过生下来就是伟人的。我们今天谈论周恩来青年时代,是看他的青春时期怎么度过的。周恩来青年时代的成长道路对于我们今天时代的年轻人有什么规律可循,有什么学习、借鉴的意义。今天我要讲的主题——"走进周恩来青年时代"的现实意义就在这里。

下面,我来谈谈周恩来的青年时代。

周恩来的青年时代是在天津度过的,从15岁到22岁,他把天津称为"青年时代的故乡"。1913年入南开中学,1919年入南开大学。他实际上在南开大学没待多久,大约半年时间,不久因领导"五四运动"被天津反动当局逮捕,出狱后不久又赴法国留学。在天津的这几年,成为周恩来新的生命的起点。在南开,逐步培育起崇高理想,有了比较扎实的知识,锻炼了优良的品德作风。周恩来是南开精神的最卓越代表。

南开是一所什么学校?她是创建于清朝末年,以西方教育为模本的一所私立学校,教学严格、教师优秀、校风优良,吸引了海内外大批学子负笈而来,成为中国北方最著名的中学。创办人是严范孙、张伯苓。

周恩来就是在这样一所学校里学习、生活了四年。综观周恩来这个时期的成长特点,主要是:

首先,立身先要立志。人生路漫漫,人生之路不会总是平坦笔直的。有了志向,就有了人生目标,人才生活得明白,有奔头,活得有劲,在人生跋涉途中遇到困顿、挫折,就有动力去克服。周恩来从青年时代就重视立志。他在一篇文章《尚志论》中写道,历史上的英雄人物,其成功的秘诀,就在于"最初之志,有以使之然耳"。他认为,确立志向,于人的一生至为关键,"若不志乎始,而能成乎终者,则未之闻也"。最后,他指出,立志不是个人的事,也不能从个人私利出发立志,要立于"20世纪竞争潮流中","立志者,当计其大舍其细,则所成之事业,当不至限于一隅,私于个人矣"。周恩来为什么在青年时代生活得有声有色,就是因为它敏锐地抓住了青年时期人生的最关键之点——立志,从而拨正了人生的方向盘。

这是周恩来留给后辈青年人的一条人生经验,也是青年时代成长的根本。人的一生,没有志向不行,志大才疏也不行。周恩来明确志向后,踏踏实实地一步一步向人生目标迈进。

第二,学习目的明确,知道为什么学习,把学习与远大理想结合起来,因此学习有动力,有活力,自觉性强。

周恩来还在沈阳读小学时,有一次老师在课堂上提问学生:读书是为什么?同学中有的说是为了帮父母记账,有的说为了光宗耀祖,而周恩来却坚定地回答:"为中华之崛起。"

这种读书志向,到中学时代更加明确。他在一篇文章中论述道:

> 青年为斯世将来之主,学者乃领异标新之人。况生值学道将绝之国,大厦濒倾之邦,则吾辈后生责任,不更加重大耶?果欲尽此重大责任,舍在学时代亟力锻炼身心,增进智能而奚求?

这段话的意思是,青年学子应当负起救国强国的责任,为此,就要锻炼身心,增强知识能力。实践证明,文化知识和文化修养对一个人的基本素质至关重要,对人的人生观、价值观形成具有基础性的决定作用。学习知识,提高文化修养,首先明确学习目的,是青年知识教育的规律。周恩来这一点上对当今青年学生是有启示的。

明确了学习目的,接着的问题是怎么把学习目的落实到平时的学习中。为此,周恩来提出了"五不虚度",即:

读书不虚度;
学业不虚度;
习师不虚度;
教诲友不虚度;
光阴不虚度。

周恩来有很强的学习毅力,勇于克服学习上的困难。他初入学时英文程度较差。他决心攻克英语关,当同学们熄灯入睡后,他悄悄到有灯的盥洗室去念书,很快提高了英语水平。周恩来从一年级起就住校,连星期日、节假日也很少回家。功夫不负苦心人,在各学期考试和学校举办的各种知识竞赛中,周恩来都屡获优胜。例如:

1914 年 3 月 18 日:"国文传观"第三名。

1914 年 12 月 14 日:"国文传观"第二名。

1915 年 3 月中旬:全校数学速赛,个人第一名。

1916 年 3 月:班级化学考试,最优者之一。

1916 年 4 月:周恩来等 14 人代数得满分。

1916 年 4 月 8 日:全校笔算速赛,19 个班 600 余人参加,5 个算题,限时 30 分钟,获全校第 32 名。

1916 年 5 月 1 日:学校布告,丁二班默写国文最优者为周恩来等 5 人。

1916 年 5 月 6 日:全校国文会考,共 11 班 260 余人参加,周恩来为全校第一名。

1916 年 6 月:全校国文考试,周恩来班获国文优胜班。

1916 年 10 月:全校演说比赛,周恩来获第五名。

1916 年 12 月:全校书法比赛,获行书优秀奖。

正因为周恩来学习成绩优异,学校破例免除他的学杂费。在一所私立学校成为免费生,特别是在南开这种学校获此殊荣,是非常难得的。

1917 年 6 月,周恩来以 89.72 分的好成绩毕业,并获得国文金质奖章,学校特地请来徐世昌、陈独秀为学生颁奖。南开学校《第十次毕业同学录》评价周恩来"毕业成绩仍属最优,君家贫,处境最艰,学费时不济,而独能于万苦千难中,多才多艺,造成斯绩"。

第三,重视个人能力的锻炼,热心社团及课外活动,德、智、体全面发展。南开校长张伯苓是一位深谙教育规律、有丰富教育经验的教育家。他在办学伊始,就强调教育一事,非独使学生读书识字而已,要在德、智、体三育并进而不偏废。他把道德教育作为学校的根本任务,要求学生爱国为公,道德高尚,有良好的人格修养,举止文明。他为南开制定了"允公允能,日新月异"的校训。周恩来沐浴在这种先进教育的氛围中,就像一株幼苗得到阳光和雨露,即时地开辟了发展自己的新天地。周恩来很看重道德修养,他在发起成立敬业乐群会学生社团时,就开宗明义提出办会宗旨是:"以智育为主体,而归宿于道德。"大家都知道,周恩来的品德情操、人格风范堪称中国人的典范,其实,这绝不是一朝一夕修炼的,是从小养成的。周恩来从小到青年时期都从言行举止、待人接物、处世行事上严格要求自己。就拿个人仪表来说吧,在南开进校门的过道里有一个大穿衣镜,镜上方写有 40 个字——"面必净,发必理,衣必整,钮必结。头容正,肩容正,胸容宽,背容直。气象:勿傲,勿暴,勿怠;颜色:宜和,宜静,宜庄。"这 40 字"容止格言"成了周恩来规范自己仪容仪表的无声教员。

南开是以社团数量多、学生课外活动活跃、校园文化丰富多彩著称的。周恩来把社团看作锻炼能力,补充课堂学习不足,促进全面发展的大好机会,所以他进校的第二年,就发起组织敬业乐群会,先任智育部部长,后任副会长、会长。四年中,他曾是校内多个社团的骨干,如班级干事,江浙同学会会长,演说会副会长,校刊(《校风》报)纪事部主任、总经理,《敬业》杂志的主笔,暑假乐群会总干事,南开新剧团布景部副部长等。他经常主持校内大型活动,特别是在南开话剧团中扮演女角,惟妙惟肖,驰名京津,被观众赞为"牺牲相色,粉墨登场,倾倒全座"。

所有这些,对一个青年学生来说,绝不是可有可无的,而是对学生素质的一种培养。学生活动,是学校教育的重要支点。学生在学校除了具有专业知识、专业能力之外,还应塑造完善的人格,有强烈的社会责任感,具有"学习能力""人际沟通和生活交往能力"与"团队意识、合作共事能力"。这些品质和能力的培养不可能仅仅通过教学活动完成,更多的是在学校文化氛围中,通过学生和教师的互动、学生与学生之间的互动、学生与社会的互动来完成的。周恩来在南开的几年,通过各种活动锻炼了自己,在后来的几十年革命生涯中深受其益。新中国建立后,周恩来几次回到南开,每次讲话都说他很感谢南开,当年在学校学到了知识,也锻炼了能力。

  一个人成为什么样的人,青春年少时期树立自己的榜样人物尤为重要。周恩来足资成为我们崇拜、学习的楷模。特别是周恩来的青年时代,他的成长历程,代表了一代青年成长的规律。周恩来青年时代所表现的立大志、关心国家命运,为中华之崛起而读书,把个人成长与祖国紧紧联系在一起,强烈的社会责任感;严谨求实的高尚人格,严格要求自己,公而忘私,自觉拒斥社会腐朽的影响,善于抓住机会培养综合能力,等等,这些并不是某一代青年成长独有的文化标志,而是每一代青年人成长都应具备的价值世界和行为方式。走进周恩来青年时代,就要把周恩来青年时代形成的美德吸取过来,为我们当今青年一代成长注入新的活力,实现美好的青春理想。

(2008年11月在深圳职业技术学院报告节录)

周恩来在南开学校的学习与生活①

张鸿诰

辛亥革命前,日本帝国主义吞并了朝鲜。继之日俄战争又在中国的土地上爆发,其他帝国主义国家也把魔爪伸向我国,祖国的大好河山随时有被列强瓜分的危险。辛亥革命胜利了,给人们很大的鼓舞。当时许多人都觉得饱受帝国主义列强压迫欺侮的中国会从此强盛起来,特别是热情奔放、富于幻想的青年,不但对国家民族前途的信心大大增强,而且觉得个人理想也不难实现。1913年8月,我和周恩来从外地到天津投考南开学校,录取后被编入己三班学习。当时正值窃取辛亥革命果实的袁世凯投靠帝国主义,出卖国家主权,妄图复辟帝制。中国政治愈益黑暗。

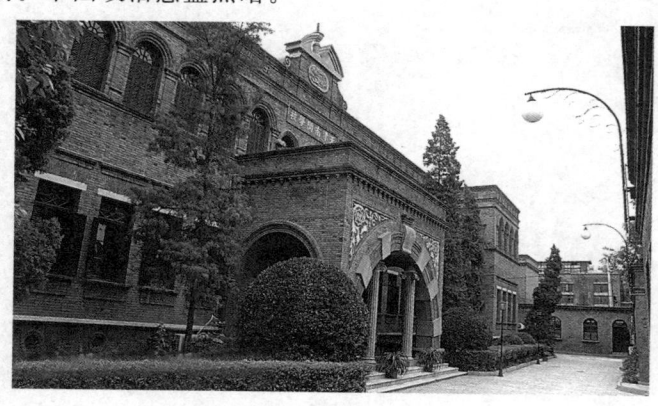

天津南开学校东楼

周恩来入学后,关心时事,抨击政治黑暗,探求救国救民道理。他勤苦好学,谦虚待人,尊敬师长,帮助同学,深受广大师生的拥戴。我们在一起共处多

---

① 收入本书时有节略。

年,许多往事至今记忆犹新。

攻克英语较差的难关

南开学校虽然是以国文、英文、数学三门课程为主要基础课(每门课都以200分记分),但是对于英文抓得特别紧。除四学年都是每周十小时英文课外,有些教材还用英文原版书。第一学年的英文课本就是英文版,以后的小代数、平面几何、外国地理、化学、西洋历史、物理、三角等课也都采用英文原版书。为了提高学生英语会话能力,还专门请外籍老师教课。入学考试时,国文、英文、数学三者并重,不过英文必须及格才能录入正班。我和王朴山(葆曾)、张蓬仙(瑞峰)等八人都是在吉林第一中学学过一年半或两年的学生,英文已学过一些,八人之中有六人考上正班。而周恩来是从沈阳东关模范学校毕业后直接投考南开的,因而英文水平较差。我记得在第一学期中他读起英语来发音很生硬,为了攻克这一难关,他学习很刻苦,每天早晨起床后,将梳洗和吃早点的剩余时间,以及中午和下午的课余时间,都用来学英文。这样,不到半年时间,不但赶上而且超过了一般同学的水平。以后又不断地努力,一进入二年级,他的英文水平就相当好了。

长于数学且注重理化

周恩来自入南开以来,数学一直很好。他努力学习,善于思考,对于习题除一种解法外,还考虑有没有其他解法。我们的几何教员王恒安先生常常提到他,说他对数学的理解常有独创之处,对一些题目的解法很新颖。他的代数考试多次都得满分,在一些数学比赛中他也总是名列前茅,这些都已见诸南开学校的记录。他对物理、化学也很爱好,都是认真学习,因而和化学教员伉乃如先生交谊深厚。抗日战争期间,周恩来在重庆时还常与伉先生往来,对于南开学校的意见也都由伉先生来转达。1959年11月,周恩来曾在国务院与我和潘世纶、李福景聚会时对我们谈起和南开学校的感情,并感慨地说他的自然科学知识还是南开给的呢!

国文会考第一名

1915年秋季始业后,原来的法政学校附中、天津高等工业学校附中停办,所有学生并入我校,这样学校学生骤增到八百余人。

当时虽然科举已废止多年,但是一般还是很重视写文章的。周恩来入学后就表现出他的国文水平高于一般。但他并不满足已有的成绩,仍孜孜不倦地看书读报、练习写作。除学习时文外,还熟读诸子百家和史书,尤其爱读司马迁的《史记》,不仅学得丰富的历史知识,而且学习了文章的写作方法。所以,他的文章,下笔千言,一气呵成,气势磅礴,读之不厌。他特别提倡作文不打草稿,提笔直书,常常在每周一次作文课的三小时之内写十多篇红格稿纸(每篇两页,每页可写四五百字)。在他的带动下,我们许多人都积极钻研古文,尤其练习作文不打草稿。这样,全校除陈钢、孔繁霱外,周恩来也是被公认的文豪,而我们班也有一些写文章的好手,如薛卓东、常策欧、潘世纶等。

为了调动学生的学习积极性,1916年5月,学校举办了一次不分年级高低的全校国文会考。当时我班有四十余人,推选五名代表参加。出两道题,周恩来做第一题:《诚能动物论》,我做的是第二道题:《日相大隈伯谓欧战为新文明之产痛,睹已往历史是否如斯,试申言之》。

周恩来的文章已经写得很好了,不过他还是认真地做了准备。他对我说过,因为那时候在修身课上张伯苓校长曾着重讲过"诚能动物"的道理,由于他上课注意听讲,课堂上就掌握了校长所讲的要点。课后他又参阅了很多典籍,对这个问题理解较深,所以考试时发挥得很好。当时试卷是密封的,他怕有的老师批卷时有成见,又特意改变了字体。

在发榜前,我们的国文教员邓先生认出了他的字体,悄悄地把周恩来叫去告诉他"这次第一可能是你"。发榜后,周恩来果然名列第一。我班的总成绩在全校也是第一名,获得优胜奖,为此,南开校董严范孙先生还亲笔题写了"含英咀华"的匾额。

周恩来在南开学校的学习与生活 · 33 ·

周恩来(二排右三坐者)读书时三年二组获"国文特试优胜"奖状后,全体同学合影

艰苦朴素,勤工俭学

周恩来家境贫寒,他父亲在外面做小公务员,只能养活自己,无力赡养家庭。后来他随伯父到东北沈阳东关模范学校读书。1913年8月考入南开学校。这时他伯父仍在东北,伯母住在天津河北区。南开学校学杂费很贵,伯父收入微薄,自用和赡养家中尚感不济;而家中除伯母用线编织些线袋、自行车把套、墨盒袋之类的小东西换些钱外,再没有其他收入了,对于周恩来学习的费用常有接济不上之苦。所以,周恩来常利用业余时间给学校抄写教学材料或刻蜡版挣些钱,几乎每年暑假期间他都留在学校协助做些教务准备工作,筹集下学期费用。

他曾对我说:"我现在能在这儿学习是很幸福的,可是家中的两个弟弟却不能出来求学。"他不仅学习刻苦,而且生活非常俭朴,学校伙食费每月四块九角洋钱,是比较贵的。周恩来为了省钱,不在学校入伙,常常从家中带些酱菜,在外面买主食就着吃。夏季他只有一件白大褂,要星期六回家去洗,星期天再穿回来。

由于他家庭生活困难,又品学兼优,经老师推荐,周恩来成为当时学校少有的免费学生。

创办敬业乐群会

在半封建半殖民地的中国学校中,南开是一个提倡资产阶级民主的学校,允许学生自由结社组织团体。我们入学第二年(1914年),学校里已有以黄春谷为干事的"青年会"和以孔繁霱、冯文潜、黄钰生为骨干的"自治励学会"。"青年会"宗教色彩浓,搞些"礼拜"之类的活动,当时张伯苓校长是基督教徒,对这个会比较支持,不过大多数同学都没有参加;"自治励学会"活动范围也很窄,我记得他们曾组织过"看谁查英文字典快"的活动,因此也没有多少会员。为了团结和争取更多的同学一起探求真理,研讨国家大事,周恩来和我班同学张瑞峰、常策欧三人经多次研究,发起创立了全校性的学生组织,定名为"敬业乐群会"。"敬业乐群"就是忠实于自己所从事的事业,团结同学为群众做好事的意思。入会的同学很多,有二三百人,我也参加了这个组织。通过选举,张瑞峰为会长,常策欧为副会长,周恩来任智育部长(后期担任会长)。他对工作极为认真负责,大部分业余时间都用于会务,课余时间如果要找他,只有在"敬业乐群会"才能找到。他是实际主持者,是活动中心。在他的组织和领导下,"敬业乐群会"经常组织会员课外学习,参观工厂、农场,读报纸杂志,开时事座谈会、辩论会以及讲演等活动,评论时事,讨论救国救民的道理。"敬业乐群会"创办了《敬业》杂志,由他主编。在这本杂志上,他写文章抨击反动政府的独裁、政治的黑暗,批判孔孟之道,宣传进步思想,表达自己反对封建军阀统治的革命志愿。这个杂志旗帜鲜明,内容生动活泼,深受广大师生的欢迎。

南开学校后来又出现过一些"同乡会"之类的组织,但不论哪一个组织也没有像"敬业乐群会"这样关心国家大事,宣传进步思想,团结了这么多的同学和老师。

1915年5月7日,日本帝国主义乘袁世凯阴谋称帝、积极筹备登基大典之机,向袁政府发出要求马上签订丧权辱国的"二十一条"卖国条约的最后通牒。消息传出,举国哗然,群情激愤,周恩来召集了多数同学和部分教师参加时事座谈会、讨论会以及声讨大会,揭露并谴责盗卖国家主权,屈膝投靠于日本帝国主义的反动军阀袁世凯的罪行,获得全校师生的拥护。

足智多谋,妥善处事

周恩来在革命斗争中善于全面分析问题、抓住主要矛盾,使很多棘手问题得到很好的解决,这是不乏其例的。其实他这种才干在青少年时期就多次显露出来。

我记得有这样一件事。当时南开学校水平较高,南开学生转到其他中学,可以插入比我们高一个年级的班。这样有些同学就转到他校读书,因此学生流动性大。入学第二年春,我们己三班应改为丁三班,但是各班人数都不足40人,学校决定把我们班分成两半插入另外两个班,组成丁一、丁二两个班。由于一年多大家相处感情极好,班级也很团结,在全校的一些比赛中总是名列前茅,所以大家都不愿分开。但由于学校已经做了决定,大家虽然感情上接受不了,又没有好的办法说服校方。这时周恩来提出一个办法,丁二、丁三两个班的中国历史课是顾先生教,丁一班是魏先生教,两个班进度相差很多,如果把丁三班一部分同学编入丁一班,中国历史课怎么学呢?大家认为这个理由充分,就推举张瑞峰和我为代表见张伯苓校长,提出我们的意见,结果我们班没有被分开,而与丁二班合并为一个班,人数竟达70余人,学校把两个教室打通建成一个大教室。正是由于他的意见,这件事才得到圆满解决,由此他在同学中的威望更高了。

参加新剧团(话剧团)

南开学校设有新剧团的组织,在每年10月17日校庆时演出。周恩来参加了新剧团并任布景部副部长。该部部长是华午晴先生,学生私下称他为"华白眼",每次编写剧本华先生常提出一些好主意,在练习演剧时也起到重要作用。张伯苓校长就说:"你们可不能以貌取人,他很有内秀。"

周恩来(左二)在话剧《仇大娘》中饰孙蕙娘

南开学校没有女生,演出时,大家就推周恩来担任女角。饰女角不仅要有高超的演技,更要有勇气。我记得有一次课间休息,我们在宿舍里谈天,一个高年级的跑百米健将叫王文达的同学,平时爱逗乐,把手绢挂在右边腋下学着女人走路的样子,从门外扭搭扭搭地进来,取笑周恩来。但是他未予理睬,只是一笑置之。不过大多数同学还都是支持他演出,认为这种精神是难能可贵的。由于他认真练习,演出很成功。1914—1916年我在校期间,他参加的演出我都看了,尤其是1915年演出的《一元钱》的情景非常动人。他饰女主角,演得真是惟妙惟肖,非常逼真,只是声音不像女子。校庆公演时,其盛况真是车水马龙,门庭若市,轰动一时。此外,参加《一元钱》演出的,除了李福景,还有时子周、马千里两先生。

这次演出后,周恩来、李福景和新剧团中的二十余人还到北京观摩新剧演出,并蒙当时著名的梅兰芳先生邀请座谈。

参加校际辩论会

我们都知道,周恩来很善于讲演。他的演说内容充实,旁征博引,说服力极强,不仅语句激昂,生动感人,而且姿势潇洒,神采飞扬,风度翩翩。他这样高超的演讲艺术是与中学时代刻苦练习分不开的。南开学校提倡学生讲演,校内也常常有讲演活动。周恩来对讲演是下了大功夫的,他首先记住演说要点,再熟读讲词,直到背下来。为了练好演说姿势,他对着镜子,一面背诵演说词,一面配以各种手势反复练习。他还不断地通过"敬业乐群会"以及其他活动,锻炼在群众面前讲话的口才,这样,他的演说艺术提高很快。

当时,天津各中等学校每年举行一次校际辩论讲演比赛。我们刚入学时(1913年秋季),参加校际辩论会比赛的我校代表是黄春谷、施奎龄、魏文翰,他们获得第一名。1914年至1915年增添了周恩来这样一位健将,又连续两年得到第一。

西斋 35 号

南开学校是四人一间宿舍,可以自由结合,新学年前只要把写有名字的木牌系在一起,投到指定的票箱,学校就给安排在一起。从1914年第二学年开始,周恩来、常策欧和我等四人,自愿结合,住进新建的西斋35号室。我们同住一间宿舍达两年之久,我和周恩来两床相对,分在室门的左右侧,又共用一张书桌。

周恩来所住之宿舍——西斋35号

南开学校作息制度严格,规定早上六点半起床。六点半以前起床的人,动作要轻,不能影响别人,走路都要踮着脚走。晚上十点钟熄灯,熄灯后任何人不能再开灯。每日下午七点至九点半是自修时间。由于南开功课很紧,又加上英文的分量太重,自修的时候每个人都非常认真,但是不能影响别人,即使读英文也不能大声读,更不许高谈阔论打扰别人学习和思考。

南开功课虽紧,但对体育锻炼很重视,体育比赛很活跃,各班都有足球队、篮球队、田径队等;班级与班级、宿舍与宿舍之间也常有比赛。我们四个人就和吴翰涛、李锡恩他们宿舍的四个人进行了田径和篮球对抗赛,结果我们田径获胜,得"我武威扬"的奖旗;他们篮球第一,得"尚武精神"的奖旗。当时周恩来还喜欢练习武术。

周恩来不仅积极参加体育锻炼,对文娱活动也很爱好。周末的时候,他常邀集一些同学在宿舍开京剧清唱会,当时有学余叔岩、言菊朋唱段的,也有学梅兰芳、尚小云唱腔的,热闹得很。

我们在一起住了两年,后来他提议:我们一块儿住了两年,交谊很深,但这样下去我们和别人接触太少,他打算分开,与蔡凤等住一起,这样可以多团结同学,我和常策欧都表示同意。

该学年末,暑假期间,我去长春考取了官费留学日本,结束了我的中学时代生活。每当回忆起西斋 35 号和周恩来在一起的两年生活,总是记忆犹新,回味无穷。

(原载《周恩来与天津》)

回忆周总理在南开中学校[①]

张轮远

　　天津南开中学校,原属私立,系由严范孙先生自设之私塾改造而成。以张寿春伯苓先生任校长,严范孙先生等任董事,成立于1904年10月17日。
　　我考入该校己班时,为1914年,周总理在丁班,长余二岁。总理名恩来,号翔宇,原籍浙江绍兴。其尊翁为江南名士,因登词林时生总理,遂命名恩来,用以志喜。
　　周总理少有大志,博学强记,于古典文学极有根柢,并擅长书法,在南开攻读,对各门功课,无一不精进钻研,亦无一不成绩优越。每当会考,常名列前茅,为校董严范孙先生等及校长张伯苓与各位师长所器重。惟时值中国已沦为半殖民地,外寇侵凌,内政腐败,军阀横行,国无宁日。于是致有"中国不亡,是无天理"之愤慨语言,流传殆遍。
　　周总理当时目睹时艰,爱国心切,忧民救国,见诸言行。以天下兴亡为自己之责任,虽在少年读书时期,而其心志自有在也。乃时时召集有识之同学,追求真理,商讨救亡之大策。1914年在校组织"敬业乐群会",其目的即为敬所业,乐群众,共同爱国,拯救中国于危亡耳。同时并创办《敬业》学报,周总理被推任该报总编辑,以提倡爱国及研究学术等,全校师生均乐于参与,积极投稿,为一时各校办刊物之冠。南开除《敬业》学报外,尚有《校风》周刊一种,亦由周总理任总编辑,刊登校务及诸同学之新作品。周总理几乎每期皆执笔为文,发表爱国及救国之宏论,对同学间进步影响极为广大。周总理于课余之暇,倡导演新戏剧,参加创作剧本之编写,并亲自粉墨登场,现身说法,曾演出《一元钱》《恩怨缘》《仇大娘》等剧,名重一时,为人欣赏。以至其他剧团,纷来观摩,重为上演。

[①] 收入本书时有节略。

周总理美仪容,善辞令,待人接物,蔼然可亲,勤劳朴素,自奉甚薄。因与余同爱好古典文学,故时相过从,引为同志,相互切磋,时垂青睐。《敬业》学报第三期中所登拙作之《西山游记》一篇(此数页《敬业》学报已贡献给周总理纪念馆珍藏)曾经周总理提示宝贵意见,且为删订,其中诸圈点处,皆系周总理亲笔为之,谬承赞许,实增汗颜!他如南开《校风》,我亦时常撰稿,亦均由周总理选择刊载,并常加鼓励。而我性刚才拙,后此稍能有所著述,回忆前尘,不得不深感良师益友协助之力。

我与周总理同师事张皞如先生,先生为河北盐山县人,忧民忧国之士也。以宿学鸿儒,尤工古文辞,于国故文学,可谓三折其肱。任我校丁、己两班国文教员,曾遴选其中之优秀者7人,循循善诱,深施训诲,尤为重爱者,厥为周总理。师生之间,时有诗词唱和之作,传为艺林佳话。

**1916年南开学校国文教师张皞如(中坐者)离任时
与部分国文优秀学生的合影,后排左二为周恩来**

1915年张师皞如转任河北省女子师范学校国文教员时,我与周总理及其他五人,均情深知遇,依依难舍,因偕赴鼎章照相馆同摄送别照片一帧,留作纪念。张老先生端坐中央,诸生环立左右,张老师和颜悦色,周总理雄姿英发,皆神采奕奕也。鼎章照相馆技术精良,为津门冠,故相片保存历数十年,毫未褪色。以我薄德,何幸列于皞如先生之门墙,更何幸得沾总理之熏陶。我原名曰辂,轮远二字即系皞如先生所赐,周总理亦极赞许,迄今用之,以示不忘师尊海育之恩焉。

唯此合影,在"文化大革命"前一二年,为天津历史博物馆得知,曾拟向余索取,因至为珍惜,未忍割爱,乃借去复制一份,与原照秋毫不爽。至可惜者,1968年8月"文化大革命"时,我女儿工作单位——天津工艺美术设计院之红卫兵前来查抄"四旧",竟将该合影原照及当年周总理惠写之小对联一副、南开同学录、周总理之剧照、全部藏书四千余册连同文玩等物,席卷而去。粉碎"四人帮"以后,拨乱反正,号召落实政策,除由该院前后两次发还一小部分图书外,而周总理之手迹、剧照、合影、同学录等与大部分图书文物,迄未发还,实增浩叹! 深盼有能为之查询者,得将周总理年少时之手书墨迹、合影、同学录等归之周总理纪念馆,公开展览,永世珍藏,实则为余朝夕心香祈祷者也。

1917年周总理先我毕业而去,《敬业》学报随之停刊。校中又创办《南开思潮》杂志,第一期由我担任总编辑,奈以才短力绌,勉强成书,自愧不如周总理所办之刊物远甚!

1918年我亦毕业离校,报考北京大学,专习法律,遂入司法界。周总理则重洋远渡,追求真理,奔走革命,为国救民,与伟大导师毛泽东主席精研马列主义,缔造新中国,丰功伟绩,与世长存,永垂不朽。嗟呼! 同学少年,云泥路隔,抚今思昔,惭何可言,悔恨之余,聊以先贤严子陵自况,一解嘲耳。

(原载《周恩来青年时代》第三期)

周恩来学生时代的体育活动[①]

鄂 璠

文弱身体变强健　多亏东北严寒天

健康的思想源于健康的体魄。这曾是南开中学的座右铭。周恩来主持成立国家体育运动委员会,使这一信条再度受到重视。

周恩来不仅将自己的体育爱好持续到了晚年,而且在中国体坛内外,还留下了许多关心体育事业的佳话,这和他青少年时代对体育活动的积极参与密切相关。

严寒天,周恩来12岁那年离家去东北求学。在奉天(今沈阳)东关模范学校,他学习认真,各门功课成绩都比较突出。他还是一个既会学又会"玩"的学生呢!

周恩来在学校里玩得最多的是一种叫作踢"熊头"的运动。这种运动类似足球,但不是往球门里面踢,而是往高处踢,在多人配合下相互间传来传去,这是一种对抗性很强的运动,不仅需要技巧,也需要良好的身体素质。

周恩来研究专家、南开校史研究专家梁吉生认为,一个人对身体、对体育的正确认识,应该从小开始,而周恩来从正式进入学堂时起,就热爱体育,注重身体锻炼,一开始他从淮安到沈阳,很不适应东北的寒冷天气,但是他下决心好好锻炼身体,并养成了体育锻炼的习惯。

多年以后,周恩来在回忆当年求学东北的生活时说:"到东北有两个好处,其中一个好处是把身体锻炼了。在上小学时体育锻炼,把文弱的身体锻炼强

[①] 该文系天津《城市快报》实习记者鄂璠采访梁吉生写成的,发表于该报2006年1月1日,题目是编者加的。

健了。"

此外,周恩来还持之以恒地进行长跑锻炼,他每天早上从家跑到学校,下午放学再从学校跑回家,从不间断。当时都是土路,无风三尺土,下雨一身泥,周恩来常常是冒着风沙跑步,冬天凛冽的寒风吹到脸上像刀割一样,吹得喘不上气来。

隆冬清晨早锻炼　周恩来自有诀窍

1913年8月,周恩来考入南开学校,在这所很注重学生体育运动的学校里,他参加体育活动就更是自觉了。

"周恩来在南开学校读书时住宿舍,在四年的时间里,他自觉而认真地进行各种体育锻炼,保持了在东北上小学时养成的锻炼身体的好习惯。"梁吉生说,"每天东方破晓,周恩来便起床,和同学们一起,坚持长跑锻炼。"

他们有时在学校的空地上跑,有时围绕学校的马路跑,每次都要跑上1600米左右,就这样无论是赤日炎炎的盛夏,还是寒风凛冽的隆冬,从不间断。

有时候,一些同学难免对隆冬有些畏惧,不愿早起参加体育锻炼,而周恩来能够坚持下来,自有他的办法,"他对同学们说,睡醒觉,马上从床上跳下来,感觉到冷了,也就清醒了。"梁吉生介绍。

越野赛跑获优胜　班级跳高排第三

南开学子们经常自发地组织野跑(越野跑)比赛。在班与班之间、宿舍与宿舍之间展开的长跑比赛中,周恩来都踊跃参加,并取得了比赛的优胜。

据梁吉生介绍,周恩来所在的丁二班两次获得学校野跑第一。一次是1915年1月,获"野跑优先"锦旗一面;一次是1916年12月,获二英里野跑优胜,总分为168分,获梅花瓣形奖状一面。

周恩来尽管在南开学校时学习刻苦,社会活动繁忙,但在课余时间照常与同学们一块参加体育锻炼。周恩来的体育爱好广泛,像打网球、篮球、排球,并且是他所在班"勇"队排球队六名队员之一,也是"勇"队排球队的主力。他有时也打乒乓球、踢足球,还经常参加田径训练。

记者在南开大学图书馆查阅了1913年至1917年的校刊,其中记载了一次在全校都很少见的班级运动会。

那是1916年4月21日、22日、23日的下午下课后,周恩来所在的丁二班举行了班级运动会,在运动会上进行了各项体育比赛,周恩来所在的"勇"队篮球队和"勇"队排球队均获冠军,周恩来还在跳高比赛中获得第三名。

德智体全面发展　跑跳投样样都行

1951年春,周恩来重返母校,曾对该校的一位体育教师说:"你要热爱这个专业,要好好学习!"1957年5月4日,周恩来在写给南开中学校的一封信的结尾,殷切地写道:"祝你们三好。"

周恩来对体育活动的重视与倡导不是一朝一夕的,而是一以贯之的。据梁吉生介绍,周恩来在南开学校读书时,不仅品学兼优,而且对体育活动也非常重视,当时学校的体育考试分为五个项目,及格标准是:100米短跑15秒,12磅铅球6米,跳远3.3米,跳高1.2米,400米跑1分35秒,周恩来的体育成绩每次都能够顺利达标。他在中学临毕业时写道:"少年时期以发达身体、陶冶性情为第一要务,智识之启发尚次之",只有"健身体",才能"根基固"。

南开增设武术课　八卦掌拳长进快

1916年,南开学校增设武术课,特邀韩慕侠为武术教师。韩慕侠是我国著名的武术名师,当时以教武为生,最擅长"形意八卦",除在南开任教外,还在家里设武馆授徒传艺。据说,周恩来学习之余,常穿布大褂,去韩慕侠家里学拳练武。这件事情得到了韩慕侠之孙韩建中的证实。

"千里之台,起于垒土",周恩来学拳时,态度非常认真,严格按照师傅要求去做。他不厌其烦地练习"站桩""击沙袋"等基本功,每次都要练到动作规范才肯去休息。

周恩来在武术馆学练八卦掌拳,学这种拳得先练走八卦步,他在韩慕侠的指导下,转圆走圈,一招一式,一丝不苟,时间不长,长进却很快。

校刊记者笔头硬　体育新闻无遗漏

翻看1913年至1917年间出版的《校风》,在经理部的名单中,可以看到总经理周恩来的名字,他主要负责校刊的发行,同时兼任记者。

周恩来充分利用校刊这一宣传阵地,提倡群众性的体育活动,几乎对体育新闻的报道无一遗漏。每期的《校风》都会刊登几条体育新闻,这其中的大部分都是周恩来亲自采写的,据统计,他采写的体育新闻多达79篇。

对于南开学校的体育活动盛况,他发表专文感言:

一校之内,运动会团体之发生不可胜数。各班有各班运动会,各会有各会运动会,析而小之,有所谓寝室运动会、私人运动会;广而大之,则有所谓全级联合、各寝室联合、各会联合诸运动会。诚所谓一日之内,一场之中,而种类各殊。不仅此也,每届课余,三五成群,齐趋操场,非竞走即跳跃或掷抛。而夜间自修班后,昏黑广场,接踵相跑者,尤不可胜数。

周恩来的有些报道,还对学校体育活动的开展起了指导作用。1915年12月,周恩来随南开学校的足球队到北京同清华学校比赛,南开学校的队员取胜后,产生了骄傲情绪,他及时给大家讲清了比赛的目的、意义,让大家正确对待比赛结果,他写道,我校虽侥居首冠,而视之他校,亦颇不恶。而唯铁弹(铅球)、跃远(跳远)、铁饼三项屡遭失败,殊为我校运动之弱点。

(原载天津《城市快报》2006年1月1日)

周恩来与敬业乐群会

张绍祖

今年 1 月 8 日是敬爱的周恩来总理逝世 26 周年纪念日,南开大学梁吉生教授将一枚珍藏了二十多年的周恩来在南开学校创建敬业乐群会纪念章捐赠给周恩来邓颖超纪念馆永久珍藏。梁吉生是研究南开校史和周恩来早期活动的专家。谈起这枚纪念章,梁教授对笔者说:二十多年前,我遍访周恩来早期的同学和故人,收集整理周恩来早期活动的史料。1980 年我走访了一位名叫朱星桥的老人,他是周恩来的老校友,是当年敬业乐群会会员,他将自己珍藏了几十年的纪念章交给了我。二十多年来,我一直精心地收藏着……

敬业乐群会纪念章

看着这枚做工精致的铜制八角形纪念章,我想到了早年周恩来在南开学校生活和创办敬业乐群会的一些往事。

1913 年 2 月,15 岁的周恩来随伯父周贻赓一起来到天津,住在河北区元纬路元吉里,是年 8 月考入了南开学校,在一年级己三班(后改为丁二班)就读。从那时起,整整四年间,周恩来一直在南开学校学习,并且住宿在学校里过集体生活,连假期也很少回家。从第二学年开始,他和同学张鸿诰、常策欧三人,自愿结合,住进新建的西斋 35 号,"以校为家,以同学为兄弟",一起住了两年。

南开学校是一个提倡资产阶级民主的学校,允许学生自由结社组织团体。周恩来入学的第二年(1914 年),学校里已有以黄春谷为干事的"青年会"和以孔繁霨、冯文潜、黄钰生为骨干的"自治励学会"。是年年假后,周恩来与丁、戊、补习等班同学十余人,经常在一起促膝谈心,辩难析疑,逸出于课程之外,研究各种学识。相处既久,希望筹建一个新团体,以团结和争取更多的同学,一起探求真理,研讨国家大事。3月4日,在周恩来和同班同学张瑞峰(蓬仙)、常策欧(醒亚)等人策划下在丁二班召开新团体筹备会,有周恩来、张瑞峰、常策欧、李铭勋、吴家琭等二十余人参加,由李铭勋主持,会上宣读了组织新团体的宗旨:"以智育为主体,而归宿于道德,联同学之感情,补教科之不及。"(《敬业乐群会简章》,《敬业》学报第1期,1914年10月15日)这一宗旨不仅反映了周恩来青少年时期的胸襟,而且体现了南开"以德育为万事之本"的教育思想,对今日之教育也具有很重要的借鉴意义。新团体筹备会公推吴家琭、张瑞峰、周恩来、常策欧为新团体章程起草员。筹备会又拟定会名,于文治提议以"敬业乐群会"为命名,意思是忠实于自己所从事的事业,团结同学为群众做好事,大家表示同意。接着研究敬业乐群会的活动内容,初意仅组织两部,以考古、演说为基。后复经会员提议,增加内容。霍振铎、张鸿诰提议组军事研究团、诗团,张瑞峰提议立国文研究团,矫天民、周恩来提议立俱乐部,李铭勋提议设佛学研究团,高坤柱提议组音乐团等,均得增入。当晚,张瑞峰、周恩来、常策欧三人即起草简章十余条,拟将该会分研究、执行二种。研究类分四大部:稽古部(包括讲经团、佛学研究团、国文研究团);演说部(包括宣意团、辩论团);智育部(包括诗团、军事研究团);俱乐部(包括演剧团、音乐团)。执行类下分会务部、编辑部。还打算自己办图书室,定期举行学术报告会、茶话会,组织会员进行参观、郊游和旅行等活动。

次日晚,周恩来等三人欣然拜会张伯苓校长,适逢孟琴襄先生在座,三人承蒙校长、先生之训勉,张校长决定将三育竞进会会址——南开学校中斋2号作为敬业乐群会会址,公有书籍捐入该会。3月7日午后,在该会新址召集全体会员,讨论简章,并报告拜谒校长事和与三育竞进会交涉事。3月10日午后,借丁二班讲室开选举会,全体会员莅临,票举张瑞峰为会长、常策欧为副会长、李铭勋为稽古部部长、周恩来为智育部部长、吴家琭为演说部部长、矫天民为俱乐部部长、蔡时杰为庶务、葛常峻为会计、陈彰瑄和邹宗善为书记。选举完毕,会长张瑞峰述就职辞。

3月14日午后,敬业乐群会在礼堂召开成立大会,会场高悬国旗,中央是金光灿灿的"敬业乐群会成立大会"幛子。到会者数百人。大会在欢乐的乐曲声中开幕。会长张瑞峰致开会辞;张伯苓校长代表教员演说,大加勉励;张瑞五先生代表各会演说,多以颂扬;最后,演出新剧《五更钟》,发抒少年爱国之精神。

　　周恩来的同班同学张鸿诰、潘世纶、王朴山及朱星桥等都参加了敬业乐群会。会员最初是二十多人,后来发展到二百八十多人,占全校学生总数的三分之一,成为颇有影响的全校性的爱国主义学生团体。周恩来对敬业乐群会的组建和工作的开展费尽了心血,他的大部分业余时间都用于会务,课余时间要找他,只有在敬业乐群会才能找到。但他谦虚,在选举中,积极推举张瑞峰担任会长,自己担任智育部长,后来才先后担任副会长、会长。周恩来非常注意口头宣传,在敬业乐群会里设有演说部,他带头练习演讲。有一次为了参加演讲比赛,他天天练习,从内容到声调,从仪容到姿态,广泛征求同学的意见,有时还在宿舍里对着镜子练。他还练习即席讲话,不打稿,不准备,得到题目立即发言,借以锻炼机智敏捷。他多次参加全校辩论会和全市演讲会,总是立论精辟,生动感人,具有很强的说服力和感染力。南开学校曾两次参加天津校际演说比赛,都以周恩来为首的三人做代表,两次获得第一名。他还主持出版会刊《敬业》,担任主编,从1914年至1917年,一共出版了六期,每期一二百页,每期发行量达一两千份。周恩来在《敬业》用飞飞和憨烨等笔名发表论文、随笔、纪事、辑录、笔录、译文、文艺作品二十篇。在1914年10月出版的《敬业》创刊号上,发表了周恩来的诗作《春日偶成》:"极目青郊外,烟霾布正浓。中原方逐鹿,搏浪踵相踪。"表达了他对黑暗时政的忧愤之情。

　　由于周恩来非凡的聪明才干,加之其全心全意为大家办实事的精神,博得了同学们的信任。在学校里,他还先后担任过《校风》的总经理、演说会的副会长、国文学会干事、江浙同学会会长、新剧团布景部副部长、暑期乐群会总干事等。

　　周恩来对学校敬业乐群会等各种公益活动,不管多么繁杂,都热心尽力。他在给友人的信中说:"课外事务,则如蝟集,东西南北,殆无时无地而不有责任系诸身。人视之以为愚,弟当之尚觉倍有乐趣存于中。"(周恩来《答友询学问有何进境启》,手稿)毕业时,《同学录》中曾对周恩来做了这样一段评语:"君性温和诚实,最富于感情,挚于友谊,凡朋友及公益事,无不尽力。"(南开学校《第十次毕业同学录》,1917年)

(原载《民间组织》2002年第一期)

周恩来与《敬业学报》

廖永武

敬业乐群会会刊《敬业》

《敬业学报》是南开学校敬业乐群会的出版物。

敬业乐群会成立时,周恩来任智育部长兼讲经团、国文研究团干事,到第二年始任会长兼《敬业学报》主编。

《敬业学报》创刊时称《敬业》,从第二期改为《敬业学报》,半年刊,大32开,每期一二百页不等,约六万余字,发行1000册,最多时2000册。从1914年10月17日创刊起,至1917年4月停刊止,共出版了六期。内容有论说、演说、学说、文苑、游记、小说、纪事等。它的"材料丰富,外观亦异常精美,使阅者无不交口赞誉","编辑印刷之习,遂为全校冠",这和周恩来"热心从事于学报,尤倍竭其力"是分不开的。

周恩来一开始就是《敬业学报》的积极撰稿者。在第一期里刊登了他的

---

① 收入本书时有删节。

《射阳忆旧》《巾帼英雄》和两首诗。还有一篇是和别人合写的,记述敬业乐群会成立经过的《本会成立小史》。《射阳忆旧》是周恩来回忆童年生活的文章。作者写道:"余本浙人,自先大父为宦吴省,遂徙家而居焉。"他深情地谈到自己出生的地方,说自己"生于斯,长于斯,渐习为淮人;耳所闻,目所见,亦无非淮事。十岁后,始从伯父游学辽东,浸及津门。"当时淮安一带地处南北交通要冲,这里的人们见闻比较广阔,而"淮郡人民素称强悍",在中国近代史上这里曾经是农民起义的重要活动地区,富于反抗斗争的革命传统。周恩来"幼时喜闻故事,凡有人能语余以奇闻怪事者,辄绕膝不去,终日听之不倦"。文章还回忆和赞美了他家乡一个忠诚正直的仆人,并表述了自己将来要做"天下公仆"的志向。

《巾帼英雄》是一篇侠义小说,在《敬业学报》上连载。周恩来通过对女侠的描述,对"举国昏沉"的旧社会做了深刻的揭露,他写道:"嗟乎,世俗浇漓,江河日下,钻营狗苟之徒,贪赃枉法之官,肆其所为,恬不为耻。在朝者既导之于上,在野者乃效之于下,相沿成风。"无情地抨击了腐朽的封建官僚统治。

《敬业》第一期发表了二十一首诗,多数是吟鸟语花香、赞美大自然景色,唯独周恩来针对当时军阀混战所造成的黑暗局面,无限愤慨地写下了"极目青郊外,烟霾布正浓。中原方逐鹿,搏浪踵相踪"的诗句,表现了忧国忧民,反对封建军阀统治的革命志向。周恩来写的《春日偶成》等两首诗,是迄今我们所能见到他最早的诗作。

目前,仍未发现《敬业学报》第三期,仅从其他刊物上看到这一期出版预告的要目。

《敬业学报》第四期载有周恩来写给好友的题为《送蓬仙兄返里有感》的三首赠别诗。其中一首写道:

相逢萍水亦前缘,负笈津门岂偶然。
扪虱倾谈惊四座,持螯下酒话当年。
险夷不变应尝胆,道义争担敢息肩。
待得归农功满日,他年预卜买邻钱。

周恩来在这首诗中追溯了与同学好友、敬业乐群会的三个发起人之一张蓬仙(又名瑞峰)朝夕相处的共同战斗生活和深厚情谊,并勉励好友无论今后的道路多么艰险,要为实现"中华之崛起"的崇高理想、为挽救民族危亡的大义而负起救国救民的重担。1916年袁世凯死后,张勋勾结各地军阀,在徐州密谋订立北方七省军事同盟,妄图步袁世凯的后尘,复辟封建帝制。当时南开学校里有爱国民主思想的教师张皞如从报纸上得知这个消息,坚决反对张勋的倒行逆施,写信给总统黎元洪,要求讨伐张勋,并尖锐指出:"吾民何辜,死于帝制淫威者几千万,死于狗苟民贼者几千万,今又将群死于凶魔兵燹之下,哀哀同胞无噍类矣!"同期还发表了张皞如《伤时事》一诗和周恩来的《次皞如夫子伤时事原韵》。张皞如的诗是:"太平希望付烟云,误国人才何足云,孤客天涯空涕泪,伤心最怕读新闻。"诗中对军阀订立徐州会盟表示极大不满和愤慨,但也流露出悲观、孤独的情感。周恩来的诗是:"茫茫大陆起风云,举国昏沉岂足云。最使伤心秋又到,虫声唧唧不堪闻。"前两句表现了对黑暗狰狞的反动势力的极度蔑视,后两句借用秋天的到来和唧唧的虫声,暗示徐州会盟只不过是秋虫垂死前的哀鸣而已。

《敬业学报》第五期发表了周恩来的《我之人格观》和《老聃、赫胥黎二氏学说异同辨》两篇文章。前者指出:"辛亥光复,于今五载,拥共和之名,行专制之实","民意可造也,私法可定也,翻手为云,覆手为雨,暮四朝三,愚鼓黔首,忽而帝制,忽而共和,腾笑万邦,贻羞后世,使居世界四分之一之人民蒙不洁之耻",从而发出"吾为国耻,吾为民愧"的话语,疾呼:"吾党青年,有兴起者耶,时乎,时乎,不再来矣!"后者是一篇哲学论文,作者首先提出了要打破束缚人们几千年的"学理说教"即"乃上下五千年,纵横十万里,求之古今中外仅得数人"的"儒之孔,西之耶,印之佛"三教,由于人们认为"三子之言是耶",造成了"众人之思蔽耶",因此,"三子之误,普天下之公误也"。这是对一切宗教教条的根本否定。作者以生死观为例:"夫世界一循环场耳,溯有生以来,迄于今数十万年矣,生生死死,不知其几千万兆,色色空空,难测其毁灭存亡,知其生而不知其死,孔氏之说也;不死不生,是谓永生,耶氏之说也;色即是空,空即是色,佛氏之说也。"此"三子之言","统世界之学理教说,固莫能外也"。然而,"吾惟知世界之上,何有乎生,何有乎死,生死无所系,更何有乎色空,是生死色空皆幻想也。……毁灭之可,存亡之可,又何待新陈代谢。物质循环而演成日新月异之物质文明世界哉?曰:是盖有道存焉"。周恩来运用老子的朴素唯物论和辩证法,指出:"何道也?曰:常道也。……遵生化之轨,循天地之经,不戕其生,不变其本,则死无所见,焉用其生,知其入死,又安弗知其生,是生存常道也。"天下不存在"死生有命、富贵在天"的道理,生死是"常道",即人类的自然法则,让人们树立一种唯物主义的生死观,懂得"人生的真义",就能发挥人生应有的能动作用。文章把老子"主退让",赫胥黎"主竞争"看来是两种完全对立的观点统一起来。二氏之说"实一而二,二而一也"。他分析了老子和赫胥黎的理论也是"潮流所及,教义偕行,赫氏际此,独能发抒怀抱,倡物竞天演之说,开文化之先河,破耶氏之教论"而产生的。

周恩来应用了进化论的自然观,从赫胥黎的物竞天演中得出打破权威迷信,尽力发挥人的主观能动性的结论。即"使人民咸知人我以形躯而分,生死以强弱而判。一人之智识无垠,非众人比较所得而限,公共之权利甚微,乃求之于己,方克有济,明公私之争,舍人我之竞,则人格以成"。他最后写道:世有"倡老、赫二氏退让竞争主义者,吾虽为之执鞭亦欣慕焉!"当时老师评论道:"凡作文必有一段不可磨灭之识,始能不朽,若拾人牙慧,不越宿而腐矣。是篇能将老、赫二氏救世之心,曲曲传出,识解迥不犹人。"

《敬业学报》第六期刊载了周恩来的"飞飞漫墨",其中一篇就是针对封建科举制度的,文中写道:

> 有清一代,科举之毒甚于明代。盖文网日紧,士非由八股以作进身之阶,其道无由。故莘莘学子终日埋首斗室,咿唔吟哦,所希冀者,博得一领青衿归,以娇妻子,耀乡里耳。上等者则谋登上苑,为将来展显计。但事有成败,举国笔耕者,非人尽可登簧舍。幸者取而致公侯;失意者因之捐身命。呜呼!同是十年窗下士,或登荣版或归阴。追怀曩昔,不寒而栗。间闻人言:有某士子,因屡蹶围场,致遭不起,其易箦前一日,自挽曰:"疾自何成?都为二字功名,戕我身心,戕我命;死奚足惜?舍不得两大父母,看儿生长看儿亡。"读之其恻怆之意,忏悔之情,两溢言表矣。

周恩来这篇二百余字的短文,对封建科举制度和八股文的罪恶与流毒,做了无情的揭露与嘲讽。

《敬业学报》第六期还刊载了周恩来亲笔记录的近代著名思想家、教育家蔡元培的两篇讲演文字:《蔡子民先生讲演录》和《蔡子民先生在本校全体欢迎会的演说词》。周恩来很重视蔡元培的讲演,在前一篇讲演词前他写了一段小序,热烈称赞道:"蔡先生取思想自由为题,名言谠论,娓娓动人。"并且回顾说:"记者于六年前即获读先生著作,今日始得一瞻风采。"这些话说明当时的周恩来努力吸取爱国进步的思想和学说。后一篇讲演词本已在《校风》上发表,但因"不揣简陋""以审同好",又复载于《敬业学报》上。

附:周恩来发表在《敬业学报》上的著述

《春日偶成》(诗二首),飞飞,第 1 期
《射阳忆旧》,飞飞,第 1 期
《巾帼英雄》(侠义小说),第 1、2 期
《本会成立小史》,飞飞、孤竹野人,第 1、2 期
《前本会会长张君蓬仙由东来函》,飞飞辑,第 4 期
《送蓬仙兄返里有感》(诗三首),飞飞,第 4 期
《我之人格观》,飞飞,第 5 期
《老聃、赫胥黎二氏学说异同辨》,飞飞,第 5 期
《医学与中国之关系》,飞飞,第 5 期
《芝罘壮游记》,律律、飞飞,第 5 期
《次皞如夫子〈伤时事〉原韵》,飞飞,第 5 期
《本校十二周年纪念新剧〈一念差〉内容详记》,飞飞,第 5 期
《蔡孑民先生讲演录》(思想自由),周恩来笔述,第 6 期
《蔡孑民先生在本校全体欢迎会演说词》,飞飞笔录,第 6 期

(原载《周恩来青年时代》第六期)

周恩来与南开《校风》[①]

廖永武

南开《校风》是南开学校学生自己办的全校性刊物。其前身是《南开星期报》,创刊于1914年3月4日,"为本校周刊之始",也是我国北方最早出现的校刊之一。《南开星期报》初为单张,后改成册,出至第49期(1915年6月14日)即停刊。1915年8月30日续出《校风》(从第70期起改称《南开校风》),周一出版,大32开,每期15至20页不等。1919年"五四运动"发生后,《南开校风》出至127期(1919年5月26日)暂时休刊,于同日出版《南开日刊》。《日刊》共出了60期,于1919年8月12日停刊。同年11月7日,南开《校风》又复刊,期数仍续前。

《校风》开始设言论、纪事、警钟、文苑、课艺选录、小说、杂纂、各会报告等栏,由陈钢(铁卿)负责总编辑,周恩来最初担任"课艺选录"及"各会报告"栏编辑,负责刊登学生的优秀作文和报道各学生团体活动的消息。1916年1月,校风社改选,周恩来任文苑部主任。同年3月,改任纪事部主任。9月,校风社改组,大加革新。《校风》第36期(1916年9月4日)的首页刊载周恩来写的《本社特别启事(飞)》和《本社启事(飞)》六则。总结了一年来《校风》存在的问题,指出:"前期内容,味同嚼蜡,欲挽斯弊,整顿为宜。因援前岁改组之例,报内组织,职取分权,编辑、经理各司其事。"由个人主编变为集体编,"各班各举四人分担各部事务"。编辑部设言论(包括社论、代论、演说、译丛、警钟)、纪事(包括校闻、通讯、特别纪事、英文纪事、校中布告、各会启事)、文艺(包括文苑、学艺、札记、逸闻、杂俎、课艺、小说)三类。设总主任,由总编辑总其成;"经理部置总经理一人,经理员数人,经理每期稿件付印、校对、接收广告、收支款项、出发报章、誊写信件及不属于编辑部一切事务"。编辑部和经理部由学生

[①] 收入本书时有删节。

负责,本校教师和职员为"本社编辑部特别赞助员,辅助本部编辑稿件事务","总此三者期谋本报之发达"。周恩来在改组后的《校风》担任纪事类总主任和经理部总经理,是《校风》主要负责人之一。直至1917年2月,因临近毕业,不再担任上述职务,但仍是《校风》编辑部成员。

周恩来对《校风》的编辑工作非常认真负责。他担任"课艺选录"栏编辑时,曾提出"课艺选录"的三点标准:"一、文中全篇主意须具有识远超群之处;二、文中章法笔致须紧密完备;三、文中事实或议论应有关于世道及民俗之处。其有不合以上之三者,虽美勿录。"主张文章要联系实际,要有独到的见解。他担任纪事类总主任时,除经常自己采写新闻外,为了"集众广闻",在各班、各会以及各个宿舍都设了访事员,发动大家写稿或提供材料,充分发挥群众的积极性。使"纪事"栏办得丰富多彩,并且"新闻真实","采录迅速",为广大师生所喜爱。

周恩来认为:"经理部分内之事,不外印刷、发行、校对、招致广告数事。然即此数者,已足操《校风》生死之权。使印刷不得其所,则讹错孔多,不堪成诵;需费过巨,付印为艰;校对不精,鲁鱼亥豕,尤铸大错;发行失策,非出售数微,即收款不易,广告未招,滴款无补。凡此种种,皆经理部惴惴然。"周恩来担任经理部总经理时,工作做到井井有条,从而保证了印刷质量和按时出版。1917年5月,周恩来临毕业前夕,写了《本社之责任观》,在《校风》第63期至第69期连载。这是总结《校风》工作经验的一篇文章。周恩来对编辑部的工作首先强调《校风》是全校的机关报,"同学皆负责之人",要办好《校风》必须依靠群众,发动群众,因为"一人之精神有限,千人之事业无垠"。只靠"编辑数人,同学均袖手旁观,内容遂日形艰窘";其次,他认为《校风》应致力于求"书外之学问,文明之传播,知识之交换",反对把《校风》办成"变相之"政府公报"堆叠成文";第三,《校风》要起到上情下达、下情上达的作用,特别强调"学生于学校之责任,舍读书、励行、健身外,尤有建议之义务"。对如何办好经理部的工作,周恩来也有论述。周恩来认为,《校风》"宜特重于言论",要把言论类"冠于编辑各类"。《校风》里刊载了周恩来和其他同学的许多重要政论,从政治角度阐述和评论当前形势中重大事件与问题。

袁世凯窃夺政权后导演复辟丑剧,激起全国人民反对,被迫取消帝制。《校风》第30期(1916年5月15日)刊载周恩来的《诚能动物论》一文,就是在这一历史背景下写成的。他引了林肯的话"虚伪可以惑少数人于终世,伪惑人类于一时,而决无惑世界人类于最长时期"后指出,他们妄图驱众人的"生命脑力,以供彼一二私人之指挥,其智可悯,其愚不可及也"。把矛头直接指向反动统治者。这篇文章还以朴素的唯物辩证法论述个人与群众的关系,指出:"一人之智慧有限,万民之督察綦严,其以一手欲掩天下目者,实不啻作法自毙。以诈为利,以伪为真,卒至自覆自败,与人以可讥可耻之据。"当时教师对周恩来这篇作文评论说:"大含细入,高揭群言,六陵所谓'射人先射马,擒贼先擒王',作者实得其妙诀。而通体用笔之遒紧,布局之绵密,尤征功候之纯,冠冕群英,断推此种。"

1916年6月袁世凯死后,以段祺瑞为首的皖系军阀窃踞了中央政权。同时,日本帝国主义对中国的侵略阴谋活动日益加紧。内忧外患,纷至沓来,面对这种形势,周恩来写了《中国现时之危机》一文,指出"中国现时已处于极危险地位",对此,"不得不言,不忍不言,心所谓危,不敢不告,言之以资诸君之警醒耳"。接着,他又指出,武人干政,卖国求荣,教育停顿,经济凋敝,人民陷于水深火热之中,归根结底,是由于政治不良,而"政治不良,有以致百事之停滞","考其弊,莫不由于取敷衍手段、姑息手段以养成之"。他列举民国成立五年来,辛亥议和、癸丑革命(二次革命)和云南革命(反袁起义)都以同反动势力妥协而告终。周恩来痛切地说:"使辛亥一役,不以敷衍结果,直捣黄龙,剪除旧类,彼时政治可以一新,又何致有二次、三次革命……以肇今日之危险时代哉!"他在总结这些教训后说:"新旧不并立,冰炭不同炉",必须"使帝制罪魁尽诛,余党悉斥"。充分表现了周恩来对当时国内形势的清醒认识。周恩来在《中国现时之危机》一文中大声疾呼:"吾觉青年有兴起者耶!时乎,时乎,不再来矣!"激励广大青年"闻而兴鸡鸣起舞之感,天下兴亡匹夫有责之念",奋起救国。

周恩来在一篇讨论"国匮民贫"是否由于"奢靡"的文章中,驳斥了这种谬论,论述了发展科学技术和提高物质文化生活的关系。他说:"一国文明之进退,视其国民生活程度之高低为衡。英霸全球,工艺、商业执大地之牛耳,其国民之生活,亦较他国为高。"这种提高是科学技术长期发展的结果。"人类以'汽力'代替'物力'",以后又"有倡电力、光力以代兴汽力者",使生产力得到巨大的进步,故"其生活程度,遂亦因之增高"。英、美、日、德等国都是如此。我国虽古有四大发明,但今日"汽力之兴,仅见诸二三工厂",故"英美德日所以趋于强盛,而吾国所以日就于衰弱也"。

纪事类在《校风》中占最大的篇幅。周恩来担任纪事类总主任时,亲自采写的通讯,据不完全统计有近三百则。内容包括:校内外大事、集会往来、规章制度、学习成绩、文娱活动、体育锻炼以及校友消息等,对活跃文化生活,丰富学生知识,提高群众的觉悟起了启蒙作用。解放初期,周恩来回到母校南开中学时,曾对在校师生说:我在这里"学了一些基本知识,通过课外活动练习了一点组织能力。"当时的南开学校是按照欧美资产阶级教育制度创办的四年制中学堂。学校以管理严格著称,学术空气较民主,文体活动开展较好。周恩来认为,"今日之学生,未来社会中心之人物也",要复兴中华,就要奋发读书。学校为了考核学生的成绩,鼓励和提高他们的学习积极性,经常进行学习测验和比赛,将成绩优异者在《校风》上公布。周恩来的名字常常被列入优胜者的行列里。

《校风》对体育方面的报道很多。当时,南开学校的体育活动非常活跃,有较好的基础,学校经常举办各种球类比赛和田径运动会。周恩来在《校风》里反复宣传体育锻炼的重要性,他自己以身作则,每天锻炼身体。他还把田径运动的标准在《校风》里列出,提醒大家注意;把体育考核不及格的班次和人数也在《校风》里公布,以便督促他们"练习勿惰"。

1916 年 5 月 14 日,南开学校在天津学生联合运动会上获得总分第一名,周恩来报道此次运动会时说:"此次吾津学校联合运动会,我校以得分最优,幸列第一,获银杯一只,锦标一面,以为纪念,殉(询)堪庆贺。惟登高自卑,古有明训,深望运动健将,勿以一时小胜,而置远者、大者于不足为也。"(《校风》第 31 期)5 月 19 日至 20 日在华北举行的北方七省学生运动会上,南开学校又获得总分第一名,周恩来以《华北大捷》为题,详细报道了这次运动会的情况,"凡与赛者无不精神奋发,作充分之竞争,以逐鹿于运动场中,胜者则群起欢迎,败则众相慰藉,一致对外,盖不尽一二人之力已也。"(《校风》第 32 期)提倡"胜不骄,败不馁"和集体主义精神。

新剧,即早期的话剧,是向西方学习而出现的一种新剧种。南开学校的新剧活动,1909 年就已经开始,但到 1914 年 11 月,才由师生共同组织成立南开新剧团。《校风》报道了南开新剧团的许多活动和他们所演的剧目。值得提出的是周恩来撰写了《吾校新剧观》一文,这篇长达 4000 余字的戏剧专论,作为社论,连续刊登于 1916 年 9 月的《校风》第 38、39 期上。该文不只阐述南开新剧团的旨趣,也是剧团的总结,它奠定了南开新剧团发展道路的理论基础。

《吾校新剧观》第一部分,首先谈到"新剧的功效"问题。新剧"言语通常,意含深远,悲欢离合,情节昭然。事既不外大道,副以背景而情益肖;词多出乎雅俗,辅以音韵而调益幽"。这样,新剧就可弥补讲演、书报等教育形式的"枯寂""高深"之不足,而以具体、生动的艺术形象感染观众,鼓动人们的精神,"纵之影响后世,横之感化今人"。

周恩来在论述新剧的功效的基础上,对当时新剧中出现的背离新剧"纯正之宗旨"提出了批评,指出这些剧目"驼舞骠吟,淫词秽曲,丑态百出,博社会之欢迎,移世风之日下,则社会教育终无普及之望,而国家之精神,亦永无表现之一日矣"。

《吾校新剧观》第二部分是"新剧之派别"。周恩来对欧美戏剧的种类和流派做了探讨和论述,列举和介绍了著名的大戏剧家如希腊的欧里庇得斯、埃斯库罗斯,法国的高乃伊、拉辛、莫里哀,西班牙的塞万提斯,德国的莱辛、歌德、席勒等,周恩来特别推崇英国的大剧作家莎士比亚,称他为"不世奇才"。他对西方的宗教剧则采取完全否定的态度,批判这种剧"神秘鬼怪",认为"殆无足观"。

1917年6月,周恩来结束了中学时代的学生生活。《校风》第70期(1917年9月6日)的《校闻》栏里记载了学校举行本届毕业生毕业典礼的消息:6月26日"晚七点钟在礼堂举行第十次毕业式",由校长张伯苓致开幕辞,校董宣布各科考试成绩优秀名单,"国文最佳者周恩来",获得"特奖",周恩来代表毕业班致答辞。这期的《校风》还刊载了周恩来等六人"拟赴日本留学,预备完备后,将考入各大学,或学政治,或学美术。异日者,各出所学以济世"的消息。周恩来到日本后,即参加留日南开校友会的领导工作,被选为校友会评议(第83期),以后又当选为副干事(第106期)。他曾在校友会上做《吾人日后求学之方针》的讲演(第92期)。从这些记载说明,周恩来虽身在日本,仍和《校风》息息相关。

1919年4月,他带着"国亡无日"的忧愤心情,毅然弃学,"返国图他兴"。关于周恩来回到天津的史实,最早见于《校风》第123期(1919年4月30日):"同学消息:毕业同学周恩来君,前由日本回国,闻有考清华或北京大学之意义。"另一则消息则刊载在1919年5月19日出版的第126期的《校风》上:"上星期六(5月17日)晚,敬业乐群会在礼堂开茶话大会,会资铜元六枚,到会者颇多云","周恩来先生游戏"(按:即演节目)。从以上两则消息可以证实,"五四运动"发生时,周恩来已在天津。

1919年"五四运动"发生后,南开学校学生奋起响应。1919年9月,南开大学成立。如前所述,《校风》出至127期(1919年5月26日)暂时停刊,改出《南开日刊》。1919年11月7日又复刊,续出第128期。这一期记载:"南开大学已于9月25日开学,共同学九十余人,是日下午两点钟假中学大礼堂开会。"周恩来免试进入南开大学,为第一届学生。这时,《校风》曾一度成为南开大学和南开中学合办的校刊。而从南开学校毕业或转学他校的同学已达一千多人,周恩来为了"联络出校的同学,会同校内的所有分子去为南开谋精神上的发展,事业的改造",便以《校风》为阵地,开辟"南开出校学生通讯栏"。他亲自起草了《南开出校学生通讯处细则》,要求出校同学按照"所有关于通讯处范围以内的情形,均请照上边登的细则实行才好"。还特别注明"办事处办事人:周恩来","办事地点——南开大学一○一号"。(第133期)周恩来于1920年因领导天津学生反对北洋军阀政府的斗争而被捕入狱。因此,通讯处的活动便宣告停顿。

(原载《周恩来青年时代》第七期)

回忆周恩来同志在南开学校的新剧活动

黄钰生

天津南开学校的新剧活动,有悠久的历史传统,这和张伯苓校长的提倡,很有关系。

"五四"运动前夕和新文化运动时期,对旧剧做了不少批判。当时,作为旧剧的对立面,新剧被提倡了起来。

最初的过渡戏是"文明戏"。在北方有艺名叫"钟声"的,就以演出"文明戏"擅长。"文明戏"相当于今天的活报剧。像《劝戒烟》一剧,描写一个瘾君子的女儿沦落为娼,当了妓女,通过这件惨痛的事迹劝诫人不要吸毒,很有针砭时弊的效果。从"文明戏"过渡到话剧,当时被称为新剧。这是北方话剧运动的萌芽。当时中国话剧运动分为南北两个部分。北方的就是华北地区以天津为中心的新剧活动,而南开学校是很有影响的一股力量。

天津南开学校的活动,因为处于启蒙时期,所以剧本还是比较不成熟的。它的特色是"后台无戏",也就是说:故事情节全都在前台呈现给观众。一切事件都通过人物在前台表演出来,没有暗场戏。通过剧中人的对话,互相介绍身份和事件,取消了自报家门的旧传统程式。

其次是布景讲究。或由学生动手制作,或聘请外边工人师傅来绘制。逼真考究,引人入胜。这在当时是一种新的尝试。新剧团正式建立后,由教师华午晴先生任布景部正部长,学生周恩来任副部长。由于周恩来担任布景部的负责人,所以他为新剧团的布景装置很下过一些功夫。后来搞下雨下雪等场景,逼真酷肖,放火等场面,更是令人触目惊心。

再有就是音乐效果。例如从《华娥传》这出戏开始,就增加音乐伴奏了。通过音乐来加强戏剧的气氛。在悲剧高潮时,选用吹箫的曲调来配合,凄凉悲戚,如泣如诉,渲染悲剧气氛,十分感人。周恩来在校期间上演的戏剧，多是针砭时弊的剧目，内容深刻，含有改造社会的意义。在他毕业以后，也就是"五四"运动以后，外国的戏剧被翻译介绍到我国。继起者有曹禺同志排演过一些易卜生的戏。此外，女同学也排演过《少奶奶的扇子》和《娜拉》等。

南开学校的新剧观众，多为学生家长和本校同学。演剧虽然是每年校庆纪念时才排演，但文艺节目是和校庆典礼分开举行的。校庆典礼的仪式，经常邀请当时市政当局和社会知名人士参加，并请他们讲话勉励师生。到了晚间才开始上演文艺节目。

下边让我来谈一谈《校风》校刊中登载的几幅剧照和剧中人：

关于《一元钱》这出戏的剧中人，根据我记忆所及，黄春谷饰演赵平（赵平是由富变穷，后来发财回家了）。尹劭询扮演胡母。伉乃如扮演穿白衣服垂手而立的人。

"禳灾"这一场，头上梳着大辫子的反派角色，是由伉乃如扮演的。

"背约"一场，亭子前站立的是时子周，他在戏里扮演孙思富，戴着眼镜，穿着长袍、坎肩，是一个反派角色。站在月亮门门口，欲行又止的女角色，是恩来同志扮演的孙慧娟。挽着慧娟手的女佣人，是由尹劭询扮演的。穿着浅色长袍，面向孙思富，微躬身躯的是曾中毅扮演的赵安。

"好合"一场，右边穿紫色裙袄，腋下披着手巾的是恩来同志饰演的孙慧娟，这是可以确认的，而且是拍摄得比较清晰的剧照。左起第三人，穿马褂长袍，气度轩昂，背手而立者是黄春谷扮演的赵平。戴着眼镜，低三下四，向赵平拱手而立的是时子周扮演的孙思富。左起第二人，站在黄春谷旁边的是曾中毅（扮演赵安）。左起第一人是伉乃如。

以上是《一元钱》中的几个主要角色。

《华娥传》第五幕"议婚"一场的女主角是马千里扮演的。

《华娥传》第七幕"逐娣"一场，扮演掩面啼哭的人是马千里，右起第二人穿裙袄的女角色是尹劭询扮演的。

《新村正》第一幕中，"务本堂"布景下左起第一人，跷腿而坐者为伉乃如，在这出戏里由他扮演反派角色。

《新少年》第六幕"访友"一场，"珠玉生辉"屏风前穿黑色西服，满面怒容以手旁指的人物为张信天所扮演。

以上有许多戏的布景，都是由新剧团布景部两位部长监督制造的。正部长是教师华午晴先生,副部长是丁二班学生周恩来。

(根据1981年3月3日访问黄钰生先生口述记录整理。本文原载《周恩来同志青年时期在天津的戏剧活动资料汇编》,由天津市文化局戏剧研究室周恩来青年时代在津革命活动纪念馆提供,又载《黄钰生文集》,百花文艺出版社2009年版)

回忆周总理在南开与师生创演新剧纪略[①]

张轮远

　　1914—1918年,余正在南开读书,与周总理同学相隔仅一班。每逢学校周年纪念日,皆演新剧以资庆祝,如《恩怨缘》《一元钱》《一念差》《仇大娘》等剧,皆亲眼所见,躬逢其盛。回首前尘,已六十余年,恍然如在目前,但周总理及演剧诸师生则都凋零殆尽,仅存者无几。余年已八旬有二,一息幸存,堪称后死。今余写一短文,略述回忆,以纪念老学友周总理及当时演剧盛况。余窃以为并非剧团中人,且当时《星期报》《校风》及《敬业》等登载实况甚多,评论文字亦颇伙。而余因年深日久,亦大半遗忘,婉言谢绝,而盛至难辞,乃略述梗概,以志观感,作为纪念云尔。最可惜者,昔日所存诸剧照、明信片、《敬业》学报等珍藏如宝,不幸于1968年8月28日被天津工艺美术设计院查抄而去,至今下落不明,无法查找,实为遗憾耳!

　　天下事以开创发明为最难,非有才智之人、先进之士,不克臻此,而其结果,为人类造福为最巨。昔日北方仅有梆子、二黄、评剧等供人欣赏,而话剧则付阙如。1914年南开中学校师生有鉴于此,共同钻研,首创新话剧,其中经过不少曲折困难,而卒底于成;振聋发聩,易俗移风,揭露旧社会之罪恶,使观者耸然省悟,为前车之鉴,而大有益于社教,挽回世道人心,则周总理和南开师生之苦心创造新剧,其功不可泯也明矣。

[①] 收入本书时有节略。

周恩来(右一)参加演出的话剧《恩怨缘》饰烧香妇

  以上四出新剧中,使余感受最深者,厥为《一元钱》,至今记忆犹新,历历在目。周总理饰女角孙慧娟,李福景饰赵安,时子周先生饰孙思富,黄春谷饰赵平,皆能绘声绘色,各尽所长。而此剧之含意深远,描述世态人情,可称绝唱,诚有"人情阅尽秋云厚,世路经过蜀道平"之叹。剧中孙思富得赵凯帮助致富后,见赵氏衰落,竟背约赖婚,赵安求助,沉吟半晌难解悭囊,最后仅付与一元钱,而犹自以为恩德如天、慷慨好义之举,刻画世情入骨至此,可谓极矣,岂止为揭露旧社会资产阶级商人虚伪奸诈、唯利是图而已哉!苦口婆心,现身说法,其有益于世道人心深矣!而天道好还,孙思富好景不长,彩云易散,终遭失败,又有求于赵氏。盖盛衰消长,果报循环,乃自然之物理。毛主席所谓善有善报,恶有恶报者也。晨钟暮鼓,茫茫世人,大可借此醒悟,以为前车之鉴耳。

  此剧不惟内容丰富,意义深远,演作精工,情节逼真,而布景之奇妙,尤为首创。盖中国旧剧均无布景也。在一区区戏台之上,经之营之,布置景物且须一场一易,刻不容缓,实亦大费苦心,构思制造,亦非一朝一夕所能成,当时推举华午晴先生及周总理为布景部正、副部长,良有以也,其贡献亦可谓大矣。

  其他如《一念差》,亦一名剧。描述旧官场之黑暗,争名夺利,以及人心之残酷,报应之迅速,枉费心机而终无好下场也。主角叶中诚为时子周先生饰,其子由黄春谷饰,其女为李壮猷饰,表情说白,都臻上乘,博得圆满成就,而布景之妙较前更加进步。犹记得偶一开窗,见明月当空,犹如白昼,使观众为之惊奇,亦新剧团之新发明也。次为《仇大娘》,根据《聊斋志异》编演,详见《聊斋》,描述旧社会之险恶狡诈。主角为仇大娘,由王祜臣先生饰,邵氏由尹劭询先生饰,赵阎罗由周绍熙先生饰,魏名由黄春谷饰,范惠娘由周总理饰,仇福由曾中毅饰,各尽所能,如见其人,而仇福之败子回头,尤足为现代青年失足者之鉴戒。但此剧系单纯话剧,毫无布景耳。

新剧团除本校周年纪念日为师生上演外,亦常招待来宾,募捐筹款,并曾去北京青年会公演,皆博得社会人士欢迎及好评。当在本校上演时,则车水马龙,填街塞巷,观众蜂拥而至,电灯通明,犹如白昼。无奈礼堂狭小,仅能容数百人,更使座无虚席。观众欢颜悦色,鼓掌之声不绝于耳,赞誉之情不绝于口,以得一观新剧为平生幸事;观后莫不满意含笑而归,但因僧多粥少,票数有限,而抱向隅之叹者,则不知有若干人也。

南开新剧既属首创,成绩斐然,脍炙人口,博得人民群众之好评,莫不称赞,固无论矣。而当时之权威学者如鲁迅先生等,亦莫不予以好评,发为文章,简册可稽,诚剧界之一新里程碑,话剧之嚆矢。其后京津剧界前来观摩学习者亦复不少,均以此为滥觞,流传海内。而北京梆子剧团更穿插其中不少戏词儿,以迎合观众之心理,亦可谓之折中派,新旧合璧矣。

张校长曾训诸生云:"诸师生不惟今日在校内登上戏剧舞台,将来还可登上世界之舞台。"若周总理者,可谓不负校长所期,投身革命,与毛主席共同创造新中国,丰功伟绩,中外驰名,人人敬爱,真可谓登上世界舞台,作最著名之角色,为全人类造福,与南开新剧永垂不朽矣。

(原载《周恩来青年时代》第二期)

周恩来青年史页

——到南郊高庄李氏小学度假编剧

周汝昌

周恩来总理在津沽度过了他的青春时代。亡兄祜昌留下了一篇记载总理在十七八岁时多次到南郊高庄打球、编剧的史料,极为珍贵。如今代为整理发表,并略加补充说明,以助读者了解。"高庄子",口语通称,但不同于"高家庄"之类,与姓氏无关,盖其地势在津东南"退海"洼地之间独高,故民择胜而聚居。其间以李氏为望族,人称"萃丰和李家"。

李家先祖于明永乐初自南京迁来,传言是"御(羽)林军"人员。至清康熙间一支又迁至咸水沽(与我家近邻)。

清末民初,李家人已是当时思想开明、十分注意兴办文化教育与农工实业的了,私立小学一切很是先进,并且兼设了女校,在当时堪称进步的创举(我外家表妹李存荣与拙妻毛淑仁皆高庄女校毕业)。

周总理到高庄子,有时是为了比赛篮球,有时是为了度假兼编话剧,短期的停留,皆由我们姑丈家做东道主,热情款待,因此结交,感情深厚。

我姑丈李象模,弟兄三人,他行二,故字"仲昆",当时当地,乃不俗之士,关心公益事业,扶助贫困亲友。我家称他为"老姑夫","老"是乡语"幼"义,因家祖父(名铜,字印章,号了俗道人)生一子二女,"老姑"指幼女也。

姑丈与总理的合影,保存多年,不幸终归于火。亡兄祜昌对此感到极为惋惜,曾多次向我诉说此情。

但我至今仍然时作万一之想:也许总理与同学李福景的照片中,还会发现有高庄李氏的遗恨旧迹。

以下请阅周祜昌的遗文——

周恩来学生时代在天津南郊的编剧活动

周恩来总理青少年时代来过南郊,大都是假期带队来打篮球,地点在高庄子小学,而且非止一次,父老津津乐道,传闻已久。

高庄地滨海河,邻接双港、白塘口,距津市中心15公里,以种稻闻名,阡陌纵横,绿树成荫,景色宜人。高庄小学成立早,校舍新、学风新、生动活泼,远非左近学校所能及。学生到市里上中学的早已有之,在南郊颇为突出,不同一般。

高庄李氏是一大族,种稻、兴学都与李家有关。我的老姑母出嫁李家,姑父名李象模,字仲昆,在铃铛阁省立一中读过书,参加天津市学生联合会活动,和周恩来结识往来,遂有假期相邀来高庄比赛篮球之举。高庄小学有操场,食住方便。水路坐小火轮,过了陈塘庄不远,就是邢、高庄子,邢庄子、高庄子相连。

听说姑丈李象模和周总理合拍过一张照片,摆在案上多年,当地好多人都见过。一直到十年动乱,他家人害怕惹祸,便销毁了。从此文献无存,空口难证,没有记载可供查考了。

此事关系地方史、人物志,特别关系到周总理青少年时代在津活动,是极为珍贵的历史资料。因为时间较早,这种资料就更加缺乏,更加宝贵,更加令人向往。

1985年春,南郊政协成立文史组,会上谈及此事,由朱老振周提供一篇材料,乃陈杜之同志手录,篇名《高庄编剧记》,作者李福景,节略如下:

……七月九日,校中新剧团诸公,有高庄之行,余以居津,得偕行焉。先是吾校每岁新剧稿本,例由开学后始行编纂,而时迫事繁,间有潦草之理。今夏校长以演剧关系学校名誉,不得不慎稿本之选择,幸暑假有暇,大可利用。因思高庄距津不远,虽无名山胜景,而林木之幽深,民风之朴厚,亦足以悦目娱心,遂买舟往焉。同行十一人约两钟许至。是盖余至第二次也。停留于庄内李氏私立小学中,凡居四日,每日三两成群,搔首构思。余枯肠无物,无非空中楼阁,强成一二残破稿本以塞责。然已太苦矣。事暇或旅行三数里外,或泛舟河渠之中,或观学校,或观稻田,又或促膝谈心,比晚拱月坐,互评稿本,可则尔,不可则去。数日中,中选者只三耳。

(1916年10月《敬业学报》第五期《童子声》栏第7—8页)

周总理1913年入南开中学,1916年升高中,这个暑假正当初中以后、高中之前。旅游者的姓名虽未开列,周总理在其中,此无可疑。而且周总理来高庄非止一次,亦于文中得以证实。1916年这次编剧,正是周总理的课外活动,参与过编剧、导演,扮演诸般事物。南开话剧史上占重要位置,在孕育过程中,还有南郊风土在内,令人欣幸。这是周总理青少年时代在津活动的重要篇章,源远流长,值得我们永远纪念。

前两年看总理纪念馆,文体方面活动内容一无所有,未免不足。像上面所说的书刊、图片一类,纪念馆中掌握大批资料,为什么不另辟阅览室,扩大陈列,供人瞻仰?特别是高庄李家那张二人合照,不知纪念馆中有无副本,盼望还能出现,放射光芒。

【附记】据1990年3月5日《天津日报》载《教育家严修与周恩来同志》(梁吉生文),可知1920年周恩来出狱后,严修曾向张伯苓提出,以其设立的"范孙奖学金"资助周恩来及另一南开学生李福景出国深造。原文有云:严修为了支持周恩来在欧洲深造,特在严家账上为他立了户头。除第一年的用款是严以支票交给周本人带走外,以后周恩来在欧洲的三年,每半年给一次,均由李福景的父亲李琴湘负责转寄。如《严修日记》1921年2月27日写道:"李琴湘来,余将补助李福景、周恩来之学费,交伊持去。"同年11月8日记:"琴湘来,交补助李福景、周恩来学费。"由此可见周总理与李福景之关系,非同一般。闻纪念馆中尚留有李福景之照片,如有机缘,当往一瞻风采,并细检确认有无李象模(仲昆)之照片在内。1991年11月2日 祐昌追记。

(原载《今晚报》副刊增刊,1988年5月8日)

严修后人忆念周恩来[①]

王庆民

严修(1860—1929),字范孙,天津人。近代教育家。光绪年间进士,翰林院编修。1894年任贵州学政,曾上皇帝书,言及改革事宜。在清末和民国初年,他曾任直隶学务处总办、学部侍郎、学部副大臣等职。1914年任北洋内阁教育总长,不久退出政界,长期在天津办学。1904年创办南开中学,1919年创办南开大学。1929年3月14日病逝于天津。南开中学建"范孙楼"为纪念。

严修长期从事近代教育事业的创立和发展工作,对创办欧美式的新型学校做出一定贡献。周恩来同志在学期间,曾受到严修的器重,并且得到他的关怀和支持。他们之间的往来是比较密切的。这对青年周恩来的成长起过一定影响,我们这次采访,也注意收集他们互相往来的事迹。

在严仁曾先生整理的《严修年谱》里,摘录严修日记,言及周恩来之处,今录于右(下):

1914年9月29日记云:"周恩来来,求写《敬业》杂志封面,周去即书之。"

1917年3月26日记云:"墨青送来周翔宇恩来家世单。"同年4月6日记云:"饭后,观志德社演《一元钱》剧,敬韩、子若、味青、翼仲、巨川(笔者注:梁漱溟之父)父子、翔宇、子均、伯苓、墨青、余与智崇父子,凡十二人。"

1918年(周恩来留日期间)4月12日记云:"晤周恩来后,至上野公园看樱花。"(严修与张伯苓出国考察经日本期间)

同年4月15日晚记云:"吴汉涛(笔者注:周恩来同班同学)、周恩来诸君来访,夕谈。吴去,周留宿焉。"次日记云:"同游浅草公园,樱花已残,游人尚众。"

[①] 题目是编者加的。

同年4月17日记云:"童启颜(注:周恩来同学)、周恩来先后来。晚,留日南开同学会请余等于神田之汉阳楼会食,会员二十人,华餐三席,谈极畅。"

同年4月20日记云:"吴汉涛、童启颜、周恩来亦至送行。"

1919年(周恩来留日归来,"五四"期间)9月21日记云:"约膺白、静生、叔钧、伯苓、澄波、翔宇、芷舟令饭。"(膺白,即黄郛;静生,即范源濂,曾任教育总长;叔钧,即王章祜,时任直隶教育厅长)

1920年10月4日记云:"李福景、周恩来陪话略久,坐不安帖。"

同年10月16日记云:"致顾少川(注:时驻英公使),为周恩来、李福景介绍。"

1921年(周恩来旅欧期间)2月27日记云:"李琴湘(注:李福景之父)来,余将补助李福景、周恩来之学费,交伊持去。"

同年11月8日记云:"琴湘来,交补助李福景、周恩来学费。"(是年,周恩来有三函寄严修,见日记)

1922年2月1日记云:"答访李琴湘,并晤周翔宇令尊懋臣。"

在严修给其子严智开的书信里,言及周恩来之处,今录于右(下):

1919年2月5日信云:"周恩来在东京寓牛达区鹤巷町一百四十一番,与童冠贤等十余人伙住,名曰新中学舍,炊爨洒扫皆自为之,有美国学生之风。"

1920年12月23日信云:"童启颜、刘琪、高宝寿,均往美国留学。李福景、周恩来,均赴英国留学。"

1921年4月28日信云:"李琴翁携示李新慧福景家信,因英伦物价奇贵,拟偕周恩来先来法国,计算此时到法已久,汝必与之相见矣。若有答彼二人之函,望即转交。闻留学官费亦多欠发。"

严修有子女九人。这次我们只采访了他的孙子严仁赓、严仁缉、严仁驹,还访问了他的侄孙严仁曾。今分别笔录于下。

(1)严仁赓先生,时年六十多岁,在北京大学经济系任教。1977年9月17日晨,我们到燕东园访问了他。他的父亲严智崇,是严修长子。智崇同严修往来的信件,皆已丢失,仅保存了一封,时间为民国六年(1917年)6月间,周恩来快中学毕业的时候,智崇给他的复信中曾提及周恩来,表示了对周的重视和关怀。

其后,严修对周恩来赴欧留学仍给予经济支援。直到周恩来成为共产党人时,严修不胜感慨地说:"人各有志,不要过问他。"并盛赞周谓"宰相之才"。

历史总是这样巧合,深阅人事世故的严老先生,具有识才之眼力。周恩来对他也颇为敬佩。今引严仁曾先生于1977年12月19日所写的补充回忆为证:

1929年范公逝世后,总理来津秘密工作,闻耗曾冒险亲赴墓地,静默凭吊致哀,以报知遇之情。当时无人知此,乃李福景所言。

(2)严仁缉同志,现年四十余岁,当时在沈阳医学院工作,今转调北大图书馆。其父严智开,曾在南开中学读书,毕业稍早于周恩来,在留日、留法期间,他们之间有过往来。在1921年10月5日出刊的《南开周刊》第十四期里,载有留欧南开同学会的活动,并提及他们。上面引用的材料,亦多处为仁缉同志所供。

1977年9月17日下午,我们赶到和平里严仁缉家,见其母全绍兰老太太。严老太太,曾随严智开到过欧美,学习幼儿教育。她说及藏有家书一扎,记有周恩来的情况。可惜存在沈阳严仁缉处。我们留下地址,请待仁缉同志返京时通知我们。10月28日,接到来信后又赶到北京。我见到仁缉同志,他很热情地把厚厚一扎《严氏家信》交给我。家信是贴在大32开硬皮面、20年代出版的一本美国杂志里,厚约百来页,全是严修给其子严智开的手书,用毛笔书写,有三处言及周恩来(见上引文),其余皆家事。有一信极为重要,正值辛亥革命武昌起义的第二天,严修在北京,致信天津家人,谈及京师朝野大臣官吏惊恐逃散的情况。我接到严修遗墨后,留下介绍信,签上我的名字作收条。我非常感谢仁缉同志对征集工作的大力支持。返津后,我将《严氏家信》交给纪念馆保存。

(3)严仁曾先生,时年七十余岁,严修之侄孙。其父严约敏,曾为南开中学教员,在任殉职,学校设思敏室以为纪念。严仁曾先生,毕业稍晚于周恩来,曾为敬业乐群会会员,与周恩来同学,往来颇多。他已撰文纪念周恩来同志,今把其补充回忆介绍于下:"总理和南开同学李福景君交谊最厚,求学时期即订为刎颈之交。1919年总理由日本回国参加'五四运动',至1920年底同李福景同船赴欧,即长期住在李家。1927年蒋介石叛变革命,总理工作转入地下,在白色恐怖笼罩下,总理奔走革命,来天津时即住在李家。当时蒋介石悬重赏通缉总理,李家掩护,昼伏夜出,李福景戒家人咸称总理为'王先生'。

"李福景曾和总理戏言:我两人志不相同,你将为振兴汉室的光武,我为严光。总理称善,此后总理和李秘密通信,即写'子陵兄鉴……',总理对革命早抱必胜信念,令人钦佩。"

严老先生写此材料时,还附一便函,说:"昨夜夜不成寐,忽然想起一重要史料,特写好作为拙作补充材料。"可见严老对敬爱周总理的怀念。

(节选自王庆民《周恩来同志中学时代事迹采访纪实》,原载《周恩来青年时代》第四期)

周恩来与常策欧的友谊

常卓超　常竞超

我们自幼经常听父亲讲述青年时代与好友周恩来在一起的情况。几十年过去了,每当我们打开母亲高春华珍藏的相片本,看到父亲常策欧与周恩来在天津南开和留学欧洲时的合影,许多往事便浮现在我们的脑海里。

1913年秋,周恩来考入天津南开学校。同时入学的有来自全国各地的八十多名青少年,我们的父亲常策欧也是其中的一个。

1916年敬业乐群会三个发起人合影
（左起:常策欧、张瑞峰、周恩来）

入学之初,一年级新生分为两组,称己二、己三。己一是从补习班升上来的。周恩来和常策欧都在己三。1914年春,己二、己三改称丁二、丁三。不久,学校因教室不够用,决定把丁三分成两部分,分别并入丁一和丁二。周恩来所在的丁三班同学团结友爱,不愿分开,大家推举张鸿诰和张瑞峰为代表,面见张伯苓校长。张鸿诰首先陈述同学们相处甚好,不愿拆散,但这个理由未能打动校长。继而张瑞峰提出丁三与丁一课程进度不一样,如果硬将一部分丁三同学并入丁一,必将造成教学上的困难。校长对这个理由十分重视,最后学校改变了原来的决定。丁一仍旧,丁二、丁三合并为一组,称丁二班。两位同学代表和张校长交涉成功的消息传来,这些十五六岁的青少年兴高采烈,拍手称快。后来,丁二班又称为二组。

当时,南开学校是四年制中学。常策欧与周恩来同窗四年。周恩来待人热诚,关心集体,才思敏捷,品学兼优,同学们都愿意和他接近。在安排宿舍时,四人一屋,自愿结合,常策欧和周恩来同屋住了四年,两床相对。他们在生活上朝夕相处,在学习上切磋琢磨,在思想上互相交流,友谊日增,情同手足。他们都生于1898年,常策欧比周恩来大两个月,平时以兄弟相称。1917年初,常策欧邀周恩来一起回唐山老家度寒假。当时正值严冬季节,常策欧的大姐和大嫂看到周恩来的衣服较单薄,为他缝制了一件厚实的棉袍以御寒。

周恩来去唐山度假时,仍抓紧时间学习,随身带去一些书籍和笔墨纸砚等学习用具。当他们返回天津南开时,周恩来考虑到开学后,在校时间只有最后一个学期了,就把一些书籍和文具存放在常策欧的老家。几十年过去了,特别是经过十年浩劫和唐山地震,那些珍贵的书籍和文件未能保存下来,但却保留下一个铜笔架,现在珍藏在周恩来同志青年时代在津革命活动纪念馆。

周恩来、常策欧、张瑞峰等十多位同学经常在一起促膝谈心,从国家大事到学习中的疑难问题,均一一加以研讨。后来,他们决定扩大范围,联络同志,组织一个进步学生团体。1914年春,周恩来、常策欧、张瑞峰三人发起成立敬业乐群会,起草了《敬业乐群会简章》,并于3月7日下午召集全体会员讨论《简章》,经逐条讨论通过。《敬业乐群会简章》共十条,即定名、宗旨、内容、职员、会期、会费、入会、出会、会所、议事等十项。敬业乐群会设稽古、演说、智育、俱乐、庶务、编辑六部。1914年3月14日下午,在南开礼堂举行敬业乐群会成立大会,到会者数百人,张瑞峰致开幕词,校长演说。最后演出新剧《五更钟》,剧情是揭露旧社会的黑暗腐败,激发人们的爱国精神,观众欲歌欲泣,掌声如雷。

敬业乐群会的发起、成立过程,出力最多、贡献最大的当属周恩来。但是在遴选第一任会长时,周恩来却坚持推选张瑞峰做会长,常策欧为副会长,自任智育部长。1915年,敬业乐群会改选领导机构时,才华出众、深孚众望的周恩来出任副会长。1916年,他才出任会长。从这件事情上,可以看出,周恩来从青年时代起,就具有不争名、不争位,吃苦受累在前,享受荣誉在后的美德,并将之贯彻始终于其一生的工作之中。在此,应该提到的一点是,如果我们悉心观察周恩来青年时代与友人的合影,就会发现他在拍照时总是侧身边位而很少居中。这似乎是一件小事,但正反映了他的谦虚谨慎,不居功、不邀誉的高尚品德。"多贡献,少享誉",先父每当提起周恩来的这种美德时,总是这样赞不绝口。

当时天津一些女校的学生,写信给周恩来,表示爱慕之意。后来,这类信件寄来的多了,周恩来根本不拆看,就丢进宿舍的字纸篓中。同宿舍的常策欧很纳闷,为什么周恩来对一些信件不拆不看就扔了?出于好奇心,他从字纸篓中拿起一封信,看见信封上落款是某女校,打开一看原来是上述内容,遂一笑掷之。当时,天津一些社会上有名气有地位的人,也十分器重年轻有为的周恩来,托人说媒愿把女儿许配给他,有的还提出资助出国留学的条件,均被周恩来一一谢绝。常策欧深知周恩来立志救国,决不会趋炎附势,让自己的救国壮志受到他人的限制。

周恩来、常策欧、张瑞峰等人所在的班,是南开学校很突出的一个班。该班不仅思想活跃,爱国热情很高,而且学习空气浓厚,学习成绩优秀。这个班在全校各科比赛中,多次获第一。周恩来时常超出数学教师讲授之外,琢磨出新的简便的解题方法。1915年2月,南开举行全校速算比赛,他们班全体参加,结果获全校第一,个人成绩优秀者有周恩来、张鸿诰、常策欧等十余人。周恩来擅长写文章,他的文章以思想深刻、文笔流畅而闻名全校。1915年3月,在全校国文汇考中,他们班居全校第一,获得一匾,由校董严范孙题词"含英咀华"四字。1916年5月,全校国文汇考,有五百多人参加,周恩来名列第一,同学们竞相传颂:"周恩来中魁!"此外,张鸿诰、常策欧等人均列名,全班总分再次居全校第一。南开学校很重视英语,数、理、化等课程都用英文课本。周恩来初入南开时,英文程度稍差,但他发奋攻读,很快就赶了上来,成绩很好。周恩来等人还翻译一些文章,刊登在《敬业》上。为了提高英语表达能力,周恩来等人还于1917年初组织英文演说会,每星期举行一次,每次有四五人演说。

1916年春,同学好友张瑞峰离开学校回故乡,然后前往日本留学。周恩来、常策欧和张瑞峰三人合影留念。周恩来写诗三首送别张瑞峰。其中一首律诗写道:"相逢萍水亦前缘,负笈津门岂偶然。扪虱倾谈惊四座,持鳌下酒话当年。险夷不变应尝胆,道义争担敢息肩。待得归农功满日,他年预卜买邻钱。"周恩来的这首诗表达了他富于感情,挚于友谊;也表达了他的广阔胸怀,凌云壮志。

1917年初,他们班开会讨论毕业事宜,大家推举周恩来负责编辑毕业同学录。在天津南开学校第十次第二组毕业同学录上,周恩来、常策欧分别为之作序。在毕业前夕,大家推举常策欧准备毕业演说。1917年6月26日举行毕业典礼,常策欧因病改由周恩来发表毕业演说。在同学录上,除刊印各毕业同学的照片以外,还附有各人的小传。这些小传都是由相互熟悉、了解较深的同学执笔的。常策欧写了周恩来的小传。这篇文字,对周恩来在南开毕业前的经历,记述得比较翔实。

毕业后,周恩来东渡日本留学,常策欧考入清华,但他们经常有书信往来。1919年"五四"运动时,周恩来从日本回国,在天津领导学生反帝爱国运动,常策欧在清华参加"五四"运动,这期间他们继续有联系。1919年秋,常策欧赴欧洲留学,就读于伦敦大学。1920年秋,周恩来和比他低两级的南开同学李福景准备赴欧洲留学。当周恩来到北京办理出国手续时,不慎将出国经费的外汇支票丢了,他找到当时在北京工作的常策欧的大哥,由他设法帮助解决了这个问题。

1920年11月,周恩来和李福景从上海乘法国邮轮波尔多斯号赴法国。12月,船抵马赛,他们换乘火车抵巴黎。李福景决定进英国曼彻斯特大学,周恩来准备在巴黎勤工俭学。当时正值年底,学校即将放寒假,来年新学期开始后才能入学。周恩来决定利用这个寒假到伦敦看望常策欧,并实地考察英国社会状况。1920年12月,周恩来和李福景乘船渡过英吉利海峡,到达伦敦。1920年底至1921年初,周恩来、常策欧、李福景三人在伦敦合影两张留念。一张是李福景坐在中间,周、常二人分立于左右;另一张是常策欧坐在中间,李、周二人分立于左右。

周恩来在伦敦期间,阅读了许多报刊,研究英国和欧洲大陆的局势。当时正值第一次世界大战之后,欧洲各国经济受到战争极大的影响。周恩来在伦敦期间,写了《伦敦通信》,寄回国内,刊载在天津《益世报》上。1921年春,周恩来从伦敦回到巴黎。在假期,常策欧有时也到巴黎看望周恩来,平时经常通信。

1922年1月,周恩来再次赴伦敦看望常策欧,并住在常的寓所,即英格兰伦敦海贝律山11号(11 Highbery Hill,Highbry. London. N. 5)。周恩来这次在伦敦停留的时间虽然不长,但他密切注视英国的局势,再次写了《伦敦通信》,仍发表在天津《益世报》上。周恩来从伦敦回到法国不久,3月初,他又从法国到德国。此后,他经常往来于德国和法国之间,从事革命的宣传和组织工作。

周恩来与常策欧在欧陆和英伦之间继续书信往来。由于经常通信,有什么事情,写张明信片邮寄很方便。周恩来多次托常策欧去伦敦替他订购报刊图书,从英文报刊了解英国和欧陆形势的发展变化。常策欧字醒亚,周恩来在信中都称他为"醒兄"。我们珍存的一张1922年3月25日周寄给常的明信片中写道:

醒兄:两次寄来报信,均收到。Times 既如此减价,便请先代定一月,直接寄弟处好了。书目承示知多种,谢谢。贝氏《柏林指南》已买得。柏林天气,前数日亦甚冷,且曾飞雪两日,今日略见晴明。伦敦如何? 报请快定!! 匆匆,询近好。恩来。

当时,周恩来在繁忙的革命活动中,仍然挤时间学习,他学习德文,阅读各种报刊,钻研经济学和其他著作,并继续撰写文章寄回国内发表。我们珍存的周恩来从柏林寄给常策欧的另一张明信片,是1922年3月12日写的:

醒兄:前去一信,想达,昨午我方将房子找定,通信地址如下:Hvrr,E,L,Tchow,Berlin — WILnuersdorf; Kaiserallie,54A,Bei Loeck,Germany(德国柏林维康村凯撒街54号A)。房费三百五十马克,电灯费五十马(克),室中陈设比你住的地方还好得多,面积比你那间小点。德文先生在我同住的楼中有一位,每点钟十五马克,他并会英、法文。地址离柏林中心不甚远,交通比 Wighbury 向城中去还便利。德国书价一月一长(涨),我现在请求你将德文的《经济学原理》书,在五天内给我开点书名字来,我好起首去买。还有一事,请你给我定一个月的 Daily Herald,赶快! 万勿耽搁,因为我现在一份英文报纸都看不见了。恩来。

1924年夏,周恩来回到祖国,投入大革命的洪流中。常策欧执教于伦敦大学,并继续留学欧洲。1927年,常策欧回国,从事教育工作。

抗日战争期向,常策欧买到一本斯诺写的英文版《西行漫记》。从这本书中,了解到中国共产党艰苦卓绝的斗争事迹。斯诺在书中有专门章节评述周恩来,常策欧阅读此书,好像又和青年时代的老友重逢了。抗战期间,常策欧在南开同学张鸿诰家中,结识了周恩来的三弟周同宇,成为往来密切的朋友。1946年初,周恩来代表中国共产党参加由共产党、国民党、美国三方组成的军事三人小组委员会。1946年2月底,周恩来、叶剑英等中共代表到达北平。尽管当时的北平在国民党的反动统治下,白色恐怖十分严重,常策欧仍毅然前往中共代表团驻地,看望阔别多年的老友。周恩来见到老朋友,十分高兴,十分亲切,详细分析了国内外形势,并指出全国解放的日子已经不远了。从那次与周恩来晤谈以后,平时沉默寡言的常策欧,显得心情十分激动,并对家人兴奋地谈论着祖国的光明前途。

1949年初,北平解放了。周恩来进城后一个星期,就通过周同宇约见常策欧。由于解放初期接管全国政权的工作特别繁忙,周恩来实在抽不出一个整段的时间与老友晤谈,就利用从一个办公地点到另一个办公地点、从一个会议到另一个会议的路上,坐在一辆吉普车里与老友谈上一二十分钟或半个小时,在周恩来每次下车去办公或开会时,常策欧与周同宇就坐在车厢里等候。当时,周恩来也没有一个固定的吃饭时间和地点,到了吃饭时候,肚子饿了,就让周同宇到路边的小饭铺里买些包子来吃,并爽朗地笑着对常策欧说:"这比我们当年在巴黎吃面包和青菜汤好多了。"从早到晚,常策欧花了整整一天时间,在周恩来工作的空隙时间里,二人交谈各种问题,加在一起也不过一两个小时,但常策欧回到家里以后仍然十分兴奋,觉得好像与老友谈了一整天的话。

以后,周恩来多次在中南海家中会见常策欧、李福景等老同学,鼓励他们这些知识分子为新中国的科技和教育事业贡献自己的力量。1951年初,周恩来约请常策欧到家中吃便饭时,送给他一张半身照片,并当场在背面题字"醒亚兄存。周恩来。一九五一.一.一二"。

1951年秋,常策欧因心脏病并发脑血栓,病情严重,经协和医院抢救后,在家休养。当周恩来总理得知常策欧卧病的消息后,立即抽时间亲自到家中来看望。那时,周恩来还兼任外交部部长,内政外交头绪繁多。一天傍晚,周总理刚刚接见了一位巴基斯坦驻华大使,接见完毕已是下午六点多钟了,紧接着就来到我们家。周总理亲自到我们家来看望我们的父亲,这不仅反映了他是多么注重友谊,更体现了党对知识分子的关怀。

  周恩来总理坐在常策欧的床前,关切地询问病情,病人讲不出话来,只是紧紧地握住周总理的双手。周总理看到他病情较重,怕他听不清自己的话,就俯在他耳边大声地说:"醒亚,你好好养病,养好了病,建设咱们的祖国!"听了周总理的话,父亲微笑着连连点头。周总理看到父亲靠坐在床上,怕他坐久了疲劳,就扶他躺下休息。然后,周总理起身到外间屋坐下,关切地询问我们家的生活情况,有无困难,询问我们兄妹二人的学习情况。周总理在谈话中说道:"我小时去东北念书,我喜欢吃高粱米。"周总理故乡在江浙,少年时代到东北沈阳大伯父那里读书,在艰苦的生活条件下,他很快适应了吃高粱米。周总理的作风平易近人,他从不冷落任何人,与当时在座的每个人都谈了话。

  随同周总理的警卫同志,看到他忙累了一天,一直没休息,好几次进来催促:"总理,该走了吧?"周总理笑着说:"不要紧,再坐一会儿。"时间飞快地流逝,两个多小时不知不觉地过去了。晚上八点多钟,周总理起身告辞。事后,我们才知道那天周总理连晚饭也没顾上吃,就来看望父亲了。我们的母亲十分懊悔地说,要是知道总理没吃晚饭,我做一碗汤面请他吃也好啊!事隔三十多年后的今天,八十五岁高龄的母亲每当回想起这件事时,还是这么说。

  1953年春,父亲常策欧去世了。当时我们觉得周总理日理万机,太劳累,太辛苦了,就没有惊动他。事后,周总理知道老友去世的消息时,十分痛惜地说:"我应该参加他的追悼会,即使参加不了,也该送个花圈嘛!"并委托他的三弟周同宇转达了悼念之意。

  岁月流逝,周恩来总理离开我们已经十年了。这位伟大的马克思主义者,忠诚的共产主义战士,为祖国和人民做出了巨大的贡献,是与他在青年时代就表现出来的非凡才能、高尚的品德和炽烈的爱国热情分不开的。

  今天我们来纪念他,就要学习他终生不渝的革命精神,继承他的遗志,为实现他提出的祖国四个现代化的宏愿而努力奋斗。

(原载《周恩来青年时代》第六期)

周恩来与吴国桢

——兼忆吴国桢二三事

严仁曾

1915年秋,我考入南开中学。开学后,看见敬业乐群会征求新会员的布告。因为它的宗旨和活动正是和我课外兴趣相同,所以立即报名参加了该会的童子部。当时童子部的部长正是周恩来同志,他比我高两年级。另外在童子部还有一个同学,是比我高一年级却比我小一岁的吴国桢。

敬业乐群会在中楼旁有一间宽敞的房间,棋类、乒乓球台及图书应有尽有。每天下课后,会员到此参加各种活动,相处既久,友谊日深。

与此同时,我们三人又都是新剧团的团员,遇有排戏时,更是朝夕相处,彼此结成好友。记得1916年寒假期间,新剧团演出《聊斋》剧目《仇大娘》,周恩来饰蕙娘,我和吴国桢分饰幼年时代的仇福、仇禄。

吴国桢十一岁时考入南开中学,学习成绩优异,被校长张伯苓先生誉为"神童"。周恩来对吴之评价,在《敬业》学报第五期"童子声"一栏"峙之(吴国桢字)日记节录"中的按语里有这样一段:

> 余性恶静,好交游,每得识一友,辄痞痱不忘。既入南开,处稠人广众中,所交益多,惟人品不齐,何敢等视。以故识者虽众,而处以深交,期以久远者,实不多觏。且余年非长,天真未变,素结交小友乐我性灵。因是识者孔多,然欲相勉,以道德相交,以天真相待,如兄弟者,仅得二人焉。一曰李新慧(福景);一曰吴峙之(国桢)。新慧年长峙之三龄,聪敏异人,非同凡俗。峙之年十有三,入南开方十一龄耳。彼时吾一见即许为异才,逮相识既久,始知峙之之才,纯由功夫中得来。盖幼秉异资,复得家庭教育,锻炼琢磨方成良玉。读峙之家训,阅峙之日记,知峙之修养之纯,将来

之成就不可限量。益叹世之子弟，不可不有良好家庭教育作基础于先也。

1917年周恩来（左一）与吴国桢合影

七十年事，今又目觌。
的为兄弟，后乃异主；
龙腾虎变，风风雨雨，
趋逢虽殊，旨同匡辅。
我志未酬，君化海土。
人生多艰，泣断沙埔。

国桢题 一九八二冬

1982年吴国桢在该照片背面题诗

周恩来和吴国桢从南开中学分手后，天各一方，两人政治上走向相反的路程。周恩来参加革命，致力于人民解放运动。吴国桢却加入了国民党，飞黄腾达，日趋显赫。抗战期间，周恩来代表八路军驻在重庆，吴国桢正是重庆市的市长。每逢星期日或假期，二人时常在南渝中学校长张伯苓先生及伉乃如老师家中相遇。因为两人政见不同，经常互相辩论不休，但是两人私交还是笃厚的。1949年的端午节，我和周恩来在中华人民共和国成立后第一次晤面谈话中，涉及老同学的时候，周恩来对我说："小吴托和谈代表向我说，他列入战犯，又传话要他北来参加新政府，他不知如何是好。"周恩来又说："只要不做有害于人民的事,以他的才干,弃暗投明,我们还是欢迎的嘛。"周恩来的话没有说服了他。自他去台湾之后,更是消息杳然。去秋报纸上报道他在美逝世的消息,总角之交又少一个,不禁黯然神伤!

吴国桢在南开中学没有毕业即考入北京清华留美预备学校(即今日清华大学前身)。1921年在清华毕业后,赴美入格林耐尔大学,得学士学位。后入普林斯顿大学,以优异成绩获政治学博士学位。

我于1920年在南开中学毕业。是年秋赴美留学。1922年暑假期间,在我母校康奈尔大学校园内,举行一年一度的留美中国学生年会。吴远途来参加,旧友异地相逢,格外欢欣。我们同时还开了南开同学联欢会,参加者还有傅葆深、胡光麃、方培寿、朱义龙诸同学。

1932—1934年,我在汉口武汉电话局主持更换自动电话。吴当时任湖北省政府委员兼汉口市市长,我们再度相会。为了公事我时常去市府办事。他遇事果断,遇有复杂问题亦能当机立断,从不拖延,更无扯皮。

他在汉口住在黄陂路一所出租小楼内,不设门卫,亦无"市长官邸"的排场,过路人很少知它的居停主人为何人。吴夫人黄卓群女士的尊人金倚先生是我忘年交,她本人又是我之妻李芝芬在天津竞存女学的同班同学,我们通家至好,所以我去他家时不经阍人通报,即可登堂入室。

吴在家中向不招待宾客,所有公事都在市府应付解决。至于当时官场的酒食争逐,从不参加。他每日下班后回到家中,即和夫人及其令兄国柄(亦系南开同学)共进晚餐。饭后,时常有他的秘书两三人(都是他留美时同学)来他家闲谈,我也偶然作不速之客前往聊天。我们谈话不涉政治,不及公事。有时兴之所至,打两局桥牌,至十时左右,各回各家。

在汉口时,有一假日,他约我及友好数人,渡江去武昌游珞珈山及武汉大学。我们在轮渡码头随众排队购票,鱼贯登船,同船乘客不知在他们当中有"父母官"同舟也。

吴国桢聪明绝顶,辩才无碍。当他投考普林斯顿大学研究院口试时,院长见他身材短小,面貌年轻,说:"看你的相貌,你还没有成熟啦!"吴立即答道:"以人的相貌判断一人是否成熟,它本身就是一个未成熟的思想。"这个回答既讽刺又嘲笑,使得那位院长非常尴尬,只好说:"好啦,好啦,你被录取了。"这个故事是在汉口时他对我讲的,听后没有在意,把它忘却了。不料在胜利后他任上海市市长时,美国《生活》杂志的记者采访时,他把此事和记者谈了而载在

《生活》杂志中,使我回忆起来,这也许是他一生引为自豪的一件事吧。

吴国桢虽然在政治上走了歧路,但他为官清廉,洁身自爱,国民党官吏的种种恶习都未染上,也不和那些腐败官吏同流合污。江南(刘宜良)先生称他由台到美,宦囊所余只有万余美元,当属实情。他出淤泥而不染,其国民党官吏中的鲁殿灵光欤?

(原载《周恩来青年时代》第六期)

难以忘怀的五十年友谊

李 牲

周恩来(翔宇)老伯和我父亲李福景(新慧)是年青时代最要好的朋友。尽管两人选择的人生道路不同,但他们半个世纪的真诚友谊是永远值得回忆的。再加上邓颖超大妈和我母亲柴志兰是天津女师的同学,周老伯的父亲周劭纲和我祖父李金藻(琴湘,别号择庐老人)也有交往,这样周老伯家和我家半个世纪的友谊,以及他对我家的关怀就成为终生难忘的事。

青年时代的挚友

八十年前即1913年8月,周老伯从奉天(今沈阳)来到天津他四伯母家,考入天津南开学校读书。当时我家也在天津,祖父是教育家也是南开学校的校董,他与周老伯的父亲和四伯父周贻赓属世交。由于当时我家家境较富裕,学习环境较好,故年轻时的周老伯常到我家学习、玩耍,因此和我父亲结下亲如兄弟的深厚友谊。我父亲当时比周老伯小两岁,低两班,他俩和薛撼岳(卓东)、蔡凤四个人同在南开学校西斋33号度过了三年之久。

周老伯在南开时学习十分勤奋,各门功课都是优等。他反对死读书,积极主张参加多种课外活动。在入南开学校的第二年,他就和张瑞峰、常策欧(醒亚)等同学组织了学生团体敬业乐群会,旨在"研究各种学识",挽救"积弱不振""外侮日逼"的祖国。周老伯担任智育部部长、讲演团干事、国文研究团干事,并主编会刊《敬业》。1962年周老伯在中南海接见我姐姐、哥哥和我时说:"当时我负责写社论,新慧(指我父亲)只写各种英文小品。"

当时,周老伯主张戏剧革新,提倡演新戏。他和爱好戏剧的老师、同学一

1920年10月8日，周恩来与南开学友李福景在南开学校
创办人严修推荐和资助下，获得北京华法教育会的赴法证明

起组织了南开新剧团，并任布景部副部长，我父亲也是新剧团的积极分子，并多次同台演出。由于剧团没有女演员，而周老伯长得英俊，故常常扮演女角。如在《一元钱》中周老伯扮演孙慧娟，我父亲饰演弟弟。新剧团先后演出《华娥传》《仇大娘》《恩怨缘》《老千金全德》《一元钱》，特别是《一元钱》的演出，在天津曾轰动一时。后来到北京演出，京剧大师梅兰芳还特地前往观看，并倍加赞扬。据当时有关报纸报道：1915年2月18日，南开学校新剧团周恩来、李福景等二十人赴北京观剧，住西河沿元成店。当日下午游东安市场，晚往大栅栏广德楼观《仇大娘》。19日又往广德楼观《恩怨缘》，20日返津。这些记载和我父亲的追忆是相符的。周老伯和我父亲很懂戏剧，又喜欢一起看戏，后来已担任国家总理的周老伯还经常以普通观众的身份约我父亲多次去长安戏院、广和戏院等剧场观看京剧、地方戏、话剧和芭蕾舞，重温青年时代的美好时光。

在南开读书期间，我父亲钦佩周老伯的博学多才，周老伯也欣赏我父亲的英语才华，二人常常在一起切磋学业，在周老伯的真诚帮助下，加上我父亲的勤奋，1920年夏，经南开学校创始人严范孙老先生的亲自选拔，资助周老伯和我父亲赴欧勤工俭学。

同往欧洲

　　1920年初冬,周老伯和我父亲等百余人从上海乘法国邮船波尔都斯号(Portous),经过36天的航行,到达法国马赛港。旅途中,周老伯站在轮船甲板上,面对着惊涛骇浪,庄严地发出"天下兴亡,匹夫有责"的誓言。在轮船上,周老伯、我父亲和同行的谢树英老伯共同探讨个人的志愿。周老伯问我父亲:"今后想干什么?"我父亲回答:"去英国学土木工程。"又问谢老伯:"你准备学什么?"谢老伯答:"到德国学采矿。"而周老伯却坚定地表示自己以"从根本上改造中国的社会"作为己任。

　　同年12月,周老伯到法国后不久,又和我父亲同去英国,准备到爱丁堡大学就读。由于第一次世界大战后英国经济不景气,生活费用较昂贵,故经过认真考虑后,在抵英一个月的时候就决定重返法国,要在无产阶级革命的发祥地、巴黎公社的故乡勤工俭学,并在工厂中劳动,以了解工人运动的经验。在欧洲期间的助学金多由严范孙先生交给我祖父从天津汇给他们。五十年后周老伯曾告诉我们:"由于当时革命工作的需要,经常奔走于法国、德国和其他国家之间,生活开支较大。为此,新慧加倍努力,终以优异成绩,在英国曼彻斯特获得一份奖学金,而将南开学校的两份助学金都让我使用。"

　　周老伯为了学习马克思、恩格斯著作,尽量寻找原著,我父亲有一本《卡尔·马克思的生平与教导》(Life and Teaching of Karl Marx)。当他知道周老伯需要时,就把这本在扉页上署有自己名字的书送到周老伯手里。周老伯如饥似渴地阅读它,对书中重要段落划上许多着重号。周老伯从欧洲回国后,不论在烽火连天的战场,还是在险象环生的白区,一直把这本书留在身边。解放后,周老伯又把这本珍藏了30年的书还给了父亲,父亲把这凝结着挚友深情,经历了革命洗礼的珍贵文物献给了国家博物馆。

　　周老伯有很高的艺术造诣,他在旅欧期间,为了增加自己的知识,提高艺术鉴赏力,还很注意西洋美术的发展。1921年5月14日,周老伯从法国寄给天津我姑姑李福敏一张明信片,正面是一女孩子,背面是周老伯的评语:"这是一张英国名画片,原来藏在巴黎鲁渥博物馆。英国人美术天才不甚多,所以英国的好作品很少。不过近两年来,也渐渐发达,他们爱画儿童的像,这张画的可以说很传神了。"明信片上留下的周老伯的英文签字,可以称得上是最早期留下的英文签名,因而使这张明信片成为珍品。在旅欧期间,周老伯和我父亲各自选择了不同的生活道路。周老伯作为中国共产党人,将自己的一生献给了共产主义的伟大事业;而我父亲作为工程技术人员,走上了"科学救国"的改良主义道路。尽管这样,他们之间的真挚友谊却保持了近半个世纪,他们之间的私人联系直到1960年我父亲去世。

老友深情

1928年周老伯与邓大妈化装成富商,由上海乘船到大连,准备由大连经哈尔滨赴莫斯科参加中共六大,到大连周老伯就发现已被敌人盯梢、监视,处境非常危险。后来周老伯机警地跑到沈阳附近的皇姑屯,找到当时在皇姑屯任铁路机务段段长的我父亲,经我父亲巧妙安排,使周老伯、邓大妈安然脱险。以上这段经历是1962年在中南海周老伯亲自告诉我们的。同时他还说由于那时地下工作经验不足,两个人在一起目标太明显,如果分别化装,不在一起,可能不太容易暴露身份,同时他还说:"新慧尽管在学校只写英文小品,不关心政治,但在大是大非面前是绝不会出卖老朋友的。"

1948年北平解放前夕,父亲在国民党资源委员会任职,同时因美援北平办事处(这是一个十分重要的战略部门)当时的主任金大昭逃住台湾,让我父亲代管,所以北平解放时,我父亲也是美援北平办事处主任。周老伯为了使像父亲这样的技术人员能够更好地施展才华,于1948年12月从石家庄两次派人捎信给我父亲,一次是以城工部的名义,一次是周老伯亲笔写的,信中要我父亲留在北平迎接解放。关于此事,1962年周老伯和我们谈话时提到,当时周老伯在石家庄获悉我父亲任职美援北平办事处时,曾和邓大妈说:"新慧怎么在这么个部门工作?"担心会有些麻烦。但不久得知,我父亲在北平解放前夕,将一大批美援物资(如钢材、白面、洋灰等)没有调拨江南,而留给了人民政权,从而很快得到新政权的谅解,走上为社会主义祖国服务的道路。

之后,周老伯又安排我父亲到四川参加"土改",又参加人民外交学会,使他的认识有了长足的进步。

在肃反期间,作为从旧社会过来、社会关系较复杂的我父亲来说,过这一关是十分不容易的,父亲当时处于十分困惑之中。这时正逢周老伯、邓大妈在北戴河度假,返京途经唐山时专程在唐山下车,看望我父母(当时我父亲在唐山开滦任职)。谈话中我父亲表示单位有些人好像和自己过不去,自己怕很难过这一关。听罢,周老伯哈哈大笑地对我父亲说:"新慧,我比你的社会关系要复杂得多啊!蒋介石还和我打过多年交道,只要向组织讲清楚就行了!"简短的一席话,使我父亲从极度困惑中解脱出来,很快又投入了建设工作。

1958年是周老伯六十岁的生日,作为他老友的我父亲在思索:"送一件什么礼品最能表达我们的心意呢?"最后决定将一张我家珍藏的周老伯十二岁时的照片送给他。因相片较小,由我拿到王府井照相馆放大成八英寸(约六寸)的照片。周老伯生日前夕,我父母去中南海西花厅看望他。事后,父亲告诉我说,周老伯非常喜欢这张照片,认为是自己生日时收到的最好的礼物。不久周老伯把1958年春与邓大妈在颐和园排云殿的合影送给了我家,周老伯很喜欢它,称之为"瞻望未来"。

1959年元旦,周老伯邀请我父亲、潘述庵伯伯和李愚如伯母,还有周老伯弟弟周同宇到中南海聚会,他一面和我父亲等叙旧,谈论历史的经验,一面鼓励大家努力工作,共同克服前进中的困难。这次聚会,周老伯还招呼大家摄影留念,我家一直珍藏着父亲生前和周老伯最后的一张合影。

应该指出,在国家经济困难时期,周老伯作为日理万机的国家总理,还时时惦念着自己的老友。他将金日成送给他的化纤的衣料送给了我父亲的三个儿媳,把尼赫鲁送的几盒腰果、胡志明送的几把香蕉转送给我家。甚至担心我家粮票、肉票不够,还派人把他自己省下的粮票、肉票送到我父母手中,这点点滴滴的事例都凝结着周老伯对自己挚友的深情厚谊,这必将永远铭记在我们的心中。

1960年秋,父亲患肺癌住院,周老伯很关心并专程到医院看望,还指示:要组织专家会诊和安排抢救工作。离开病房时还向我父亲表示一定会再来看他。然而终因病情急骤恶化,医治无效而病故。在治丧的日子里,周老伯特派秘书来安慰我们,并传达了周老伯的意见,即我父亲住院和治丧的所有费用,包括骨灰盒,不必由我父亲所在单位(煤炭工业部科学技术情报研究所)报销,而都由周老伯个人支付。此外,周老伯、邓大妈又以多年老友的身份参加了我父亲的治丧委员会。在厂桥嘉兴寺开追悼会那天,正逢周老伯接待缅甸总理吴努,但仍在百忙中和邓大妈一起参加了追悼会,并以老友名义送上素洁的花圈,作为对半个世纪挚友的最后悼念。这是我父亲一生中最高的荣誉,也是对我家的最大安慰。

深切的关怀与教诲

1957年周老伯到天津开会并要我父亲陪同。在津期间,周老伯突然提出要去看望我的祖母(周老伯称十婶),并说:"今天是十婶的九十诞辰啊!"我父亲听了很惊讶,也很激动。一个十亿人民的国家总理,每天要处理多少国内外重要问题,可居然心中仍记得四十年前为他补衣服、补袜子的一个普通妇女的生日!那天,周老伯带着鲜花去看望我祖母。进屋,周老伯就脱鞋盘腿上炕,谈起当年我祖母在生活上照料他的情景。这一件小事,充分说明周老伯有非凡的记忆力和他心中装着千家万户。1960年父亲去世后,家中只有母亲一人(当时我在苏联学习),周老伯想到我母亲孤身一人生活可能不便,就安排住房让我母亲和大姐住在一起,那天国务院还派车帮助搬家。这样的总理,这样细致关心人民的总理在中外历史上也是难以找到的。

在我的一生中有幸数次见到周老伯。1950年除夕,周老伯来到了我们在东四的家,这是我第一次与周老伯见面,当时我在灯市口育英中学上学(即现在的二十五中)。周老伯把我拉到他的身边,问我学习、生活的情况。当他知道育英是一所教会学校时,就仔细询问我们学校师生对党的宗教政策,特别是教会不得干预学校教学活动一事有什么反应,我将所知道的事一一告诉了周老伯。他鼓励我用功读书,将来成为国家有用的人才。

1960年父亲病故后,周老伯约我们全家去中南海,当他知道我在苏联从事预防医学的研究工作时,就语重心长地说:"预防工作很重要。你父亲就是患肺癌去世的,他在世时吸烟吸得很厉害,你们应该好好研究出预防肿瘤的办法。"

1961年,周老伯赴莫斯科参加苏共代表大会,因我当时正在莫斯科,故写了一信汇报了我在苏联的学习情况,并附上一张照片。次年在北京,周老伯接见时还特别提到这封信。邓大妈说,我和我的父亲长得很像。在1962年一次长时间谈话中,总理谈到周家、李家的多年来往,谈到我父亲的一生,也谈到他对我父亲的评价,最后还语重心长地说:"你们将来有可能成为专家、教授,但不要走你们父亲走过的路,应该成为又红又专的知识分子。"现在我们兄弟三人都已是教授,我大哥和我还是中国共产党党员,二哥是黑龙江省政协常委,是动力学专家。只因周老伯的这些教诲一直是我们前进中的座右铭。

今年是周恩来老伯诞辰九十五周年。回忆这些真诚的友谊、深刻的关怀和语重心长的教诲,可从中吸取力量,用以鞭策自己。同时,再次使我们感到周老伯没有死,他也不会死,他将永远活在亿万人民的心中。

(原载《周恩来青年时代》第八期)

回母校——南开中学

纪文郁

周恩来是中华民族的骄傲,更是南开中学的骄傲!他既是人民敬爱的好总理,也是我们杰出的校友。南开中学的师生和广大校友对周恩来总理怀有特殊的感情和敬意。以周总理为楷模,规范自己,激励自己,是南开中学师生的共同信条。

有一件事我永远忘不了。1951年2月24日,那是一个普通的星期六,但却是一个人们意料之外,而又是盼望之中的幸福的一天。那一天午饭刚过,忽然接到了中共天津市委办公厅的电话通知:"周总理要到南开中学看望师生。"消息不胫而走,学校立刻沸腾起来了,"周总理要回母校啦!"同学们欢呼雀跃,奔走相告。我当时在学生会工作,被指定和几个同学一起组织学生队伍,但欢迎的队伍还没完全组织好,周总理的车子已开到了校门口。车门开了,总理的身影出现在师生面前,他微笑着向大家招手致意,缓步走进了校门。事后得知,是总理让司机在校门口停车的,以便步行走进他阔别多年的母校。我第一次见到总理,就从他的行动中学到了如何对待自己,如何对待培育自己的土地和人民,领悟到如何做人的真谛。这无言的行动,就像一颗种子,深深地埋在我的心田中,生根、发芽,时刻地激励着自己。

在宽敞的学校大礼堂里,周总理亲切地接见了全校师生,并发表了含意深刻、语重心长的讲话。他一开始就讲:"感谢母校对我的教育,使我学到了有用的科学知识,锻炼了办事能力。"又说:"后来我参加了革命,这是党教育的结果。"还激励大家说:"你们生长的时代是幸福的,你们将会超过我们。"人们静静地听着,鸦雀无声,生怕漏掉了一个字,但心潮翻滚,荡漾着幸福的激情,思考着总理的讲话。讲话结束了,全场响起暴风雨般的掌声。

在学校领导的陪同下,周总理很高兴地视察了学校。从图书馆走到食堂,从教室来到宿舍,一个地方又一个地方,总理是那么认真地观察着,回忆着。当穿过长长的走廊,经过学生宿舍四排三室的时候,周总理站住了,向在旁边陪同的同志讲:"这一间就是我曾住过的宿舍。"这消息像一声春雷,在学校中迅即传开了,特别是当时住在四排三室的同学们更是沉浸在万般幸福之中,心中默默地念叨着:"我住在总理住过的宿舍啊!我要无愧于总理!"从那时起,人们自觉地把宿舍整理得干干净净,不需别人来检查,不仅把宿舍的表面搞得很整洁,而且相约要自觉地提高自己的思想觉悟,以总理为榜样,规范自己。

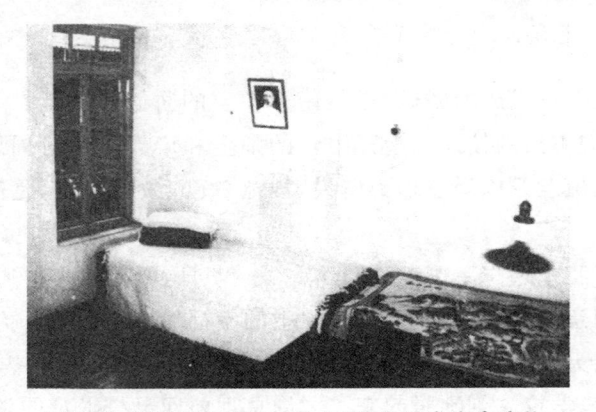

南开中学西斋19号(二排九室)周恩来宿舍床位

  把周总理住过的宿舍建成周恩来纪念室这一想法,从周总理回母校这一天起,就在人们的思想中开始酝酿了,大家多么希望用一种适当的形式和内容来表达对周总理的敬爱之情和学习的愿望啊!师生的强烈愿望,几年之后,开始准备实现了。大约在1958年之后,学校领导根据广大师生的要求,开始在周总理住过的四排三室筹建周恩来纪念室,并得到了市委宣传部和文化局的支持。当时专门派人到北京找到了曾与周总理同住过一室的李福景同志,请他详细地介绍了当时宿舍布置的情况,包括床铺、桌椅、行李等物品的摆放细节,后来李福景又亲自到现场指点。根据李福景的回忆和查阅了有关历史资料,我们复制了原宿舍的所有设施和行李物品。按照周恩来原来住过的宿舍样子,一间"周恩来纪念室"筹备完成了。我记得当时市里有关领导部门还答应拨专款作为纪念室的日常管理经费,指定专人管理,作为校内外的青年学生开展向周总理学习活动的场所。

  消息传到了中南海,我们敬爱的周总理提出了不同的意见。天津市领导向学校领导转达了周总理的指示,大意是"请学校不要搞什么纪念室了,如果你们一定要搞,那我就要以总理的名义下达行政命令了。"看来意见非常明确,态度非常坚决。大家听了之后,先是感到非常失望,认为多年的心愿不能满足;但继而一想,这不正是我们总理的崇高所在吗？大家一致认为,一定要高高兴兴地服从总理这个决定,因为这也是我们正要向他学习的品质。

周总理纪念室从形式上是不搞了,但周总理在人们心中树起的丰碑却更加庄严高大了。大家自觉地约定,周总理纪念室的牌子不挂了,但已恢复起来的周总理住过的宿舍,却一定要保存下来。从那时起,人们走过它的门前,总要深情地望上一眼,少先队员的队会有时在这里举行;共青团员的入团审批会和入团宣誓,团委也经常安排在这里举行,未经命名的纪念室,真正成为了同学们向周总理学习的最好场所,发挥了她最大最好的作用。几十年过去了,周恩来总理学生时期住过的宿舍,成为南开中学革命历史文物的一景,成为师生们缅怀周总理丰功伟绩的场所,也是海内外人士到校参观时必去之地。她像一颗明珠,在南开的校园里闪闪发光!

(原载《周恩来与天津》)

周恩来的叮嘱

何启君

有些往事,是不能忘记的。有一次周恩来叮嘱我、教导我的往事,就总萦绕在心头,我要讲出来,要传播开。

20世纪50年代末的深秋时节。一天,在夜色朦胧中,我来到天津市干部俱乐部,走进灯光闪耀的大厅,听到一支支节奏明快、优雅动人的中外名曲正由一些全市最优秀的乐手演奏着。我坐在一角静静欣赏。满堂的舞者,随着乐曲轻松地跳着。

这是一个不平常的舞会。我见到领袖毛主席正和一个小青年边舞、边谈。周总理正以其娴雅的舞姿,迈着轻快的舞步和年轻的舞伴笑谈曼舞。一个个人,一片片情,像一股股暖流,弥漫在整个大厅。

一个休息的间隙,周总理走到我的面前,那双炯炯有神的眼睛里,溢着深情。我感到一阵暖人的春风,正吹拂在我的脸上和身上。我曾在他领导下的红岩村、南方局工作过。这时,他温和地说:"你到北京去的时候,怎么不去我那里走走!"我喏嚅着:"现在可不比当年红岩村。"(那时,我们同住一层楼,朝夕常见。)总理依然神态随和,说道:"怎么,侯门深似海吗?"我默然,不知所答。

他神色庄重起来,一字一句地讲道:"你是教育局长,知不知道南开中学要开辟一间所谓'周恩来纪念室'?你负责,马上通知他们,不要这么做!你负责办好!"从这斩钉截铁的命令声中,我深深体会到什么是最美丽、最高尚的道德情操和人格力量!

我立即应命,答道:"是!我负责,一定负责办到!"次日,我就将总理的谈话如实通知南开中学的党支部书记、副校长杨志行。周总理的光明磊落和他的谦逊,他性格中独具的魅力,永远留在了我的心中。

(原载《人民日报》1997年3月7日)

幸福的回忆　殷切的教诲

杨坚白

1951年2月24日,是天津南开中学师生终生难忘的日子。这天午后三时,我们敬爱的周总理来到了他的母校——南开中学。

南开中学是1949年前天津第一所仿照欧美资产阶级教育制度建立的私立学校。创办人抱着"教育救国"的思想,憧憬国家的富强,开设了数、理、化等新课;同时还十分重视外国语和体育的教学,希望以此抵制和洗刷帝国主义把我中华民族视为"不文明"和"东亚病夫"的诬蔑。当时的爱国青年纷纷来到这个学校上学。敬爱的周总理于1913年进这个学校学习,1917年毕业。

我是1922年才入南开中学的后生,但在肄业期间,常常从老师和高班同学那里听到关于周总理青年时代在校学习和参加青年运动的谈论。他们谈得是那样热切和向往,我也听得非常入神,深受感染。在我的心中,就矗立起总理的光辉形象。总理在校学习时,十分勤奋,学得主动灵活,并积极参加各种课外活动。作文竞赛,他名列前茅;编辑校刊,他被推任主编;排演新戏,他也踊跃登台,传布新思想,批判旧习俗。那时节,周总理既是学绩优异的学生,又是改革社会的战士。人们敬佩他,爱戴他。他是大家心目中敬仰的楷模。

南开中学同学录中,在1917年那一页,印记着第十届毕业生的名单,其中就有周总理光辉的名字:"周恩来字翔宇。"人们总爱翻开这页看看,总爱算一算自己入学和总理离校相隔多少年,心里总充溢着幸福之感。曾经同总理在校先后同过学的就更引以为荣了。

在1949年前的天津,国民党反动派不仅对我们伟大的党和伟大的领袖毛主席同他的亲密战友为革命、为人民所建立的丰功伟绩严加封锁,而且对他们极尽攻击毁谤之能事,以欺骗人民。但,这只能是枉费心机。广大人民群众是多么盼望红太阳的光辉早日照耀我们的家乡,多么盼望敬爱的周总理能有一天光临我们的学校啊!幸福的日子终于来到了。1951年2月24日这天上午,我接到上级的电话,通知当天下午有领导同志来校视察,务必留一负责人陪同,并切嘱不要组织欢迎。这天是星期六,下午正是学生自由活动时间。

　　放下电话,我就一直琢磨:"哪一位领导同志来呀?"总想不出结果。午饭后,我在办公室等候,还猜测着这个问题。不知时间过了多久,忽然总务处的同志跑来告诉我,来了四辆小汽车,客人正走进校门。我心里明白,准是领导同志们到了,便急忙出去迎接。到了院里。我惊愕了,哪里是客人,这不是我们多年想念、时刻盼望的敬爱的周总理吗?!只见他老人家神采奕奕,迈着矫健的步子正向着东楼走去。我一时慌了,心怦怦跳,赶忙迎上去,端正地站在总理面前,问声:"总理,您好!"总理立即伸出大手,有力地握着我的手:"你是谁?"没等我回答,跟着说:"你好!"一股炽烈的暖流,倏地冲进我心田。热血沸腾了,顿时流遍全身。我太兴奋了,感到太突然又紧张。一时我也顾不得看看随来的同志都有谁,更顾不得和他们打招呼,一时也不知说什么好了。总理炯炯有神的目光凝视着我,我很不自在地说:"请总理到办公室休息一会儿吧!""不,我走走……看看……"他老人家对重回久别的母校,是那么熟悉地径向东楼走去。

　　东楼是学校最老的青砖、西式窗扇的两层楼房。正门向东,直对最早的校门(后来改为一堵院墙了)。当年一进校门,仰头一看,首先映入眼帘是东楼前檐下镌刻着的校名:天津私立南开学校。楼上是五间教室。在这儿,有总理当年学习语文和数、理、化的课堂。站在课堂里,凭窗东眺,校门外是一片空旷的荒郊,这就是南开中学最早的操场。在这里曾经举行过可歌可泣的反帝爱国斗争的群众大会,由于天津城市的发展,现在已是房屋栉比的居民里巷了。东楼西门和大礼堂的正门相对。总理当年演过戏的礼堂,已于1924年改建成今天这个后半场有二楼的新礼堂了。新礼堂的舞台,已是总理下一代人万家宝(曹禺)、陆善忱等同志主演易卜生的话剧《娜拉》的社会宣传站了。曾和总理同台演出的伉乃如老先生还曾热情地协助演出,在这两代人配合演出的时候,周总理正跟随伟大领袖毛主席为中国人民的解放事业进行着艰苦卓绝的斗争。

　　总理仰望着礼堂的高窗默默沉思……面前正西方是学生大食堂。过去,亦曾同时是风雨操场。在这里,总理用过餐,打过球。当年饭厅里有一个最年幼、最活泼的学徒工王宝林,因为他哑,都亲昵地叫他"哑巴"。这时,他也跑来了。有人逗笑地问他:"你还认得出总理吗?"他连连点头,笑着用手比画着,两个食指空抹着自己的眉毛,意谓"宽厚而浓重的双眉";又合起食指和大拇指做圆状,放在自己的眼眶上,意谓"炯炯发光、奕奕有神的双目",又指着走过来的周总理,挑起自己的大拇指,用指尖频频点自己的前额,意谓"他老人家已是我们党和国家敬爱的领导人了"。我向总理介绍了他,总理向前走了两步,握住他的手:"多大年纪啦?"同学给"哑巴"同志用指语做了翻译后,他比画着,说明已经五十岁了。周总理听了,慈祥的脸上泛起宽慰的笑容,深情地说:"好啊!你很健康,要注意好身体!"

这时,周总理回到母校的消息,像电波一样飞速传遍了校园,教师、工友和同学从四面八方跑步聚拢来了:几个人、十几个、百十人……我身边的许多同学一再向我低语敦促:"请总理给我们讲讲吧!"这个请求,也是我的心愿,是全体南开师生的愿望啊!可是,我很迟疑,我怕打扰总理正在比照眼前的和故旧的景物,从他青年时代的忆念中追溯往事,唤醒沉睡了几十年的学习、战斗的峥嵘岁月。但是,这个机会绝不能错过,在同学们一再拉我衣襟敦促下,我便在总理的目光沿着长廊南望时,转达了同学们的要求。总理没有立即回答,只是目不转睛地向前望,沉默不语。在南望的视野中,是大食堂前的长廊向两翼延伸,联系着北端的北楼和南面的五排一列十间的青砖瓦顶平房,它们都有前廊与长廊衔接。从最南的第一排到第四排,旧称"西斋",是高班的学生宿舍。这四排平房,每两排之间都有相距均等的狭长小院,静雅洁净,每院有杨柳五株,柔条从风,旖旎而舞。第四排的五号房间是总理居住过的地方。第五排是教师宿舍,与第四排相望,中间是一座小花园,园四周植桃李,春来芬芳最宜人。总理像是沉浸在遥远的回忆中:"当年在这里住的教师都是谁,同室的学友今天还存几人?"伫视片刻,总理置身问我:"在哪儿讲?就在礼堂罢!"我高兴极了,立即陪着总理走进礼堂南偏门,直向讲台。礼堂原是冷清清的。一时师生员工争先恐后地跑进来,礼堂里顿时变得喜洋洋、热烘烘。总理走上讲台时,立即掌声爆发,震撼屋瓦;总理鼓掌致意,又引来一阵更响的"雷鸣"。总理走在桌前站定了,礼堂里显得静悄悄,阒若无人。总理洪亮浑厚的话音激荡着每颗跳动的心,大家凝眸仰视,倾耳聆听总理教诲:

　　　　这是我的母校。没有疑问,那时受的是资产阶级教育,但我也学了一些知识,锻炼了办事能力。以后我参加了革命,思想认识提高了,工作能力增强了,这是共产党经常教育培养的结果,也是和我在火热的斗争中得到多年艰苦锻炼分不开的。

　　　　现在,南开中学变了,是伟大领袖毛主席领导的学校,你们生活在毛泽东时代很幸福。你们要认真读书,学政治、学文化、学科学,学了为用,学好就用,为工农服务,为国家的经济建设和文化建设服务。你们一定学得比我们好,一定更好,祖国的希望寄托在你们身上!

　　　　祝你们健康! 永远进步!

对青年同学们,这是多么殷切的教诲,多么真挚的关怀! 对我们教工们,这既是深情的重托,又是厚爱的鞭策。全场报以热烈的掌声,表示永志不忘,切实做到。总理频频招手,很是满意。周总理离开讲台,同学们出礼堂后自然地形成两列,恋恋不舍地欢送总理;有的同学跑到校门,围在汽车旁,自然地组成欢送队伍。我们随着总理,在一路不停的掌声中走到门口。周总理微笑着向热情的欢送队伍招手,然后登上汽车。司机同志体察到我们的心情,汽车慢慢开动,大家傍车随行。到了路口,汽车暂行向东,上了大马路,才飞驰而去。我们望车招手,直到车影隐没在远方的人海中。

　　我们缓缓走回学校,路上三三两两地交谈,谈得那么兴高采烈。

　　同学们说:"总理说,学了为用,学好就用。是哪,不学用什么?学不好又怎么能用好?今后,我们要在'学'字上下苦功。"

　　教师们说:"学生学不好,是由于教师没教好。是的,教人要教心,教书先钻深。今后我们要学懂马列,钻透业务,要在'教'字上下苦功。"

　　我自思忖:我原是南开中学的一名教师,1949年后担任了领导职务,这是党对旧社会过来的知识分子的关怀和信任,也是人民的重托。总理期望同学们为革命而学好,教师就要为革命而教好。不论是"学好",还是"教好",做领导工作的都有责任啊! 我一定要好好改造世界观,把毛主席的教育思想学到手;要改造旧学校,让毛泽东思想的旗帜在南开园永远高高地飘扬,决不辜负总理对我们的期望。今后一定要在"改"字上下苦功。

　　从总理来视察后,大家"下苦功"的劲头起来了,老南开焕发了革命青春,南开师生都高兴地叫她"新南开"。

　　敬爱的周总理离开我们两年多了,他老人家对我们的殷切而深刻的教诲经常萦回在脑际,激励着我们。他老人家谆嘱我们要"活到老,学到老,改造到老",这是多么亲切的关怀和希望啊,我们有了这个座右铭,就会永远向前不迷航。

(原载《天津师院学报》1978年第1期)

铭心的教诲 力量的源泉[①]
——纪念周恩来总理视察南开五十周年

刘捷鹏

1951年2月24日,是我终生难忘的最幸福的日子。那是一个星期六,下午不上课。住校生也陆续回家了。南开校园显得格外静谧。我们几个青年团干部正在研究工作,忽然传来鼓舞人心的消息:校领导接到南开大学领导打来的电话,敬爱的周总理正在南大视察,过一会儿要到南中来!激动人心的喜讯像插上了翅膀,迅速传遍全校。同学们奔走相告,回了家的同学闻讯急忙赶回学校,寂静的校园顿时沸腾了。同学们欢呼着、跳跃着,聚集在学校大门口,盼望那幸福时刻的到来。"周总理来啦!周总理来啦!"大门口突然爆发出一片欢呼。只见周总理神采奕奕,由黄敬市长等人陪同步入校门,微笑着慢步通过夹道欢迎的人群,慈祥地频频向大家招手。我们用热烈的掌声表达对总理的尊敬和爱戴。手掌拍红了,眼眶湿润了,我们沉浸在无比的幸福之中……没有警卫引路,没有记者簇拥,总理一行在校领导陪同下,看了他当年上课的教室、住过的寝室,巡视了学校各处,最后走进礼堂。

总理健步走上讲台,慈祥地朝大家笑笑说:"这是我的母校。没有疑问,那时受的是资产阶级教育,但我也学了一些知识,锻炼了办事能力。以后我参加了革命,思想认识提高了,工作能力增强了,这是共产党的经常教育培养的结果,也是和我在火热的斗争中得到多年艰苦锻炼分不开的。现在南开中学变了,是伟大领袖毛主席领导的学校。你们生活在毛泽东时代很幸福。你们要认真读书,学政治、学文化、学科学,学为了用,学好就用,为工农服务,为国家的经济建设和文化建设服务。你们一定学得比我们好,一定更好,祖国的希望

[①] 收入本书时有节略。

寄托在你们身上。"

我们用暴风雨般的掌声表达衷心感谢总理的关怀,表达衷心接受总理的教诲。在视察时,校领导请求总理为南开中学题写校名,总理不同意,要我们用毛主席字体书写校名;校领导提出将总理住过的西斋19号辟为总理纪念室,总理也没同意。总理这次视察没有留下任何题字、签名和照片,遵照总理要求,《天津日报》对总理此行也未做任何报道。然而总理的伟大思想、崇高品格、光辉形象却深深地印在我们脑海里,总理的谆谆教诲,牢牢铭刻在我们心田,鼓舞我们永远前进!

在总理精神鼓舞下,学校面貌日新月异,在抗美援朝、参军参干运动中,全校同学热情高涨,踊跃报名。我们初三年级有半数同学报名参加军干校,先后两批共有四十多名同学被批准入伍。他(她)们为祖国的国防现代化建设贡献出自己的青春。留下来的同学,铭记总理教诲,努力学习,高中毕业后,全部考进了大学,毕业后投身到祖国的经济建设和文化建设中去。我自己经过四年理论学习,毕业后一直耕耘在祖国的教育园地,至今已四十多个年头。四十多年里,经历了无数风风雨雨,无论在顺利条件下,还是身处逆境,总理的教诲,一直是我战胜困难、自强不息的力量源泉。

(原载《南开校友通讯》2001年)

幸福的回忆

——周恩来总理1957年给南开中学来信的情景追记

田家骅

大凡每个人一生中都会遇到最幸福的一件事吧！

如果有人问我，你最幸福的一件事是什么？我可应口而答：那就是我亲眼见过了周总理给南开中学一次来信的过程。

那是1957年5月初，十五中（即南开中学）团委、学生会与几个兄弟学校联合举办"红五月大联欢"。之前，曾发函以校友名义邀请周总理参加这个有历史意义的联欢会。同学们盼啊盼，盼望着总理早一天来到我们身边，亲聆他老人家的教诲与指示。即使国事太忙，不能脱身，回一封信我们也会感到是莫大的鼓舞与欣慰。

我有个习惯，午饭后"百步走"时，总爱在传达室门前徘徊一阵，看看有无报刊或书信。5月4日中午，刚刚走到传达室，只听校外一阵摩托车的"嘟嘟"声，声停后，一位邮递员同志拿出一个大信封，放在传达室的桌子上，只见这牛皮纸信封上方写"天津第十五中学团委、学生会转全体同学"，左边红色落款为"中华人民共和国总理办公室"字样，左上角四个大字"下午送到"，字旁标有圆圈，以示重要，提醒送信人注意，不要误了开会时间。我看后眼睛一亮，心里一热，想：总理想的是多么周到啊！他的心是和我们紧紧连在一起的。

我提醒传达室同志："这是盼望已久的周总理的来信，快送团委、学生会。"这时我看了看表，正好中午十二点半。

1957年周恩来给南开中学的信

傍晚，南开校园沸腾了，礼堂里楼上楼下挤满了人。我以学生会记者的身份采访了这一联欢盛况。

七点整，团委书记在一片热烈的掌声中兴奋地向大家宣告："报告大家一个好消息，我们敬爱的周总理，我们的校友周恩来同志给我们来信啦！他向我们联欢会表示祝贺……"顿时会场响起了热烈的经久不息的掌声。只见一同学把装在镜框里的总理的亲笔信展示在大家面前，团委书记大声朗读了总理来信的全文：

> 我很高兴地读到了你们的来信。在你们举行红五月大联欢的时候，我衷心地祝贺你们快乐，并且希望你们好好学习，加强劳动观点，热爱祖国，提高政治思想觉悟，树立艰苦朴素作风，为准备做一个有文化有技术的工人和农民，做一个体力劳动和脑力劳动相合的知识分子而努力。祝你们三好！

这时，礼堂里热烈的鼓掌声，欣慰的欢笑声，自豪的谈论声交织在一起，一颗颗激动的心久久不能平息……

从此，总理的教导在我心中扎了根，并成为我在革命道路上前进的动力。二十六年过去了，但那亲眼看到总理来信的一瞬间，那激动人心的场面，那欢乐的夜晚，那信中的字字句句……还时时在眼前浮现，仿佛如昨。这一切也成了我一生中最幸福的回忆。

（原载《周恩来青年时代》第四期）

周恩来总理和邓颖超同志的教导

杨志行

周恩来同志于1913年至1917年在南开中学上学。他很关心他的母校。1951年2月他因公来天津,于24日下午到南开中学视察。他看了当年自己上课的教室、住过的宿舍,巡视了学校各处。最后到大礼堂对师生讲话。他说:"这是我的母校。没有疑问,那时受的是资产阶级教育,但我也学了一些知识,锻炼了办事能力。以后我参加了革命,思想认识提高了,工作能力增强了,这是共产党的经常教育培养的结果,也是和我在火热的斗争中得到多年艰苦锻炼分不开的。现在南开中学变了,是伟大领袖毛主席领导的学校。你们生活在毛泽东时代很幸福。你们要认真读书,学政治、学文化、学科学,学了为用,学好就用,为工农服务,为国家的经济建设和文化建设服务。你们一定学得比我们好,一定更好,祖国的希望寄托在你们身上。"总理讲完后,礼堂里立即响起了暴风雨般的掌声。掌声表示出师生们衷心感谢总理的关怀和坚决接受总理的教诲的决心。1955年"六一"儿童节前夕,学校的少先队组织给总理写信,汇报他们的工作。信发出后,很快收到了总理亲笔签名的信件:祝孩子们好好学习,天天向上。1957年青年节时,南开中学和兄弟学校搞大联欢活动。学校的学生会和青年团组织写信向总理做了汇报。5月4日下午,学生会、青年团收到了总理派人由北京送来的亲笔贺信。信中说:"在你们举行红五月大联欢的时候,我衷心地祝贺你们快乐,并且希望你们好好学习,加强劳动观点,热爱祖国,提高政治思想觉悟,树立艰苦朴素作风,为准备做一个有文化有技术的工人和农民,做一个体力劳动和脑力劳动相结合的知识分子而努力。"当晚联欢大会上,宣读了这封信,整个礼堂沸腾了,掌声雷动,经久不息,不少人激动地落下了眼泪。

此外,周总理还在一些其他场合多次提到南开中学。1951年他在北京怀仁堂向京津地区高级知识分子做报告时说:我在南开中学,一学到一些科学知识,二学到办事能力。不管学校性质怎样,还是做了些工作,培养了些人。1957年他在天津高等学校一次欢迎外宾的讲话中说:"我是四十年前在天津受过中等教育的一个学生。没有疑问,那时受的是资产阶级教育,但是,资产阶级教育,对我当时这样一个封建家庭出身的青年也给了一些启蒙的知识。所以我每次到天津,总是告诉我过去的师友说,'我还是感谢南开中学给我那些启蒙的基本知识,使我有可能寻求新的知识,接触新的知识'。""你们的责任,应该比我们重大,那就要求你们比我们老一辈的人负起更重大的更艰巨的责任,工作比我们做得更好。"1958年他对国家体委负责同志谈话时说:"学校体育必须从小学搞起,我自小体弱,小时受国民教育,在南开中学常锻炼,身体好了。"1960年他在北京给知识分子做报告时谈道:"我是南开中学毕业的。我上学时来了一个外国人,讲生理卫生课,我听了受益不浅。"1964年在全运会上和以后一些时候,他还几次谈及旧南开注意体育训练的问题,并问及1949年后南开中学开展体育活动的情况。南开中学的广大师生从这些谈话中都感到了总理的关怀,受到了深刻的教育。

1983年9月6日,邓颖超同志专程自北京来天津看望南开中学师生,在学校大礼堂对全校师生员工讲了话。肯定了学校的工作成绩,对师生提出了殷切的希望。大家十分感动,深受鼓舞。

南开中学的全体师生员工牢记周总理和邓颖超同志教导,十分珍重这些指示,把它作为自己做好工作的强大思想武器,决心用实际行动做出新的工作成绩!

(原载《解放后南开中学的教育》)

在纪念周恩来总理视察南开学校
五十周年大会上的讲话

康岫岩

尊敬的各位领导、各位来宾、各位校友,南开系列学校的各位领导、老师们、同学们:

今天,我们在以周恩来总理的字"翔宇"命名的"翔宇楼"内集会,隆重纪念南开最杰出的校友、新中国的第一任总理周恩来同志视察南开大学、南开中学50周年!

50年前的今天,周恩来总理重返他阔别23年之久的母校看望、视察,并在瑞廷礼堂向师生发表了重要讲话,字里行间,充满了对母校的热爱。同时,以历史的唯物辩证的观点表达了对母校南开中学教育的肯定,也表达了对同学们成长的关心与希望!

今天,我们纪念周总理视察母校50周年,就是为了更好地向周恩来总理学习,以周总理为人生楷模,为了国家的繁荣昌盛,为了世界的和平与发展,努力学习与工作;并把总理的母校——南开在21世纪中建设成世界一流的学校。

1913年的8月,周恩来从沈阳东关模范学校毕业来天津考入南开学校,在我们学校度过了整个中学时代。他在学习期间就立志高远,胸怀救国救民的远大志向,"为中华之崛起而读书"成为他不竭的学习动力。他在作文中写道:"莽莽神州,已倒之狂澜待挽,茫茫华夏,中流之砥柱伊谁?"为此理想,他刻苦地学习,经常在寒冬的深夜还在室外路灯下念英语。他文理并重,全面发展。国文成绩突出,作文常被当作范文"传观",速算比赛获优秀,化学考试成绩最优。他自言,喜欢一切说理的学问。他重视体育锻炼,打篮球、跳高、跑步他都积极参加。他积极参加各类社会活动,在同学中发起"敬业乐群会",主编

《敬业》杂志,任校刊《校风》的经理,并担当早期南开校友的通联工作。他写道:"盼诸君爱母校,要努力为母校谋'进步无疆'的幸福。"他经常发表演说,尊敬师长,乐于助人,在同学中享有很高的威信,当时校董严范孙先生就称他有"宰相之才"。

南开中学毕业后他东渡日本,后回国,进入南开大学,并投入"五四运动",接受马克思主义,成为中国共产党的第一代领导人、新中国的开国总理。他以其崇高的人格、卓越的领导才能,为中华之振兴,为人民鞠躬尽瘁,奋斗终生,赢得全国人民的爱戴,赢得各国政治家的尊重和钦佩。周总理给南开师生留下了宝贵的精神财富,天津南开因与周恩来的英名相联而光荣。

同学们,中学阶段是一个人成长的最重要的时期,还是一个人的世界观、人生观、价值观逐步形成的时期。一个青年学生该如何度过中学时代?周恩来给我们树立了光辉的榜样,希望同学们能以周恩来总理为楷模,树立远大理想,刻苦学习与实践,以德立人生,以不断探索的胆识增强思维能力与动手能力,提升整体素质水平,使自己成为 21 世纪所需要的优秀人才!

老师们、同学们,50 多年前的这一天,周总理在得知张伯苓校长不幸去世的消息后,在视察南开学校之前,亲往大理道 87 号吊唁张伯苓校长,看望张校长的家属。周总理在南开中学求学期间,张校长称其为"南开最好的学生"。当时周恩来家境贫寒,品学兼优,是南开学校唯一全免学费的学生。张校长同时安排他做些刻蜡纸、誊写讲义等校内工作,挣些钱买书籍,贴补生活。周末,周恩来在校长家中吃饭、谈心,结下了浓厚的师生之情谊。今天在由张伯苓先生担任校长 45 年的系列南开学校的发祥地——天津南开中学纪念周总理视察母校 50 周年的同时,我们也深切地缅怀张伯苓校长。并请允许我作为南开中学校史上的第六任校长在这里表达对张伯苓先生的缅怀与尊敬。

1986 年 4 月 5 日,在张校长诞辰 110 周年纪念大会上,当时任副总理的李鹏同志代表中央讲话。讲话中说:"张伯苓先生是一位著名的爱国教育家。他在青年时期,身历目睹了清政府的腐败,立志兴办教育,用爱国精神和科学知识教育青年,这是难能可贵的。在将近半个世纪的岁月里,张先生历尽艰苦,矢志不渝,从两个传授'新学'的家馆开始,一步一步办起了南开中学、南开大学、南开女中、南开小学和重庆南开中学。张先生毕生的事业,证明他确实是一位实践教育救国信念的仁人志士。他为了国家的复兴,不惜艰苦奋斗的精神和辛勤的业绩后人是不会忘记的。张伯苓先生的教育实践和教育主张有丰富的内容,是一份重要的遗产。正是依靠这些,南开在旧中国风雨飘摇的几十年中,造就出许多优秀的人才。其中有不少人后来成为知名的科学家、教育家和艺术家。也有一批南开学生在时代的推动下,接受了马列主义思想,走上了革命的道路。我们敬爱的周恩来总理,就是其中最杰出的代表。这是南开的光荣。张伯苓先生献身教育的精神,在国内外享有很高的声誉。张先生的一生,是进步的、爱国的一生,他办教育是有成绩的,人民将永远记住他的功劳。"

党和人民政府对张伯苓校长的全面评价,对张校长办南开学校充分肯定,对教育的高度重视,使南开学校伴随着新中国的步伐不断发展。特别是在"科教兴国"的大政方针下,南开系列学校更有了长足的进步。

老师们、同学们、校友们,50年前的今天,作为共和国总理的周恩来在中华人民共和国成立之初,在国家面临全面建设的时候,日理万机抽出时间,来到南开学校视察,表达了对南开学校建设的关心,对青年一代的重视,更是对教育事业的关注。另一方面,周总理又是作为南开校友返回母校,不要隆重的仪式,连汽车都要停在校外,步行进入学校,表达了他对母校的感情,对校长、老师的尊重。周总理亦是尊师重教的楷模。

今天,2001年的2月24日,在历史跨入21世纪之初,我们在此举行隆重纪念会议,重温周恩来总理对青年一代的教诲,缅怀周总理的丰功伟绩,亦是告慰了为教育献身的张伯苓校长,党和政府对南开学校给予了高度的重视和关心,新中国的南开学校不断发展。

今天,这个纪念会议,亦是现在南开人的誓师会。学生们会牢记周总理50年前的期盼:"你们一定会比我们学的更好,祖国的希望寄托在你们的身上。"会以爱国乐群之公德,服务社会之能力,报效社会主义的祖国。南开中学会更好地弘扬以"爱国、乐群、敬业、创新"为内容的南开精神,在21世纪继承南开精神的基础上发展南开,面对时代的特点与人才的需求,"以德立教,严谨治学,学生为本,注重创新"。

2004年,南开中学将建校百年,在中央和市委、市政府、市人大、市政协及各级领导的关心支持下,在广大师生与校友的共同努力下,我们正在开始新的五年发展规划,让我们共同再创南开的辉煌!

(原载《南开校友通讯》2001年)

南开镜箴与周恩来的气质

张 颖

天津南开中学的入门处,立着一面醒目的大镜,镜子上方篆刻着南开学校创始人严修书写的"容止格言":"面必净,发必理,衣必整,纽必结;头容正,肩容平,胸容宽,背容直。气象:勿傲,勿暴,勿怠;颜色:宜和,宜静,宜庄。"短短几十个字,却令人回味无穷。

把"容止格言"镌刻在"可以正衣冠"的镜子上方,的确别有一番深意,我们不妨称之为"镜箴"。"镜箴"主要从两个方面对学生进行了规范:对于学生的外表,"镜箴"的要求非常严格:面必净,发必理,衣必整,纽必结。有了这些"必",进入校门的学生就有了一个好的面貌,学生的精神状态自然也会焕然一新。在内在气质上,"镜箴"提出了一个标准:"气象:勿傲,勿暴,勿怠;颜色:宜和,宜静,宜庄。"以一个平和的心态去学习,以一个平和的心态待人处事,不骄傲,不狂暴,不懈怠,果能如此,恐怕不仅气质上会面貌一新,道德涵养也会更上层楼。仔细体会,南开的"镜箴",不是对学生行为加以规范的"守则",既没有要求学生好好学习,也没有要求学生尊敬师长,甚至连遵守学校纪律都没有提。但正是这样一个简单的"镜箴",却起到了意想不到的效果。一面镜子立于校门前,或许进入校门的学生们每天只是瞄那么一眼,但面对镜中自己的形象,学生们可以很清楚地看到自己是否做到了面净、发理、衣整、纽结,是否做到了头正、肩平、胸宽、背直。久而久之,这面镜子自然会存于心中,而这时,学生们或许已经达到或接近了"气象:勿傲,勿暴,勿怠;颜色:宜和,宜静,宜庄"的境界。

短短几十个字的"镜箴"印在了无数南开人的心中,也曾让15岁考入南开学校的周恩来自觉地以此规范自己的衣着、仪表和一言一行。1916年,周恩来曾撰《函索镜影》一文,该文记述了美国教育家格瑞里致函南开校长索取大立镜和"容止格言"的照片一事,文中写到:"我校事务室前所悬之大镜及上列格言,原为资警励全校师生之用。前次美人白崔克博士(Dr.Buttrick)来校参观时,睹之甚以为善,今格瑞里先生(Mr.Greene)致函校长,索斯镜之摄影,并请将格言译作英文,同行寄去,以为纪念。藉俟归美时公之彼邦人士。闻格言现已由周梦贤先生译就,影已摄好,想不日即可报命矣。"文章的写作风格是新闻体,就事说事,从中很难感受到周恩来对"镜箴"的所思所想,但这篇发表在《校风》第 26 期上的文章无疑可以证明,"镜箴"对被南开学校校长张伯苓誉为"南开最好的学生"的周恩来是有影响的。

今天的人们已经无法了解,曾是清末进士的严修撰写"镜箴"时是否参考了中国传统文化中《三字经》《弟子规》等经典著作,但"镜箴"所体现出的中国传统文化,显然更容易让从小就读私塾的学生们接受。幼年的周恩来在嗣母陈氏的教育下,每天黎明即起,读经书、背唐诗,听陈氏讲《天雨花》《再生缘》之类的传统故事。1904 年,6 岁的周恩来搬到外祖父家后,更是大量阅读了外祖父家的藏书。可以说,生活在有着浓郁中国传统文化氛围的家庭里,周恩来从小就沉浸于中国传统文化的教化和滋养中,幼年时的周恩来在衣着、仪表、言行、举止等方面已多有注意。12 岁远赴东北后,虽然周恩来走进了第六两等小学堂这样的新式学堂,但课程中仍然包括修身课等内容,而通过阅读《史记》《汉书》《楚辞》等书籍,少年周恩来从中汲取了中国传统文化的深厚营养。在那个中西文化开始碰撞、中国教育从私塾走向新学的过渡时期,进入南开学校的大部分学生几乎都与周恩来有着相似的经历——从小在私塾读书,初涉西方文明的点点滴滴,言行举止和思想意识中,都有着中国传统文化的底色。或许正因为如此,"镜箴"让走进南开中学的学生们感到既新鲜又熟悉,也容易接受,更难以忘记。周恩来在南开中学学习的 4 年,正值 15 岁到 19 岁青少年思想性格形成的重要时期,南开的教育对周恩来产生的影响是不容忽视的。周恩来在南开学校学习期间一直穿布衣布鞋,夏天只有一件白长衫,入冬则是单薄的青棉袍,外面再罩一件已经泛白的蓝大褂,衣服总是穿得干净整洁。虽因没钱到食堂吃饭,有时只能从家里带一小罐酱来下饭,但周恩来依然精神饱满而昂扬。在南开期间,以"镜箴"为鉴,周恩来所在的班级被评为全校班风第一,所住的西斋 19 号宿舍获得"整齐洁净"的嘉奖。走上革命道路的周恩来,同样没有忘记南开的"镜箴",他的衣着总是那样得体，神态总是那样平和。周恩来心中镜子的光辉还折射到了身边的战友身上，成为一种动力、一种勇气。愈是在关键时刻，愈是在危难之时，周恩来身上所表现出来的气质就愈能成为鼓舞人们继续革命、坚持到底的动力。在后来的对外工作中，无论是同对手谈判，还是与朋友交往，周恩来举手投足之间流露出来的温文尔雅，都能让对方折服，也曾让无数不了解中国共产党的人开始重新认识中国共产党。

我们不妨看看当年一些记者笔下的周恩来。《大公报》记者曾敏之在其《谈判生涯老了周恩来》一文中这样记述他见到的周恩来："周恩来穿着派利士的西装，从他新理过发的容颜看，他显得英姿焕发。"第一次见到周恩来的斯诺对周恩来简朴但是十分整洁的窑洞印象深刻。他在《西行漫记》中写道："他确乎有一种吸引力，似乎是羞怯、个人魅力和领袖的自信的奇怪混合的产物。"周恩来的魅力，让从没见过红军的斯诺确信，红军不是人们传说中的"无知的土匪和强盗"。

成为国家总理后，周恩来同样以其儒雅风度给中外人士留下了深刻印象。尼克松说："他通过他优雅的举止和挺立而又轻松的姿态，显示出巨大的魅力和稳健。"海伦·斯诺认为，周恩来教养良好，所以在他任总理的时期，东西方关系解冻是毫不奇怪的。印度外长梅农评价说："周恩来的温文尔雅和雍容大度给每个人留下了深刻的印象，这种风度既掩盖了而又衬托出他的坚定态度。"无论是在与民主人士的交往中，还是在与世界各国政府首脑的外交谈判中，无论是在日内瓦，还是在万隆，风度翩翩的周恩来与人交往中的亲和力或许正是源于"镜箴"的"气象：勿傲，勿暴，勿怠；颜色：宜和，宜静，宜庄"。

"镜箴"，以镜子为鉴正衣冠，以箴言为鉴修德行。也许正是这个"镜箴"，在一定程度上铸就了周恩来的不凡风范与高雅气质；也许正是这个"镜箴"，使从南开走出的周恩来以更丰富、更鲜活的形象呈现在世人面前，镌刻在世人心中。

(原载《党的文献》2010年第6期)

在《周恩来青少年论说文集》外文版系列丛书首发式暨新闻发布会上的讲话

(2015 年 10 月 15 日)

马 健

今天,我们满怀激动和喜悦的心情,在此举行《周恩来青少年论说文集》外文版系列丛书首发式暨新闻发布会,我代表天津市南开中学全体师生,对各位领导、嘉宾在百忙之中拨冗出席本次活动表示由衷的感谢,对前来采访报道的各位媒体记者朋友表示热烈的欢迎!

南开中学从 1904 年建校至今,经历了一百一十一年的峥嵘岁月、风雨沧桑。一百多年来,南开中学始终与国家和民族同呼吸、共命运,一代代南开教育工作者秉承着"做中学之模范"的宏伟志愿和"允公允能、日新月异"的校训,积淀了丰富、厚重的素质教育传统,培育出"巍巍我南开精神",造就了一批又一批栋梁之材,周恩来总理就是其中最杰出的代表。

一百年前的此时此刻,周恩来正在南开中学就读。周恩来 1913 年 8 月入学天津南开中学,1917 年 6 月从我校毕业。经过四年严格、系统的学习和培训,周恩来迅速成长为志向远大、忧国忧民、具有良好人格修养、学习成绩优异的杰出学生。这为他一生的发展和成就做了极其扎实的知识和能力准备,奠定了非常雄厚的人生基础。

多年来,我校坚持开展"以周恩来为人生楷模"的主题教育活动,成立了"学习研究周恩来小组"等研究机构,对周恩来在南开中学求学的历史资料开展了大量发掘整理工作。从 2013 年 2 月至 2014 年 10 月,我校同中央文献研究室第二编研部和人民出版社成功合作,先后编辑出版了《周恩来南开中学作文笺评》《周恩来南开中学习作释评》《周恩来南开中学论说文集》三部书。《周恩来南开中学作文笺评》将周恩来在南开中学学习时的52篇课堂作文,用现代汉语进行注释点评,填补了周恩来中学时代研究的一个空白。《周恩来南开中学习作释评》是对周恩来在南开课堂以外的习作进行注释和点评,收集各类体裁文章共53篇。《周恩来南开中学论说文集》是根据校友赵启正同志的提议,从《作文笺评》《习作释评》两书中选取了57篇论说类文章,翻译为白话文并加以解读,集结成书,全面展示了青少年时期周恩来的人生志向和思想境界。《论说文集》连同《作文笺评》《习作释评》这三本书,共同构成了周恩来中学时代著作丛书。

为了让世界上其他国家的青少年以及热爱周恩来总理的人们了解周恩来、近距离地认识周恩来,我们在国家外文局的指导帮助下,同新世界出版社合作,编辑出版了《周恩来青少年论说文集》的英文版、日文版和法文版,形成了《论说文集》的外文版系列丛书。

英语是世界上使用最普遍的语种之一,日本和法国是周恩来总理留学过的国家,同周总理有密切的渊源。因此选定这三个语种,有助于我国青少年同相关国家青少年更好地深化交流,有助于使世界范围内更多的青少年和广大读者也能够了解和认识一个世纪前中国一个杰出青少年的写作习惯和内心所思所想,加深他们对青少年周恩来的认识和热爱。校友赵启正曾在"公能讲坛"报告中说:"南开的'DNA'(基因)是什么?当然就是南开精神,南开精神具体的形象就是周恩来总理,想到他,想到他的人格,他的贡献和他的伟大,就会知道,拥有这样精神的'DNA'(基因),将使我们无往而不胜。"唐家璇同志曾在"公能讲坛"报告中提到周恩来总理对祖国具有无限热爱和忠诚的感情,外交风度儒雅高贵,受到全世界的称颂。我们认为,周恩来总理身上的这些优秀品质同其中学时期的学习和成长经历密不可分,有的宝贵品质在中学时期就已经有了较多的体现和痕迹。因此,青少年时期的周恩来应该是世界各国青少年学习的榜样。

再过两天,南开中学将迎来建校111周年纪念日,今天我们在这里举行《周恩来青少年论说文集》外文版系列丛书首发式暨新闻发布会,来庆祝南开中学建校111周年。

我们希望,《周恩来青少年论说文集》外文版系列丛书的出版能够进一步推动我校学习研究周恩来活动的深入开展,能够促使更多的青少年朋友和各界人士熟悉、热爱周恩来总理,能够使周恩来总理的宝贵精神在更加广阔的范围内得以传播。今后,我们将一如既往地做好学习研究周恩来总理的工作,并不断加强与共建单位和兄弟学校的合作,为宣传周恩来总理的高尚人格和伟大精神不懈努力。

周恩来南开中学论说文与培根论说文之比较

左轶凡

周恩来是中华人民共和国的开国总理,他的生平事迹很好地诠释了什么是真正的伟大。这样一位享誉中外的伟人因其一生铸就的功绩、德行、言语而被世人铭记。而世人往往忽略,所有的伟人在成就一番事业之前,都曾首先是一个少年。周恩来一生的奋斗为中华民族的命运带来了巨大改变,他所具备的美德和魅力也使其成为备受爱戴的人格偶像。而对于周恩来来说,无论是他的志向、行为还是品德中最为宝贵的品质,在他曲折壮阔的人生经历中,在他所面对的复杂广阔的世界舞台上大放光彩之前,都肇始于当年那个"为中华之崛起而读书"的少年心中。这一点我们从他青少年时代的论说文中便可以看出。

周恩来于1913年至1917年就读于天津南开中学,在这里度过了他15岁到19岁的青少年时光。近来,他在南开中学读书期间写下的论说文结集出版,为学习研究周恩来提供了十分宝贵的材料。从周恩来这些中学时代的论说文中,我们可以窥见他真挚感人的爱国心、缜密的思维和丰富的知识背景。青少年周恩来对历史和时局的关注绝不仅仅是出于兴趣,而是带着痛切的忧国之思;他在文章中发出的呼喊与许下的志向也绝非空谈,而是通过他的实践化作影响中国命运的切实力量。在周恩来南开中学时期论说文中,我们听到的是梁启超所说的少年中国之声,这声音洪亮清晰,在暗沉的时代背景中宣示着中国的希望和未来。

作为一种文体,论说文要求针对某一主题说明事理、阐发见解、宣示主张。其中说明事理的部分要求作者掌握丰富的材料并加以适当的组织;阐发见解的部分要求作者逻辑清晰表达流畅;而其宣示主张的部分,也即论说文最吸引读者注意的部分,则对作者的思想深度和情感力度提出更高的要求。周恩来南开中学时期论说文,虽为课业作文或习作,但并未有任何敷衍塞责的迹象,而是直面自己内心的真实想法,用组织完善的语言将自己坚定的信念、真挚的情感和深切的忧思呈现在读者面前,以至我们今日面对着这样一位中学生的文章,从中收获的思考与感动并不比那些传世经典之作带给我们的更少。

说起论说文的经典之作,不能不提及英国学者弗朗西斯·培根的论说文集。论说文的内容驳杂丰富,针对各色的主题抒发的议论都能归入其类,而最能发人深省、启迪人心的论说文,如《培根论说文集》所收录的,其主题大致分为三类:(1)人与世界及人群的关系;(2)人与自己的关系;(3)人与上帝的关系。如果抛开宗教的局限,将这三个主题置于现代语境中,即人对时代环境、为人处世、信念体系的思考和宣言。周恩来南开中学时期论说文,从主题上来看,也恰恰是围绕着这三个最为人所关注的命题。然而周恩来和培根两位作者虽然在论说文的主题选择上体现出一致的聚焦点,但就具体思想表达而言则有很大的区别,这主要是源于两位作者的所处时代背景,特别是身份年龄的差异。

一

培根生活在16、17世纪的英国,在他生活的时代,他的祖国已是成熟强盛的君主制国家,国内政治局势相对稳定,正进行着财富的积累和实力的拓张,未来"日不落帝国"的基础即奠定于此时。生长在这样一个国家上流社会的培根,对世事人情的思考显得更有余裕,他在论说文中往往是以清醒冷静的姿态、从容不迫的语气,调动其渊博的知识,对所论的主题进行生动而不乏幽默的阐释。而中学时期的周恩来,身处20世纪上半叶的中国,其所面对的是极为严峻的国际国内形势,用他自己的话来说:"然而返察吾国,自海禁大开,强邻逼处。鸦片之役,英人侵我;越南之战,法人欺我;布楚之约,俄人噬我;马关之议,日人凌我;及乎庚子,诸国协力以谋我。瓜分豆剖,蚕食鲸吞,岌岌乎不可终日。此故非常之时势也,而人民之酣睡如故。""民意可造也,私法可定也,反手为云,覆手为雨,暮四朝三,愚鼓黔首,忽而帝制,忽而共和,腾笑万邦,贻羞后世……吾为国耻,吾为民愧。"

周恩来论说文中呈现的这幅危机四伏、乱象丛生的图景,正是近代中国的真实写照。生存于如此艰难时世之中,而又自觉地承担着"为中华之崛起"的重任,周恩来的心里不可能不焦虑。在人与世界的关系这个话题上,培根可以从容不迫洞若观火,因为他面对的世界清晰而成熟,等待着他去归纳。而周恩来面对的世界混乱危险,避无可避,只能勇于上前,无论是在思想上还是在行动上,开辟出一条通往秩序和光明道路来。于是我们看到,少年周恩来的论说文语气坚定,论断有力,往往体现着不容置疑的决断心和强烈的感染力:"公理后必恃铁血,彼以铁血凌人,我徒恃赤血而无黑铁!""茫茫宇宙,芸芸众生,哀人格之失,怅知音谁是?吾党青年,有兴起者耶?时乎时乎,不再来矣!"从中可以明显地体会到这个动荡的世界带给他的伤痛和他力图改变世界的决心。联系周恩来日后投身革命事业,力挽中华于风雨如晦之时,便知他没有将铁血丹心的少年壮志抛之脑后,而是以行动实现了对国家许下的誓言。

二

在人的实践活动中,拥有一个强大的信念体系,便是拥有了不竭的力量之源。在论说文中,作者在表明观点的同时,也将自己的内心示以读者,我们从中可以窥知其思想的来源和见解的依凭。周恩来南开中学时期论说文,行文中充满有力的表达和磅礴的气势,这正是深植于作者内心的信念体系的体现。周恩来青少年时代信念体系和价值观念的形成,与其成长的环境和所受的教育分不开。

前文说过,生长于近代中国的周恩来,对衰微的国家命运有着敏锐的感觉,故而自小学时代即树立起"为中华之崛起而读书"的志向。进入天津南开中学就读之后,周恩来在这所知名学府中接受的系统而长期的教育,对他产生了巨大的影响,帮助他进一步认清世界,树立信心,明确目标,坚定前行。在周恩来南开中学时期写就的论说文中,我们可以看到这所学校的教育理念:"吾人既入中学,即当思为国用。然课程有限,事业无穷。欲救斯弊,此校中各会所以立,诸生于上课自修之暇,尤当置身各会,研学识,理事务,则将来出而任国事,整社会,方不致无所措手,而作砥柱于中流也。"

这是周恩来文中记录的1915年2月南开中学始业式上中学主任的演说。

我们从中看到这所学校对她的学生提出的要求——自从成为中学生的那天起,从思想上便要做好服务于国家的准备,除了在课堂上学习所需的知识以外,还要在学校的各种社团中锻炼自己各方面的能力,以便将来为国家做事时不致措手不及。姑且不论这样的教育理念相对于只认书本的旧式学堂和应试教育而言是多么不同,单看它对学生所寄予的巨大期许——南开中学是按照国家的中流砥柱的标准来塑造学生的,它的学生将来是要"任国事,整社会"的。这样一来,学校教育将巨大的信任和同样重大的责任一并放在学生的肩上,在学生,特别是像周恩来这样素有大志的学生心中,种下了自信自励的种子。相信自己,不辜负自己身上背负的使命,也就成为他们在文章和行动中所体现的信念体系的源泉。

周恩来在文章中正是以这样的信念,提出自己的观点,进而指导自身实践。他相信学习不只是为求知,更是事业的基石;相信欲求事业的成功必先立志,做全局的筹划;相信凭自己的力量可以给世界带来改变;相信青年是未来世界的主人。在这样的信念之下,青少年周恩来的思想言行皆不是出于一己之私的考虑;他论勤奋,立足"一生之计固大,设而膺民社、秉国钧,以懒惰从事,其祸又岂在一生以下哉?"他论良心,认为"夫人格之造就,端赖良心……无如良心已失,人格已丧,靦颜为无廉耻之行,使举国尽由妾妇之道。"他观新剧,着眼"感此昏聩,化此愚顽……舍通俗教育无由也……而通俗教育最要之主旨,又在舍极高之理论,施以有效之实事,若是者,其惟新剧乎!"

而同样的主题,在身处不同的信仰体系的论者笔下,就会呈现出不同的风貌。拿培根来说,以上帝和真理作为信仰基石的他,笔下论说文所呈现的并非周恩来文中那般紧迫的责任心和使命感,而更多是学者的智性和信徒的宽和。论学习,培根认为"读书为学底用途是娱乐、装饰和增长才识"。他同样认为人性中天然向善的品格是伟大的,但这是因为它是上帝的特性。在谈论青年时,培根的态度也更为理性,除了褒扬青年的行动力之外,也看到他们的破坏性。相形之下,青少年周恩来的热血壮志与中老年培根的冷静从容形成了一组对比,这也正如培根所言:"青年人就好像人的'初念'一样,不如'再思'明智。盖在思想上和在年岁上一样,也有少年与老成之别也。然而青年底发明力是比老年人底活泼;而且想象力也比较容易注入他们底脑筋,并且好像更是若有神助似的……青年人是比老年人更接近上帝的。"

三

把周恩来南开中学时期论说文与培根论说文进行比较,可以看出二者巨大的差别。究其原因,除了上文所述二者所处时代环境、所持信念体系不同之外,更为关键的分别,恐怕在于两位作者的年龄身份。《培根论说文集》的三个版本分别出版于1597、1612和1625年,培根当时的年龄分别是36、51和64岁,对于享寿64年的培根来说,这部论说文集是在他人生的后半段完成的,当时的他思想体系已经成熟,仕途虽有波折但身处上流社会地位稳固,故俊逸之笔多而忧愤之词少。而周恩来南开中学时期论说文,写于1914至1917年间,周恩来当时只是一名16至19岁的中学生,他的文字有着青少年如日初升的朝气,在自身志愿和学校教育的双重催生之下,他将乱世中国运的复兴视为己任,为自己的生命和文章注入了强大的使命感和自信心。在行文的过程中,我们可以看到他思维的条理性以及运用材料的得当,然而在理性的脉络之上,他的文章最为动人的部分,是强烈的忧国之思和奋发之志。看到这样一颗尚属稚弱的心灵如此焦渴地将庞大的国家和长远的未来纳入自己的胸怀,足以令人心生感佩。

将文章放置在时代背景之下审视,青少年周恩来论说文中所充溢的忧国之思和报国之志,与当时中国思想界的崇少之风有关。这一思想风气最有名的代表即梁启超作于1900年的《少年中国说》:"造成今日之老大中国者,则中国老朽之冤业也。制出将来之少年中国者,则中国少年之责任也……使举国之少年而果为少年也,则吾中国为未来之国,其进步未可量也。使举国之少年而亦为老大也,则吾中国为过去之国,其渐亡可翘足而待也。故今日之责任,不在他人,而全在我少年。少年智则国智,少年富则国富,少年强则国强,少年独立则国独立,少年自由则国自由,少年进步则国进步,少年胜于欧洲,则国胜于欧洲,少年雄于地球,则国雄于地球。"

在梁启超那里,我们看到中国的希望被交托给中国的少年。在周恩来这里,我们看到中国的少年自觉担起中国的希望。中学生周恩来在论说文的字里行间写就的,在其日后的人生选择中不断回响的,正是真诚而壮阔的少年中国之声。

学习研究青年周恩来的集大成之作

程津培

今天在《周恩来南开中学岁月》新书的新闻发布会上，我代表南开中学的历届校友来发言，因为我们对周总理都有深厚的感情。我收藏有周总理在南开中学时期形象的雕像，还有周总理成为领导人后的雕像，都摆在我的办公桌前面，我每天工作都要面对周总理，其含义就是周总理的精神一直在影响我，我们要不断地传承周恩来精神。这里还有一层意思，在南开中学历届校友中，我们可能属于经历较多的一批人。我和海麟都是1967届，跟周总理从南开中学毕业正好差五十年，我出生也正好比周总理晚五十年。今天我就代表大家说几句。

首先，我对南开中学在中央文献研究室和中央文献出版社的支持下，能够完成这部周总理青年时代在南开中学的纪实性记录，这样一本集大成的著作，表示衷心的祝贺和感谢！我虽然仅是初步地翻阅了一下这本书，但从我非历史专业、非文科的角度看，这是一本史料非常详尽的纪实书，同时它又非常接地气，跟我们以前读过的任何一本历史资料书都不同。它甚至能够精细到月、星期、天，这样的一部史实性的著作，在我的视野中还从来没有见过。它不仅将历史的部分写得详尽、易懂，文学的功力也能够看得出来，在平实的叙述中给人非常多的启发，包括中间的点评，纵的横的都非常清楚。这样一本巨著将成为传承周恩来精神最翔实、最有力的著作之一，为此我非常感谢学校，也感谢为这本书做出努力与辛苦贡献的各位老师和各位专家。

我从南开中学毕业刚好比周总理晚了五十年。我感觉中学阶段对人的成长实在是太重要了，有人讲是重要阶段之一，在我看来，它是最重要的阶段，它形成了你的认识论，形成了你的世界观，这个集大成的过程其实是在中学开始的。小学给你一个基本规范，中学给你知识框架、学习知识的方法结构，然后就是世界观的养成。进入南开中学的时候,我觉得我还懵懵懂懂,那时刚到高中阶段,一进校就赶上南开中学60周年校庆,其中的核心内容就是学习周总理、马骏同志的革命精神、革命传统以及南开中学遗留下来的历史遗产。从那之后,我们就和南开中学结下了不解之缘,一辈子都受到南开精神的影响。

南开精神最杰出的传承人、最集中的代表就是周恩来总理。周恩来继承了南开精神的精髓,而且把南开基因传承下来,特别是这些基因中的"公能"基因,目前在我们的教育中需要进一步发扬光大,在我们的工作中要继续坚持。一个人的成长,中学阶段最重要,但是现在有点令人担忧,我们为了物质、为了那座"独木桥",把学生的心智、道德和规范的培养都交给了之前的小学和之后的大学,中学这一段的培养反而没有周总理当年以及我们求学期间那样有力,那样给人以启发。我觉得这是当今教育能够从这本书中看到的最重要的一点。看看青年周恩来当年进校的时候,不能说是最杰出的那个人,一开始他不见得处在最前列。之所以说这本书写得好,就是它没有刻意地去拔高青年周恩来,而是非常平实地、实事求是地反映出他每一步的成长。它的编年史的写法,它的经、纬方面的展开,都使得周恩来这个人物丰富起来,使得在你们这个年龄段的青年学生能够感受到,周总理这样的人格和他后来的成就,不是你们所不可企及的。起初,老师给青年周恩来一篇作文的评语是:"对有些事情的看法气势磅礴,但下笔有点平淡。"意思就是想得高,写得还不够实,还不够深刻。对此,青年周恩来就不断地去调整。在这个过程中,有大的背景,有青年周恩来自身的努力,有学校育人的成功办法。所以这个学校经历了这么多年,不仅在中华人民共和国成立之前,在中华人民共和国成立之后也培养了大量人才,包括温家宝总理、赵启正学长等非常杰出的人才。我们也希望今天到场的学生,作为南开中学的学生代表也都能够成才。

刚才学生会主席王宇同学讲到,"我们是什么样的,南开就是什么样的;我们是什么样的,国家的未来就是什么样的",我觉得讲得非常好,我非常认同中学阶段是一个人成长、世界观形成最重要的阶段。我们的中学阶段现在可能还有很多的欠缺,被物质、多元的文化驱使,被高考的指挥棒驱使,我们多少有些迷失。我从工作的角度参与了一部分中学的素质教育,我退休之后到了全国人大,现在在全国政协教科文卫体委员会和教育部的专家咨询委员会。我选择的是素质教育工作组,就是来调研中学的素质教育情况的。我跟几位老先生去过南开中学,了解现在的学生为什么这么聪明,但却没有周总理当年的担当。我们国家的未来就在现在坐在最后排的年轻人的身上,而现在这个阶段就是你们最关键的阶段。有的人到大学再来补充形成世界观,甚至到研究生阶段还在干这个活,还在补中学的课。因为在大学里发生很多事情,它又追回去说你中学怎么回事,要追回的就是中学这个阶段的培养下的功夫不够。因此我对南开中学的做法非常认同,尽管由于一些原因,他们的实践还比较艰难。现在集大成的这本书,如果中国的教育界甚至全球的教育界都来学习参考,一定能够读出比我今天说的要多得多的内容,读出非常多的正能量。

中华的振兴、中华的崛起、中国梦,两个百年刚过了一个百年,之后的路怎么走,真正的功夫要下在中学。这就是我特别看重这本《周恩来南开中学岁月》的原因。我郑重推荐这本书给青少年,它作为南开中学为纪念敬爱的周总理诞辰120周年奉献的一份厚礼,对我们民族、对我们的教育是一份不可多得的宝贵财富。我跟同学们的想法一样,世界是青年人的,有什么样的中学生,就有什么样的中国和世界。

周恩来与"五四运动"

周恩来在"五四运动"中

——纪念"五四运动"九十周年

梁吉生

周恩来说,他是"由于'五四运动'的影响,才接受了社会主义思想,追求马列主义"的。

邓颖超说:"'五四运动'对全国有志青年、知识分子和我本人都是长期革命的开始。"

"全国的学生会报冠"

1919年4月底,周恩来从日本回到天津。

周恩来回来不久,北京爆发了"五四"反帝爱国运动。天津最先起来响应和声援北京爱国学生,各中等以上学校成立了"天津学生联合会",以直隶女师为主成立了"女界爱国同志会",一场轰轰烈烈的反帝爱国运动在天津迅速开展起来。

这期间,周恩来天天都到南开学校去。学生运动骨干马骏等人都是他在南开读书时的朋友。他们经常一起分析形势,研究运动的发展。随着斗争的深入,大家深感需要创办一份报刊作为学生运动的喉舌。但是,学生办报殊非易事。关键要有一位有能力、有经验、有热心的主持者。学生联合会首先想到了周恩来。他刚归来不久,就对学生运动积极支持和参与;过去在南开学校读书时就是年轻的老报人,主编《敬业》,担任过《校风》报文艺部、纪事部主任及经理部总经理,不仅有这方面的经验,而且办事热情认真。于是学联会长谌志笃和副会长马骏便找周恩来,诚邀由他主编《天津学生联合会报》(以下简称

《会报》)。周恩来的想法与学联负责人不约而同。他认为,学生联合会要求得社会的同情和群众的支持,不能不有两个利器:一个是讲演,一个是报纸。学生联合会必须把握住报纸这个有力武器,以此推动群众运动。周恩来还谈了他对《天津学生联合会报》的一些设想,谌志笃、马骏听了很高兴。周恩来当即表示:"我一定负起责任,尽快筹备,争取早日出版。"

周恩来在天津发表文章的刊物(部分)

起初的筹备工作都是周恩来一个人。刚放暑假,他原来的同学潘世纶从南京金陵大学回来,他马上跑到潘世纶家动员潘出来帮忙。他们在承印《会报》的荣业大街协成印刷局找了一间小屋,作为编辑室。《会报》于 7 月 21 日正式出版,这是一张对开四版的大报,第一版和第四版主要刊登爱国厂商抵制日货、宣传国货的广告,这样做既配合了爱国斗争,又为办报筹集一些经费,一举两得,这是周恩来当时为办报想出的权宜之计。每张《会报》第一版的通栏报头下面都用英文印着林肯的一句名言:"民主就是要民治民有民享——我们的座右铭。"两旁衬印着该报办报的宗旨:

"本革心同革新的精神立为主旨"

"本民主主义的精神发表一切主张"

《会报》的第二版和第三版辟有《主张》《评论》《要闻》《外论》《平民语》《演说》《宣言》《讨论》等栏目。《主张》就是现在通称的"社论",它和《时评》等栏目都是《会报》的重点,大多由周恩来主笔。

《会报》多在每天下午四五点钟定稿编排,编好后即由印刷工人排字,再由周恩来等亲自校对。潘世纶回忆道:"周恩来有这样的特点,踏踏实实,埋头苦干,甘当无名英雄。办报纸是个苦差事,编排、撰写、校对、印刷、出售等杂七杂八事都由他一人管,往往从深夜干到清晨,饿了买个烧饼、烤山芋,生活艰苦,我们没下过饭馆吃饭。清晨还要早早起来把刚刚印好的《会报》分发给报童,有时周恩来还与报童们一起去卖报,他一边叫卖一边在马路宣传演讲。"

周恩来是个很有思想的人。白天或者出席学联重要会议,研究斗争策略,或者活跃在爱国斗争第一线。他能够及时把握爱国运动的全局与形势,因此写出的社论、评论文笔犀利,有的放矢,很有战斗性和指导性。《会报》旗帜鲜明地宣传反帝反封建思想,揭露日本侵华罪行,挞伐北洋军阀政府的卖国行径;猛烈抨击封建旧礼教,提倡科学、民主,宣传妇女解放。当第一期《会报》印出后,马骏高兴地说:"看,看,这报纸比我们站在几千人面前大喊一阵可有用得多啊!"《会报》使许多同学受到鼓舞,本来打算放假休息的同学们,纷纷回到学生联合会继续工作。

周恩来还经常把《会报》办到爱国运动第一线去。1919年8月初,山东相继发生全省戒严和镇守使马良枪杀爱国回教徒事件。周恩来在《会报》上以《黑暗势力》为题发表文章,号召人民群众"推倒安福派所凭藉的军阀,推倒安福派所请来的外力"。他率几百名学生赴京向总统府、国务院请愿,领导学生的爱国斗争。他还把请愿斗争情况写成稿件及时送回天津发表在《会报》上,然后又把《会报》及时运到北京,鼓舞斗争士气。

周恩来主办的《会报》不仅成为爱国宣传利器,而且自然地成了天津学生爱国运动的领导工具,短短几个月中,出版一百几十期,每期发行四五千份,有的期甚至高达一两万份,不仅广泛发行天津、北京、保定、唐山,就连上海等地都有订户。北京《晨报》、上海《新人》、南京《少年世界》等报刊都对《会报》给予很高评价。《新人》杂志撰文说:"《会报》的主张与评论两个专栏很有特色……敢说是全国的学生会报冠。"

"天津的小明星"

1919年9月2日,由北京开往天津火车的一节三等车厢里,坐着8个青年男女,他们分别是天津学联和女界爱国同志会参加第二次赴京请愿和营救活动的代表,有周恩来、郭隆真、张若名等人。几个月的并肩战斗已使他们成为亲密的战友。一路上,大家热烈地谈论着两次请愿的情况,后来渐渐说到天津爱国运动今后的方向。这是周恩来一直思考的一个问题。在爱国运动中走向成熟的周恩来认为，斗争愈激烈愈加需要中坚力量的团结，斗争愈持久愈加需要骨干力量的凝聚。周恩来对郭隆真关于加强天津学联和女界爱国同志会合作的建议颇感兴趣。他进一步建议：把两个组织中的骨干分子结合起来，另组一个强有力的核心小组来推动以后各项工作，同时出版一宣传刊物。周恩来的倡议得到大家一致赞同。回到天津后，周恩来、谌志笃、马骏、郭隆真、刘清扬、张若名等人积极投入了新团体的准备工作。

觉悟社社员合影（前排左起：谌志笃、薛撼岳、郑季清、周之廉、邓颖超、刘清扬、李震瀛，后排左起：谌小岑、潘世纶、马骏、李锡锦、郭隆真、胡维宪、周恩来）

半个月后，即1919年9月16日的下午两点，在天津学联办公室里，10个女青年和10个男青年聚集一堂，大家公推周恩来主持会议。在他的提议下，并经大家讨论议决，新团体的名字叫"觉悟社"，该社本"革心""革新"的精神，以"自觉""自决"为主旨。觉悟社第一步要做的是"改造现在中国学生的思想"，改造的方法是"读书；相互研究学理；问题的讨论"；实行"批评与自我批评"。出版的刊物叫《觉悟》，刊物内容主要是灌输新思潮，介绍名人著作及演讲，评论社会现实生活，通过共同研究发表社员的主张等。

觉悟社的组织很严密，发展社员须由三个社员介绍，经全体社员同意方得加入，社员外围有靠近觉悟社的"社友"。社内工作，由全体社员分工完成。社员之间和对外往来、发表文章不用自己的名字，而是各有自己的代号。20个社员每人抓阄抓一个号码，然后再用这个号码的谐音作自己的代号或别名。周恩来抓的是5号，他的代号就是"伍豪"。以后周恩来在革命年代仍然常常使用"伍豪"作为化名。

觉悟社从一开始实际领导人就是周恩来，大家既把他当作战友，又当作师长。他当时21岁。觉悟社年龄最小的是年仅15岁的邓文淑(即邓颖超)。她当时是直隶女师三年级学生。邓颖超很早就知道周恩来,早在周恩来在南开学校中学部读书时,邓颖超就去南开看过周恩来演话剧。周恩来在剧中扮演女角很有名,"牺牲色相,粉墨登场倾倒全座"。周恩来知道邓颖超是在"五四运动"中。有一次担任女界爱国同志会讲演队长的邓颖超在公共场合发表讲演,给周恩来留下深刻印象。8月中旬,女师同学在广东会馆演新剧《木兰从军》和《伊藤博文》时,周恩来看过邓颖超的演出,还在台下交流心得体会。从这时起,他们相识了。邓颖超后来在缅怀周恩来的文章《从西花厅海棠忆起》中曾经回忆她和周恩来的相识过程:

> 你和我原不相识,姓名不知。1919年,在我国掀起了"五四"爱国运动……就在这次运动高潮中,我们相见,彼此都有印象,是很淡淡的。在运动中,我们这批比较进步的学生,组织了"觉悟社"。这时候,我们接触得比较多一点。但是,我们那时都要做带头人。我们"觉悟社"相约,在整个运动时期,不谈恋爱,更谈不到结婚了。那个时候,我听说你主张独身主义,我还有个天真的想法,觉得我们这批朋友能帮助你实现你的愿望。我是站在这样一种立场上对待你的。而我那时对婚姻抱着一种悲观厌恶的想法:在那个年代,一个妇女结了婚,一生就完了。所以在我上学的时候,路上遇到结婚的花轿,觉得这个妇女完了,当时就没考虑结婚的问题。这样,我们彼此之间,都是非常自然的,没有任何别的目的,只是为着我们共同的斗争,发扬爱国主义,追求新思想,追求进步。就是这样的,没有任何个人的意思,没有任何个人目的的交往,发展起来。我们建立起来的友谊,是非常纯正的。

当时觉悟社男女社员的关系都是这样纯正无私的。正如当时外界评论说:觉悟社"会员是天津学界中最优秀、纯洁、奋斗、觉悟的青年"。

觉悟社成立后不久,借了社友李愚如家一间不大的房间作社址,周恩来在那里主持开会讨论和研究新思潮等问题。9月21日,在周恩来提议下,邀请李大钊到天津讲演,指导觉悟社活动。李大钊对觉悟社成员冲破封建习俗,男女同学共同组成团体及出版刊物,深表赞许,并建议大家好好阅读《新青年》《少年中国》上刊载的进步文章,研究各种学术问题。以后觉悟社结合社员学习讨论的内容,还邀请周作人(原本邀请的是鲁迅,但到讲演那天有事脱不开身,于是 11 月 8 日由周作人代他来津)、钱玄同、刘半农等专家学者来社讲新潮流、白话文、白话诗、日本新村精神等问题。觉悟社社员还将自己的图书刊物拿到社里,设立公共的图书室。1920 年 1 月 20 日,由周恩来主编的《觉悟》第一期出版。这本刊物有 100 余页,近 10 万字,刊登的文章大多是社员学习讨论的体会,反映了他们对科学和民主的追求。周恩来在《觉悟》中发表了《觉悟》《觉悟的宣言》《有什么分别》三篇文章和《日本京都圆山公园》《雨后岚山》等五首白话诗。

觉悟社,是"五四"革命风暴中涌现出的许多著名进步团体之一。当时北京《晨报》称它是"天津的小明星"。

狱中斗争

正当周恩来积极编辑会报和组织觉悟社的时候,南开大学已决定让他免试进入文科学习。周恩来一直认为"南开的教育,是正常而自由的",所以,很关心在中学的基础上创办大学的工作。有一段时间,曹汝霖、杨以德等人提出以任校董为条件资助南开大学,周恩来得知后立即联合海内外校友坚决反对。1919 年 9 月 25 日南开大学开学典礼,周恩来匆匆赶回学校参加,他的学籍注册号是 62 号。周恩来成为南开大学第一期学生。正如 1946 年 9 月,周恩来和李勃曼谈个人与革命的历史时所说:"1919 年'五四运动'时回国,又进南开大学,参加'五四运动',主编《天津学生联合会报》。"这期间,他还担任了南开出校学生通讯处负责人,联络校友为母校做贡献,学校为他在大学楼 101 房间设立了办公室,他还受张伯苓校长委托参与学校教育改革工作。

当时,爱国的学生运动又趋高涨,反动政府对爱国运动的镇压也更加残酷。1919 年 10 月 1 日,为继续声讨马良在山东的罪行,天津、上海、山东等地的学生代表再度前往北京请愿,周恩来率天津学联慰问队随同代表前往。请愿代表被捕后,周恩来联络全国学联及各省代表商定下步斗争计划,并返津向天津各界联合会报告,研究营救被捕的代表。10 月 10 日,在南开学校大操场上,天津各界群众四五万人举行大会,周恩来为大会主席团成员。会后周恩来等带领群众冲出军警重围游行示威。周恩来还被推为代表到警察厅抗议当局镇压游行群众。10 月 17 日,天津中等以上各校学生一致决议罢课,周恩来为此起草了《天津学生短期罢课宣言》,指导爱国的学生运动。

在10月10日事件之后,天津的爱国斗争集中反对奸商私售日货。12月10日由天津男女学生共同组成的天津新学联成立,周恩来直接担负起领导男女学生抵制日货运动。他经常在基督教青年会一楼大饭厅向各校部署检查日货工作,南大不少同学都担任了日货调查员。12月20日天津各界10万余人召开国民大会,焚烧日货,并游行示威。反动当局决定对爱国运动进行更严厉的镇压。1920年1月23日天津警察厅逮捕马千里、马骏等24名各界代表,南大在针市街调查日货的同学也遭逮捕。同时又查封天津学联和各界联合会,禁止活动。

面对严峻的形势,他们转入秘密的、分散的活动。从1月26日至28日,周恩来等在维斯理堂地下室连续三天召开秘密会议,研究新形势下如何开展斗争,领导成员重新进行了分工,周恩来负责领导更大规模的游行示威。1月29日,为要求废除中日间不平等条约,启封群众团体,释放被捕代表,以周恩来为总指挥率南开大学等20多所学校数千学生游行示威,并赴直隶省公署请愿。省长曹锐不敢出见,反而派出大批武装军警对严寒中的学生使用水龙、大棒、枪托、刺刀血腥镇压,致伤者60余人。他们还诱骗周恩来、郭隆真、于方舟、张若名四代表进入省署大门,结果遭武装人员殴打并被逮捕,酿成天津的"一·二九"流血惨案。

周恩来身陷囹圄,起初和原先被捕的代表一起关押在警察厅营务处,以后又被转押到警察厅监狱,随时都有被严刑惩治的危险。敌人的嚣张气焰使一些同学退缩了,甚至规劝周恩来出狱后或到南京金陵大学读书,或到国外一避。周恩来不为所动,毅然在狱中与反动当局进行斗争。面对警察厅采取的既不审讯、又不释放的拖延伎俩,周恩来敏锐地看穿了敌人的阴谋,他机警地用铅笔写了一张纸条:"质问警厅,既不审问,又不释放,是何道理?"传递给每个代表。当警察厅长杨以德巡查监房时,遭到同样的厉声质问:"警厅捕人,依何警章规定? 为何不公开审判?"把杨以德斥问得无言可答,狼狈不堪。由于周恩来机智勇敢地带领大家进行一次又一次的斗争,迫使当局不得不放宽了一些限制,改善了狱中生活,允许亲友探望,还获得了起码的看书学习的条件。杨以德还想对周恩来个人施以拉拢诱骗。他们对周恩来单独提审,先假意夸奖学生爱国,设下圈套,接着逼问:"《天津学生联合会报》是谁主笔?"周恩来不动声色地答:"没有主笔。"又问:"学联经费从何而来?"周恩来义正词严地回答:"你们无权调查我们学生会经济内容,我也无须回答你!"敌人在周恩来严词斥责面前,诡计落空。不久,又耍花招,杨以德利用春节,摆了一桌酒席,在狱中"宴请"各界被捕代表,借此"训话",贩卖"卖国有理,爱国有罪"的谬论,并诱以利禄,假惺惺对周恩来说:"周先生的家里人,不是在黑龙江做事吗?那里荒地有多少?学好了去开垦啊!那种事情多么发财呀!"周恩来横眉冷对,给敌人以有力的回击。

4月2日,周恩来和难友们经过秘密联络,在拘留所内开展绝食斗争,要求限三日内公开审讯。绝食的消息震惊了敌人,同时得到社会上广泛同情和支持。学联代表谌志笃、邓颖超等24人到警察厅要求替换被捕代表坐牢。狱内狱外的配合斗争,迫使警察厅不得不将被捕代表移送天津地方检察厅。

周恩来等到检察厅拘押后,生活条件依然十分恶劣。他又继续组织被捕代表开展斗争。在争得了拘押条件有所改善后,他和难友把监狱变成特殊学校,开展各种学习、研究、娱乐活动。周恩来被大家公推主办读书团,带领大家读书阅报,学习英文、数学、历史、地理、心理学、经济学等知识,他亲自讲授日文、心理学,组织大家研讨社会问题,表演新剧,介绍新思潮。周恩来先后利用五个晚上讲述马克思学说,其中有历史上经济组织的变迁同马克思传记、唯物史观、唯物史观的总论同阶级竞争史、经济论中的余工余值说、经济论中的《资本论》同资产集中说。"五四运动"一周年等纪念日,周恩来还与难友们一起举办纪念会和文娱活动。

周恩来在狱中的斗争精神和组织能力得到被捕代表的一致赞扬。一位被捕的天津商会负责人说:"在这一系列的活动中,倡导、组织、擘画,以周恩来出力最多。尤其在这二十几个年龄悬殊、水平不一、信仰、出身各不相同,但都具有爱国热情的代表中间,能做到相互了解,友爱团结,周恩来起着领导和表率作用。"

1920年7月17日,在全国舆论和天津各界人民声援下,反动当局释放了周恩来等全体被捕代表。获释之日,法院门前人山人海,欢声雷动。各团体备好九辆汽车,浩浩荡荡迎接出狱代表,并为代表佩戴大红绸花和"为国牺牲"的纪念章。

欢迎周恩来等被捕代表出狱的车队,周恩来乘坐第二辆汽车

"五四运动"锻炼和造就了周恩来、邓颖超等一代革命青年,也为现代中国奠定了基石。

周恩来从此走上献身人民的职业革命家的道路。

(原载《周恩来邓颖超研究通讯》2009年第一期)

周恩来同志和《天津学生联合会报》

潘世纶

"五四"时周恩来(右)与南开学校同学、觉悟社社员潘世纶合影

中学时代,我和周恩来在天津南开学校是同班同学,都在丁二班念书。1917年6月,周恩来中学毕业,不久便去日本留学。我因病休学半年,从丁班到了戊班。我比周恩来晚毕业半年。我毕业后,就到南京金陵大学念书。

1919年暑假,我从南京回到天津。在我回津之前,周恩来早已经从日本回到天津了。当时,"五四运动"在天津正轰轰烈烈地开展。周恩来从日本回来后,积极投身到爱国运动的洪流中去。他接受天津学生联合会的邀请,办起了《天津学生联合会报》(以下简称《学联报》)。7月21日,《学联报》出版了。周恩来以"革新""革心"为题写了创刊号的社论,提出了要改造社会和自觉改造思想的主张,使天津学生界受到很大鼓舞和启发。当周恩来得知我回天津后,马上到我家里来找我。他问我:"述庵,暑假在津有事没有?"我说:"没有事。"他说:"没事,你帮我办《天津学生联合会报》吧。"接着,他简单向我谈了《学联报》的情况。我同意了。

说起《学联报》真是办得不容易啊!那时学生办报纸,要钱没钱,要人没人,要经验没经验,全凭了周恩来满腔热情和坚韧不拔的毅力。《学联报》没有编辑室,承印这个报的荣业大街协成印刷局的一间小屋,就是我们编报的地方。《学联报》也不分什么采访、记者、编辑、发行之类,从搜集新闻到写稿子做文章,从编排版面到校对甚至卖报,都由周恩来主持,我从旁协助。我们每天下午四五点钟(有时三四点)开始,一直到夜里一两点钟才把版面搞好。周恩来是主编,社论和主要文章都是他主笔。我负责社会消息,主要是学生联合会的报道,同时我又替他与商会联系,搜集新闻,还写点散文、小品文之类的东西。每天我们两人就是这样分工合作,紧张地工作。文章写好后,交给印刷所排版,版排完后,我们两人还得一篇一篇地校对,一干就到夜里一点来钟,有时为等学生联合会的消息,时间就更长了。周恩来当时办报的确很辛苦。他不仅全盘负责《学联报》,白天还要出去开会、做宣传工作,虽然每天编报休息得很晚,可是第二天还得照常起来,因为早晨我们要去卖报(也交给报童卖)。周恩来一边卖报一边还在马路边演讲。

周恩来当时的生活也是很艰苦的。他上中学时生活就很清贫,常常靠些师友的接济。我们编报时他的生活也很俭朴,下午没有吃饭就去编报,晚上饿了就买点烤白薯或者烧饼吃。我们两人从来没有一起去下饭馆。周恩来平常穿件半旧的蓝布大褂,冬天围个围脖。他从不嫌脏嫌累,每天从家步行到办报的地方,虽然有电车也很少坐,经常编完报半夜步行回家。

周恩来是个要求自己很严格的人。我本是一个很散漫的人,在办报过程中我天天受着周恩来的熏陶。我开始敬佩这个人,我诚心诚意帮助他。他不求名不求利,真心实意地工作,不畏艰难,不辞劳苦。他从不突出自己,不哗众取宠。当时天津学生联合会里不能不说是有些爱出风头的人,但周恩来并没有这个意念,决不做争权夺位的事,他平等待人,和蔼可亲。我们一起编报,虽然他负主要责任,可是他从不以主编的身份对待我。我无论编辑新闻或者作小品文、小评论,都是主动去搞,写完后请他过目,有不合适的地方,他在词句上改一改,或者和我一起商量。记得在《学联报》上,我曾写过一篇讽刺小品,题目叫《电车上的五分钟思潮》,文字写得有些尖刻。我给他看,他也同意,说:"用点辛辣文字好。"凡是外边投来的稿,我一定让他看。他对来稿认真对待,尽力帮助修改刊登,决不随便弃之不用。

周恩来编《学联报》是很认真的。他写的社论,尖锐泼辣,有的放矢,总是针对天津"五四"爱国运动的具体情况发表意见,战斗性很强。在报上不断揭露日本帝国主义侵略中国的罪行和阴谋,使人们认识日本帝国主义的本质,而对它不抱幻想。《学联报》还不断揭露卖国政府对外屈辱妥协、对内压迫人民的反动嘴脸。周恩来在报上曾经公开号召推倒安福派，推倒军阀，推倒安福派靠山——外国帝国主义，唤醒人民，奋起斗争。

《学联报》经常用新闻报道、评论等形式反映天津各界人民抵制日货斗争的情况，揭露资产阶级的动摇妥协性，敦促商人抵制日货，鼓舞各界人民的斗争士气。《学联报》还很注意报道当时国内外的时事消息，有时周恩来亲自翻译外国的文章，在报上转载。报纸经常刊登全国各地爱国运动的发展情况，并且大力提倡男女平等，反对压迫妇女的封建礼教。《学联报》以其鲜明的战斗姿态，赢得天津学生和各界人民的欢迎，只要卖报的报童一在大街上出现，很快被人们围住，争相购买。有时报纸印出得晚一点，人们就会问："怎么没见《学联报》？"在周恩来主持下，《学联报》影响越来越大，每期要印几千份，最多日销一二万份以上。北京、上海都知道《天津学生联合会报》。它把天津学生界团结在反帝反封建的大旗之下，成了宣传反帝爱国的有力武器，成了天津学生爱国运动的领导工具。

由于《学联报》影响越来越大，反动派很害怕。天津警察厅长杨以德密报北京反动政府，最后终于查封了《学联报》。以后，我向周恩来提出回南京念书的想法，周恩来同意了。他说："你到南京后还可以写点文章。"于是，1920年1、2月我便回到了南京。

《学联报》虽然仅短短存在了几个月的时间，但是，它在天津"五四"爱国运动史上留下了光辉的一页。

(梁吉生、刘振岚整理，1977年9月15日)

(原载中国社会科学院近代史研究所编《"五四"运动回忆录》，又收入《"五四"前后周恩来同志诗文选》)

觉悟社的光辉

魏宏运

觉悟社是1919年我国工人阶级刚刚登上历史舞台时在天津诞生的。它由周恩来、邓颖超、马骏、郭隆真等具有初步共产主义思想的知识分子和一些爱国志士所组成。从1919年9月成立，到1920年11月周恩来、郭隆真去法国，共存在一年多时间。一年多时间在历史上是极其短暂的，但它在"五四"时期反帝反封建革命运动中所建立的功绩是永远磨灭不了的。觉悟社所提倡的精神，六十年后的今天，仍是我们应该很好学习的。

"五四"时期，我国社团林立，其数目之多，在我国历史上是空前的。但就其性质来说，多数都是民主主义的。当时最激动人心的口号是"科学"和"民主"。在"五四"以前宣传这一思想的，只有《新青年》《新潮》《每周评论》和两三个日报。"五四"以后，新出版的刊物剧增到四百多种。每个社团都有自己的宣传阵地。社团以惊人的速度产生，是革命前夕和革命风暴中的常见现象。"五四运动"和新文化运动唤醒了人们的觉悟，全国到处都是新思潮的声浪。在爱国和卖国之间，进步和倒退之间，每个人都必须做出自己的抉择。在许多最强烈的革命呼号里，人们听到了《觉悟》的声音。它发自渤海之滨。

觉悟社是一支活跃的革命力量。在那半封建半殖民地的黑暗社会里，它高举反帝反封建的旗帜，号召人们用群众运动的力量去破坏旧世界，进行社会的根本改造。它猛烈地抨击着封建伦理和风俗习惯，痛斥"三纲五常"和"三从四德"。它引导人民破除迷信，打破偶像，以真理作为判断是非的标准。它力争人民的集会、结社、言论和出版自由，积极宣传世界新思潮，它在"五四运动"中放出了灿烂的光辉。

当时马克思主义已经传入中国，成为新文化运动中一个所向披靡的思想武器。马克思主义传入前，无政府主义曾一度占有优势。马克思主义的拥护者就必须同无政府主义的拥护者展开辩论和斗争。觉悟社社员经常在一起谈论社会主义、无政府主义和基尔特社会主义,经过研究和比较,列宁的事业吸引住了他们。他们向往的是十月革命的道路。

伟大的革命斗争必然造就出伟大的人物。周恩来同志从"五四运动"起,就把自己的全部力量、杰出的组织才能献给了中华民族的解放事业。觉悟社的成立及其活动就是最好的例证。觉悟社是"五四"革命社团中的一个典范。它为中国革命在政治思想和组织原则上提供了不少有益的经验。

觉悟社要做"引导社会的先锋",要成为对敌作战的"大本营"。这种思想表明觉悟社一出现就是一个战斗性很强的组织。当时觉悟社社员是站在时代最前列的革命战士。他们根据社会是发展的和人类是进化的思想,提出了自己的战斗任务。一是应不断地研究客观世界,掌握历史发展的总趋势,随着时代的前进而前进:"按社会的进步说,社会上一切事理是变化无穷,没有止境;研究他、讨论他的当然也要永远不息。一方人类的进化,是具有一种递嬗的作用,生生不息,才能够向比较前进的方向走。看这两种作用,知道事理的变化无穷,人类的新陈代谢也永远不尽。凡是社会上一个人,就应该先研究社会上,一切事理的变化同他的趋向,然后再去求实验。从实验得来的阅历,又可以判明很多的事理,定一个新的趋向。"一是追求真理要有创造性的见解和牺牲精神,去"另辟新径"。"五四"时期的社团,多数致力于提出"改造中国""拯国家于危亡"的使命,使中国能适应世界的潮流,但像觉悟社这样鲜明地提出问题的并不多见。这里既包含有认识问题,又有实践问题,含义是很丰富的。革命不是说空话、发表空洞的宣言;而是要实干,付出代价的。因为摆在革命面前的并不是一条平坦的道路,而是需要不断克服艰难险阻的征途。

革新思想是革新事业的准备。觉悟社社员在"五四运动"的斗争中是颇有牺牲精神的,他们表现了满腔的爱国热情,为争取民族的独立,为争取民主和自由,可以牺牲一切而在所不计。而觉悟社所反映的这种精神面貌,是和周恩来同志的倡导分不开的。正是在周恩来同志的倡导下,觉悟社才得以不断地前进,成为天津"五四运动"的领导力量。

还在"五四运动"刚刚兴起时,周恩来同志就提出要进行自觉的、坚持到底和不调和的斗争。他说,要"有恒心,有胆量,方能成功"。这是总结历史经验而得出的。他痛感辛亥革命后历次革命的失败,都是"由于取敷衍姑息手段"所造成的。因此他提出了"恒心"和"胆量"问题。

随着"五四运动"的深入发展,周恩来同志仔细地考察了当时的斗争情况,提出了"推倒安福派,推倒安福派所倚仗首领,推倒安福派所凭藉的军阀,推倒安福派所请来的外力"的口号。"五四运动"中最响亮的口号是"外争国权,内除国贼""取消二十一条""收回青岛""抵制日货""提倡国货""不做亡国奴"等,而周恩来同志提出的口号,则明确地概括出反帝反封建的实质,反映出中国革命最本质的东西。他鼓舞着人们向日本帝国主义和安福系军阀做坚决的斗争。他说:"国民啊!黑暗势力,愈来愈多了,我们应当怎样防御啊?要有预备!要有办法!要有牺牲!"在他和觉悟社的率领下,天津人民在"五四"反帝反封建的爱国运动中,进行了持续不断的斗争,一浪高过一浪,动摇了北洋军阀的统治基础,如到北京向总统府、国务院的四次请愿,"双十节"举行的大规模游行示威和1920年1月29日的运动,都有声有色地表现出他们英勇战斗和不怕牺牲的精神。镇压、逮捕和监禁都阻挡不住他们前进的步伐。

革命斗争的实践使他们越来越深刻地认识到民众大联合的重要性。1919年,毛泽东同志在《湘江评论》上发表的《民众大联合》一文在全国已引起了普遍的反响。周恩来、邓颖超等于1920年8月主动去联合北京的进步社团,如少年中国学会、曙光社等团体,希望采取共同行动挽救中国于危亡。他们在《改造联合宣言》中劈头就说:"我们集合在'改造'赤旗下的青年同志,认今日的人类必须基于相爱互助的精神,组织一个打破一切界限的联合……"

他们的政治思想倾向也越来越明显。周恩来同志很推崇中国最早的马克思主义者李大钊,他请李大钊到天津为觉悟社演讲,请李大钊指导宗旨相同的团体实行大联合。李大钊曾莅会宣传马克思主义,强调要旗帜鲜明。周恩来同志也就是在这个时候成为一位马克思主义的宣传者,并且引导着觉悟社的社员们开辟新途径,探索着革命的新道路。当然,像一切事物一分为二一样,觉悟社社员后来有的成为共产主义战士,有的做了革命的逃兵,有的被革命风暴抛入浪底,成为沉渣,跑到反动的国民党营垒中去了。

觉悟社在组织上贯彻民主集中制的原则,《章程》中明确写着:"社内组织采委员制,本着分工合作的精神,将内部分作数类,由全体社员分担。"采取民主集中制,实行集体领导,这是无产阶级革命的产物。封建社会的国家和社会组织实行的是家长制,什么事情都由一个人说了算。资本主义社会有了议会和内阁,突出的是个人的作用。只有无产阶级革命的时代才强调发挥群众的智慧,实行集体领导的原则。巴黎公社、共产国际和列宁的党都是遵循着这一组织原则的。觉悟社仿效的显然是世界无产阶级的这一原则。它采取委员制,要求分工合作,这就把集体领导和个人负责结合起来,既可防止个人专断,又防止无人负责的现象发生。委员制只是实行民主的一种方式,十月革命以后,不少资产阶级政党也采取这种方式,有的甚至在委员制的名义下实行个人独裁,金玉其外,败絮其中。但从本质上来讲,委员制是最彻底的民主方式。在"五四"时期,提出这一思想,是很了不起的。干民主革命,就必须自己首先具备民主精神,这不只是一个理论问题,也是一个实践问题。觉悟社在他们的实际活动中也确实贯彻了这一民主原则,树立了民主作风的好榜样。凡属重大问题都要经过全体社员认真讨论,形成集体的意见和主张,他们把这称之为"结晶"。发表在《觉悟》第一期上的《学生根本的觉悟》,是纲领性的文章,就是集体创作的,每个社员先用文字将自己的意见发表出来,再由编辑部将各人写的精华聚成一个"结晶",既有民主,又有集中。

　　觉悟社没有设主席、主任或什么"长"之类的领导职位。由谁来集中呢?他们采取推举办法,每次开会总是公推周恩来同志为主席。周恩来同志以其出众的才华、对革命事业的无限忠诚和杰出的组织才干,赢得了无可争辩的权威地位。但他从不以领导自居,而总是同志们一定要他担任领导。他是觉悟社的实际领导人,但从不把个人放在集体之上。青年时代的周恩来同志即已体现出一个伟大革命家应具有的民主作风。对周恩来同志的谦虚态度,以及他如何运用民主集中制实现领导,觉悟社社员谌小岑有一段回忆可以作为说明:"周恩来从一开始就是觉悟社的领导者,每次开会都是公推他主席,虽然常是经过一番推让,但推让的结果,大家都说,还是翔宇来吧,以后也就成为习惯了。在第一次会议上,他提出了一个预先征询过大家意见的方案,经过一番讨论就通过了。"这里所讲的是 1919 年 9 月 16 日觉悟社成立时的民主情景。就是在这次会议上,在周恩来同志的主持下,二十个委员议决了十件大事,其中最主要的是:一、定名他们的团体为"觉悟社",本"革心""革新"的精神,以"自觉""自决"为主旨。二、用白话文出一种不定期的小册子,内容为:甲、取共同研究的态度,发表一切主张;乙、对于社会一切应用的生活,取评论的态度;丙、介绍名人言论;丁、灌输世界新思潮。

　　明确地提出了批评和自我批评的原则,这也是觉悟社非常突出的一个特征。"五四"以前我国历史上,批评和自我批评,不能说一点没有。"良药苦口利于病,忠言逆耳利于行","言者无罪,闻者足戒"就是讲批评和对批评的态度的。中国革命先行者孙中山就是很虚心的,他经常检讨自己的错误,如对窃国大盗袁世凯的问题,他说:"误信匪人元凶袁世凯,实已铸成大错。"在封建社会,皇帝的罪己诏也可以说是一种"自我批评",唐太宗曾对其儿子说:"吾居位已来,不善多矣,锦绣珠玉不绝于前,宫室台榭屡有兴作,犬马鹰隼无远不致,行游四方,供顿烦劳,此皆吾之深过。"但是一般说来,封建社会里,等级森严,是没有批评自由的。资本主义社会出现了资产阶级的民主,有了形式上的平等,但是人们只可以在资产阶级允许的范围内进行批评,超出范围也是不允许的。只有无产阶级大公无私,不怕揭露自己的缺点和错误,能自觉地运用批评和自我批评的武器,在改造客观世界的同时改造自己的主观世界。觉悟社把批评和自我批评统一起来,强调自我批评,并且作为组织原则列入社章,自觉地运用,这在我国历史上,在中国共产党成立以前是未曾有过的。"五四"新文化是对旧社会的大批判,许多社团都在运用批评武器,发扬批评的精神,如毛泽东、蔡和森、何叔衡等同志组织的新民学会,定期检查会员的工作和学习情况,展开批评,觉悟社在这个问题上则提出了"批评自己—批评别人—接受批评"的公式,把自我批评放在第一位,突出了自我批评的极端重要性。他们认为一个人如果不能进行自我批评,严以律己,是没有资格批评别人的。而批评别人又必须建立在两个基础上:一是调查研究,实事求是,"没有研究的批评,那种批评是空洞的,是不实在的,并且容易入于武断苛刻的道路……批评同研究是人生不可缺少的态度。"一是要有认真的自我批评,严于解剖自己:"能够研究批评自己透彻的人,没有不能研究批评身以外的事理的,研究同批评自己实是研究同批评的第一步工夫。""要是我们只许研究同批评身以外的事理,不能被人研究同批评,这种研究同批评,也只能算属于片面的。"这就把批评和自我批评建立在科学的基础上。觉悟社社员是非常认真对待这一问题的,他们在开始批评时还讨论了批评的方法。据觉悟社社员回忆,他们经常开展互相批评,同志们不因批评而不安,反而相互增加了了解,提高了觉悟,加强了团结,如担任学联会会长的谌志笃,有个人英雄主义,他向社员暴露自己的思想,取得了大家的帮助,他对此一直很感激,铭记在心。《觉悟》第一期出版,在不足10万字的册子里,有70多处校对上的错误。周恩来同志对担任校对的人进行了严肃的批评。他们还把批评和自我批评的武器运用到接纳新社员的工作上,"对于加入新社员限定的范围,是由社员的介绍者报告被介绍者的优劣点,然后经大家的批评、这种资格必当具有'牺牲''奋斗'、批评同受批评的精神",对是否能够入社,取严格的主义以预防名实不符的弊病,"请介绍人问他个人的观念,再定可否"。由于充分发扬了民主,觉悟社"精神团聚",生动活泼。

  觉悟社确切地反映了"五四"时期站在革命最前列初步具有共产主义思想的革命知识分子的精神面貌,它的思想这样的新鲜,它不能不对即将成立的无产阶级革命组织有所影响。虽然觉悟社还不是无产阶级的组织,但它是具有马列主义的观点的。它所提出的思想同中国共产党的优良作风是有联系的。中国共产党成立后,即以共产主义思想体系教育中国人民,引导中华民族到解放之路;在党的组织原则上实行民主集中制,把批评和自我批评作为党的三大作风之一。毛泽东同志说:"有无认真的自我批评,也是我们和其他政党互相区别的显著的标志之一。"从周恩来同志的身上则更体现了这种连续性。

  觉悟社的光辉永放光芒。纪念"五四",我们应继承革命前辈所开创的事业,汲取他们贡献的思想财富,发扬"五四"光荣革命传统,以周恩来同志为榜样,在革命道路上永远前进。

(原载《南开学报》1979年第二期)

漫话"五四"当年

邓颖超

由"五四运动"产生的天津各界救国联合会,认真地领导了群众深入的抵制日货运动。依靠着群众的力量严厉检查、没收和焚毁日货;惩罚贩日货的奸商,收到很好的成果。但是在那年的年底,救国运动内部一小部分大商人却发生动摇和破坏,招致了当局更加紧的压迫,终于发展到流血的惨剧。

1919年12月的某一天,正当各界联合会的马千里、马骏、尚车子、陶尚钊等二十四位代表在会所内开会,讨论抵制日货问题的时候,突然有大批军警撞进来,把他们全数逮捕了。同日封闭了各界救国联合会和学生联合会。同时全市宣布戒严,要逮捕其他的学生代表。这种打击并没有动摇我们战斗的意志。中国地界既不能立足,不能活动,我们就把学生联合会移到租界里去,权借同学的家里办公,这家三天,那家五天,在不断的转移中坚持着工作。我们住在中国地界的代表都变成有家归不得,勉强在同学家里借住。但是压迫比严霜降得更紧,人情也冷过十二月的寒风,我们渐渐连同学家里也待不住了,只有流浪街头,尝着爱国流浪的苦生活。一丈见方的房子,成了十几个人的避难所,晚间大家倚拥着、蜷缩着,棉被也没有,只凭青年身上的暖气度过一个又一个漫长苦寒的冬夜。但热血是永远也冻不结的,爱国热情,被压迫的怒火,使我们更加不顾一切牺牲,勇往直前,不怕一切困难。而摆在我们面前最急迫的问题是如何打开沉寂的局面。于是我们决定举行大规模的请愿,向直隶省政府要求启封学生联合会,释放被捕的各界联合会的代表。我们十分明白,这是一次严重的斗争,必须最审慎、最周到的布置,事先有系统地动员了各校的同学与各界市民,并且在请愿的领导上作了精密适当的分工,有选出向当局交涉的代表,有专任请愿群众队伍的指挥员,有留守会所准备供应粮食和动员后备队的人员;有专司联络的脚踏车队和负责通电话的情报员。尤其是当天的示威请愿群众的集合,现在回想起来,可说是游击式的,为了防备压迫与解散,各校同学在不同的时间,分散为小队,三五成群的,在约定的时间,都走向集中地——东马路青年会。待总指挥部鸣笛一叫,就全部集合成了人的铁流了。当天我和刘清扬、王天麟等是被派定留守的,一清早把他们送走以后,就一面忙着工作,一面焦心地等待着消息,直等到将近黄昏,竟一点信息也没有,我们正在又担心又着急的时候,忽传来了噩耗,省政府门前已发生冲突,演了流血惨剧。

　　事情的经过是这样的:当请愿的广大人群队伍都齐集省府门前时,省府根本闭门不理,另调军警从外面把广大群众重重包围起来,交涉呼吁了四五个小时,代表们还是进不去,要求提不出,对着坚如铁壁的大门,毫无办法。省政府的大门虽关了,但门槛还没有上起来,门离地还有尺多高的空隙。我们的四位代表——周恩来、于方舟(又名兰渚,后在领导玉田农民斗争中牺牲)、郭隆真(又名林一,后在济南做地下党工作时,被捕英勇牺牲)等四人正在商议想办法,忽有所得,马上从门槛下面爬了进去,但刚爬到里面,还来不及立好,门内军警就打他们,赏以老掌耳光,立刻把他们加以逮捕。后来知道,他们和前二十四位代表拘押在一处。当局一面派人出来哄大家说:"省政府当局已接见代表,一切正在面谈,请大家解散回去听消息。"群众明白这是骗局,一致坚持不得结果,决不解散。他们见欺骗行不通,原来包围的大批军警,立刻以武装驱散群众。学生手无寸铁,仍然英勇地抵抗着,在他们枪刀鞭棍之下,结果许多男女同学都受了伤!有的头破血流,有的眼伤骨断,抬到医院去了。其他同学纷乱散去,情形十分凄惨,我们得到这不幸消息,压抑着心头的悲愤,马上开会商议善后办法,决定立刻要做两件事:第一,到各医院调查和慰问负伤同学;第二,到各校整顿队伍。

　　正待重新整理各学校的工作,学校当局突然宣布提前放假,强迫同学回家,拆散我们的组织。只有极小一部分同学留下来,坚持日常工作和同学间的联络,特别是援救二十八位被捕的代表。

　　学联被迫转入于秘密状态,斗争的条件是极端困难的。我们终于又想出了继续斗争的方法,就是留守的学校代表发动自愿签名,代替被捕的代表受监禁。我们签足了二十八名,就备了公文,带了行李,到警察厅去要求入狱。我们向警察厅长杨以德提出两点理由:第一,我们的代表因为爱国,横遭逮捕。他们是我们选出来的代表,不能只让他们饱尝铁窗风味,我们大家要轮流受监禁，不能叫他们单独担当。现在我们就要求入狱替换他们。第二，对于非法捕人，长期监禁，既不宣布罪状，又不送到法院审判，提出严重的抗议。我们据理力争，无论厅长怎么说好话哄骗我们，仍坚持不走，弄得他们没办法，最后只好请我们到警察厅的后花园，会见二十八位被捕的代表，同时参观他们的住屋。经过我们这次大闹，引起了社会上的同情和对他们的谴责。加以我们的代表在里面又实行绝食，力争会见和通信的自由，尤其是迅速依法解决。警察厅也感到人言可畏，半个月以后，就把我们的代表解送法院，拘押在看守所中。接着组织留津同学和被捕代表的家属经常去探监、慰问。同时积极地准备提出公诉，要求公审。我们聘请同情我们的大律师刘崇佑先生为辩护人。当时他几次由北京赶到天津，到狱中去向各代表收集材料，并且指导和帮助我们进行诉讼的事情。我们热心地学习关于讼事的常识，搜集答辩的材料，一面又动员舆论做我们的后盾。组织学生和家属在公审之日出席旁听。我们以一切努力，争取判决宣告被捕代表的无罪。另一方面我们的代表也在狱中兴奋的细致的忙着准备自己的答辩词，他们虽然被拘押已半年了，但毫不颓丧，更不悲观恐惧。因为他们知道为爱国而遭拘押，是不犯任何罪条的。只有那些逮捕和摧残青年的人才是罪大恶极。他们准备提出正义的控诉，迎接光荣的审判。当公审时，在法庭上，他们理直气壮，慷慨激昂地进行答辩，充满了胜利的信心的。公审的那一天，法庭上挤满了旁听的人群，天津河北三马路上的地方审判厅的外面，站立着伫候消息，声援代表的男女学生和各界的广大队伍。当局也感到众怒难犯，决心释放被禁的代表。但他们还是死要面子，不肯承认自己做下的错事，强把捏造的罪名，加在各个代表的身上，判定了若干日的拘禁，而这判定的日期恰恰和他们已被禁的日数相等。于是法官宣布期满释放。我们到底是胜利了。欢迎的大队一涌上前，拥护着我们的二十八位代表，到预定的地方——天津市总商会去开欢迎会，庆祝我们奋斗的成功，庆祝正义的胜利，庆祝我们无辜蒙难的英雄们无恙地恢复自由！

(原载重庆《新华日报》1941年5月4日第3版，为该报记者记录整理稿)

我认的主义一定是不变了[①]

——学习周总理青年时代崇高的革命思想和革命实践

史冀宇

天津,是敬爱的周总理"青年时代的故乡"。从1913到1920年间,他先后在天津战斗过几个年头。正是从这里,周恩来同志迈出了寻求救国真理的坚实步伐。他跨越渤海、远涉重洋,经过千辛万苦,终于在马克思列宁主义光辉照耀下,找到了无产阶级革命真理,走上为实现共产主义而奋斗的道路。缅怀周恩来同志青年时代的光辉战斗历程,我们更加怀念和尊崇敬爱的周总理。

1898年3月5日,周恩来同志诞生在江苏淮安。19世纪末20世纪初,祖国大地寒流滚滚,黑夜漫漫。"三座大山"沉重地压在中国人民头上。英雄的人民不断向奴役剥削他们的帝国主义、封建势力展开斗争。这一切,给予少年时代的周恩来同志巨大影响,使他从小就立下了"为中华之崛起"而斗争的宏伟志愿。

1913年8月,周恩来同志考入天津南开学校。当时,正值辛亥革命后风云疾变的岁月。北洋军阀头子袁世凯窃夺了辛亥革命的果实,对内"拥共和之名,行专政之实",对外投降卖国。民族的危亡,使周恩来同志忧心如焚,他如饥似渴地寻求救国救民的真理。他阅读了许多中外具有民主主义思想的进步书刊,这不仅促进他社会批判思想的发展,也更加坚定了他矢志变革现实的决心。周恩来同志团结进步同学组织敬业乐群会,出版刊物,召开时事座谈会、讲演会,编演新(话)剧,抨击时政,唤起民众,奋起救国。他带头反对袁世凯和日本帝国主义签订"二十一条"卖国条约,号召人们起来反对帝国主义侵略,推翻袁世凯的反动统治。在此期间,他写了许多愤激昂扬、震荡人心的诗文,从

[①] 该文由梁吉生撰写,发表时为笔名。原文有注释,收入本书时省略。

"空洞无物"的学校教育,到"孔氏之说",从"欲得优薪"的议员、"竞思攘利"的督军,到"聚敛金钱"的富家翁、"自命圣哲"的在野者,都做了无情的揭露和鞭挞。周恩来同志十分沉痛地指出,国家"昏暗愈甚","学道将绝,大厦濒倾",我们"安忍坐视而不一救耶!"这反映了周恩来同志对黑暗腐败的社会现实不满,也表明他要拯救国家民族,为社会解放而斗争的壮志。

在激荡的政治浪潮中,周恩来同志紧随时代的步伐,以敏锐的政治嗅觉关注革命的前途。他批判地总结了孙中山为代表的资产阶级革命派所进行的斗争,尖锐地指出:"使辛亥一役,不以敷衍结果,直捣黄龙,剪除旧类,彼时政治可以一新,又何致有二、三次革命。"周恩来同志已经感觉到资产阶级的软弱性和妥协性,对资产阶级领导革命能否取得胜利发生了怀疑。中学时代的周恩来同志,具有如此尖锐的洞察能力,是十分可贵的。

周恩来同志为求得中国的解放和新生,继续寻求正确道路。1917年,他中学毕业后,毅然决定东渡日本,"邃密群科"以"济世穷"。

周恩来同志到日本留学,是他思想发生重大变化的契机。这时,他第一次接触到马克思主义。"马克思的全部天才正在于他回答了人类先进思想已经提出的种种问题"(《列宁全集》第十九卷,第1页),描绘了人类社会发展的壮丽图景。这自然对寻求救国真理的周恩来同志产生强烈吸引力。他急切地搜寻、阅读马克思主义的书籍,并写信给远在美国大学读书的同学,表示"新思潮尤所切望","甚盼时有示我"。

周恩来同志到日本不久,俄国爆发了十月革命,创立了第一个社会主义国家。十月革命震动了世界,也深刻地影响了中国革命。以毛泽东同志为代表的先进的革命者,受到极大鼓舞。十月革命使周恩来同志在黑夜中望到灯塔,从阴霾里见到光明。他赞成这个革命,并为她欢呼。他用诗的语言表达自己这种感受和喜悦:"一线阳光穿云出,愈见姣妍。人间的万象真理,愈求愈模糊——模糊中偶然见着一点光明,真愈觉姣妍。"

一年半的日本留学,极大地推动了周恩来同志的思想变化、发展。十月革命,以及初步接触的马克思主义,使周恩来同志的艰苦探索和努力追求有所归宿。他开始"用无产阶级的宇宙观作为观察国家命运的工具,重新考虑自己的问题",产生了中华民族解放的新希望。周恩来同志迅速成长为具有初步共产主义思想的知识分子。他预感到一个新的历史潮流正在到来,充满了前所未有的信心和力量,于是决然弃学,"返国图他兴"。1919年,"五四运动"前夕,周恩来同志离开日本回国。

　　1919年5月,中国爆发的"彻底地不妥协地反帝国主义和彻底地不妥协地反封建主义"的"五四运动",是中国革命由旧民主主义到新民主主义的转折点。周恩来同志对这场伟大的革命运动表现了极大的热情。作为具有初步共产主义思想的先进分子,他积极组织和领导了天津的"五四运动"。周恩来同志始终站在斗争第一线,领导天津各界人民进行集会、游行示威、罢课、罢市、抵制日货等爱国活动。他编办《天津学生联合会报》,创建著名的革命团体觉悟社,推动运动不断深入发展。他不畏艰险,深入虎穴与敌人展开面对面斗争。他带领广大青年积极进行文化革命运动。所有这一切,无可辩驳地证明,周恩来同志是"五四运动"时期天津革命青年的杰出代表。

　　"五四运动"的伟大实践,使周恩来同志对解决中国革命问题的认识逐步深化,在救国救民的道路上迈出新的一步。

　　这时期,周恩来同志阐发的一系列论点,在整个"五四运动"史上给人们留下了深刻的印象。面对穷凶极恶的敌人,周恩来同志提出"应当有真正的办法","积极的办法"。他感到"有些人天天打电报,发宣言书,上请愿书"并不能解决根本问题。"我们所恃的,是群众运动";要"快快成立各种组织,各种工会","罢工!罢市!不纳税!罢课!种种的举动,那才真足以致安福派的死命"。这是周恩来同志对革命依靠谁、用什么方法进行这一根本问题的回答。

　　周恩来同志说:"凡是不合于现代进化的军国主义、资产阶级、党阀、官僚、男女不平等界限、顽固思想、旧道德、旧伦常……全认他为应该铲除、应该改革的。"并且公开号召推倒安福派所凭借的军阀,推倒安福派所请来的外力,这是彻底地不妥协地反帝反封建的主张。它表明周恩来同志开始用马克思主义做指导提出中国革命的对象和任务。

　　"五四运动"促进了马克思主义和工人运动相结合。周恩来同志认识到革命理论和革命实践相结合的必要性,知识分子与工农群众相结合的必要性。他强调,应该实行革命的联合,深入工农群众,"到民间去",进行"农工组织之运动","切切实实做点事"。青年学生要"做知识阶级与劳动阶级接近的表示"。

　　上述主张的提出,说明周恩来同志是在"五四运动"中努力运用马克思主义的观点、方法解决中国革命问题的先驱者之一。

　　"五四运动",增强了周恩来同志在革命道路上奋发进取的信心和勇气,更加激励和推进了他对马克思主义的渴望与追求。因此，在胜利地打破反动政府强加于他的半年监狱生活的羁绊之后，为了进一步探求革命真理，就在1920年11月，告别祖国，远涉重洋，到欧洲勤工俭学。

旅欧时期，是周恩来同志的思想马克思主义化的重要时期。这个重大变化的实现，是他认真学习马克思主义的必然结果，是他坚定地走与工人阶级相结合的道路，不断改造世界观的必然结果。

马克思主义，是马克思、恩格斯批判地吸收了全人类科学文化的成果而创立的革命思想体系，是整个无产阶级斗争经验的科学总结。周恩来同志一到欧洲，就如饥似渴地学习马克思主义。不论是住在巴黎拉丁区，还是住在科隆贝、布卢洼时，也不论是在法国还是在德国，他都不知疲倦地学习马列著作。他坚持马克思主义的革命学风，反对教条主义的生吞活剥，以极其严肃认真的态度，孜孜不倦地攻读原著，反复吃透精神，领会实质。凡是重要的论述，他都用笔划出着重线，作为重点理解的部分。他还经常写心得，做笔记，与同志们展开讨论。周恩来同志以极大的热忱和毅力刻苦攻读了大量英文和法文的马列著作。

周恩来旅欧期间在巴黎工作地和住处前留影

周恩来同志一面钻研马克思主义，一面积极参加各种革命活动。他深入欧洲产业工人之中，脱下学生装，穿上沾满油渍的工作服，和工人们一起劳动，促膝谈心，了解工人阶级的生活斗争状况。他曾先后到法国的雷诺汽车工厂和利尔煤矿做工。他还在德国的鲁尔工业区考察过工人劳动条件。周恩来同志这些与工人相结合的感人事迹，至今还在法国和德国人民中间广为传颂。"知识分子如果同工农群众结合，和他们做了朋友，就可以把他们从书本上学来的马克思主义变成自己的东西。"工厂劳动，使周恩来同志加深了对马克思主义的理解，促进了世界观的根本转变。

周恩来同志还参加了一系列的旅法勤工俭学生的革命活动。他和赵世炎等同志领导了著名的反对中法秘密大借款的斗争。他们广泛团结全法各地中国留学生及在法华工、旅法爱国侨胞,揭露北京反动政府和法帝国主义的罪行。通过斗争,他同广大勤工俭学生进一步认清了北洋军阀政府的反动面目和法帝国主义的侵略本性。与此同时,周恩来同志还不辞辛苦,奔走在巴黎、伦敦、柏林之间,考察欧洲工人运动,研究国际形势,并写出几十万字的文章,以新闻专稿的形式,发回国内,在天津《益世报》上特辟"旅欧通信"专栏,连续刊登。周恩来同志揭露了帝国主义的固有矛盾和资本主义制度的腐朽没落,认识到"资本主义一天不打倒,它的最后保证者帝国主义的混战永不会消灭";他认识到无产阶级最有远见、大公无私,最富于革命的彻底性;"理解了资本主义社会的本质,理解了社会阶级的剥削关系,理解了无产阶级的历史任务"。

周恩来同志"方到欧洲后对于一切主义开始推求比较"。通过对欧洲流行的各种社会思潮、政治派别和社会制度的深入考察,看到"欧洲的无政府主义,其势力渐渐等于零",英国的行会社会主义"近已见衰",法国的工团主义"近来已改变了很多态度"。周恩来同志还用马克思主义对照中国国情,对资本主义以及当时流行于中国为资本主义辩护的各种反动思潮加以解剖。他分析"流毒西方未已的资本主义"在中国实行的危害性,批判所谓"国家社会主义"的欺人之谈,揭露无政府主义"不革命""反对集中制度""破坏大规模生产"的实质,认识到"我们决不能明知其为害于世,复使它在中国得苟延残喘起来",应该"永远要与资本主义为敌"。

"有比较才能鉴别。有鉴别,有斗争,才能发展。"周恩来同志在深入分析比较中国和欧洲现状的基础上,使他对伟大的共产主义有了明确认识。他说:"由此看来,共产主义在全世界,尤其是在中国,实负有变更经济制度的伟大使命",共产主义,是中国的"彻底的改造良方","总归一句话,中国现在的经济情势,除去努力预备革命,实行共产革命外,实无法可解"。周恩来同志充满了必胜的信心,郑重声明"我们当信共产主义的原理和阶级革命与无产阶级专政两大原则,而实行的手段则当因时制宜!"

这是马克思主义的战斗宣言,是周恩来同志对中国革命问题的总回答。它表明周恩来同志完全把握了马克思主义的精髓,反映了周恩来同志对马克思主义的宏深造诣。

周恩来同志历经艰难曲折,终于找到了"共产革命"的伟大真理,"正式决定"了对共产主义的坚定信仰。他的思想发生了质的飞跃,由一个具有初步共产主义思想的革命青年成为一个坚定的马克思主义者。从此,周恩来同志开始了自觉地为共产主义事业毕生奋斗的光辉历程。

"既要革命,就要有一个革命党。"1921年,以毛泽东同志为代表的一些马克思主义者,在国内创建了中国共产党。周恩来同志也积极为建立统一的旅欧共产主义组织而努力。1922年8月,中国共产党旅欧总支部成立,周恩来同志当选为领导成员。他坚持马克思主义建党路线,十分重视党的思想建设和组织建设,明确规定旅欧总支部的责任主要是实行"共产主义教育工作,换言之,即是列宁的所谓'学共产主义'",并强调"特别注意于宣传主义、吸收同志"。为此,旅欧总支部专门设立了"共产主义研究会",规定党团员都要加入该会研究马克思主义理论。

1924年旅欧中国共产主义青年团成员在巴黎合影
前排左一为聂荣臻,左四为周恩来,右四为李富春,后排右三为邓小平

为了加强思想教育,总支部出版了内部刊物《少年》(后改为《赤光》)。这个刊物是向广大党团员、革命青年、华工灌输马克思主义理论的坚强阵地。周恩来同志为编辑《少年》费尽了心血,他亲自撰写文章,以他对马克思主义的深刻理解,论证共产主义革命的历史必然性,批判资本主义和资产阶级反动思潮,阐述只有共产主义才能救中国的伟大真理,教育广大党员坚信共产主义。

周恩来同志极为重视革命武装的重要性。他热烈赞扬苏联红军在十月革命和以后斗争中所起的重要作用。他引述德国社会民主党领导人卢森堡的话:"我们要无军队,便不能革命",并称赞"这都是见到之语"。为了给中国革命准备更多的军事干部,旅欧总支部设立了"军事部",有计划地派人去苏联学习军事。这些人都是由周恩来同志从巴黎亲自伴送到柏林,办好赴莫斯科的手续。旅欧总支部选送的许多军事人才,后来成为我国无产阶级第一代优秀的军事干部。

在周恩来同志领导下,旅欧总支部在政治思想战线上,为宣传、捍卫马克思主义和十月革命的道路,进行了顽强的斗争。周恩来同志坚定地表示:"我认的主义一定是不变了,并且很坚决地要为他宣传奔走。"他坚决捍卫马克思主义的纯洁性,发表《共产主义与中国》《宗教精神与共产主义》等文章,批判胡适、张东荪、国家主义派以及无政府主义思想,阐明只有共产主义才是中国的"救时良方"。周恩来同志在巴黎还多次与国家主义派头头们面对面辩论,每次都把他们批驳得体无完肤,使国家主义派、无政府主义在华工和留法学生中完全陷于孤立,使马克思主义更加深入人心。

旅欧总支部在我党历史上写下了光辉的一页。它进一步证明,旅欧时期的周恩来同志是优秀的坚定的马克思主义者,是善于把马克思主义同具体革命实践相结合的典范。

1924年6月,中国革命新高潮到来的前夕,二十六岁的周恩来同志奉党的指示回到广州,开始新的伟大征程。

半个多世纪以来,周恩来同志为了实现他青年时代就认定的"共产革命"的崇高理想,英勇斗争,鞠躬尽瘁,无私地贡献了自己毕生的精力。回顾周总理的光辉战斗历程,缅怀周总理的丰功伟绩,我们无限怀念敬爱的周总理。周恩来同志的不朽英名,将千秋万代铭刻在亿万人民的心上。

(原载天津《学习通讯》1978年第一期)

周恩来与南开大学

关于周恩来同志在南开中学、南开大学上学和解放后几次来南开大学情况的报告

(1976年1月10日)

中共南开大学委员会

中共天津市委,并组织部、文教组:

我们怀着无比沉痛的心情,于昨天对周恩来同志在南开中学、南开大学上学的经历和解放后几次来南大的情况进行了了解,向市委报告如下:

一、周恩来同志在南开中学、南开大学上学时的有关情况

经查阅南开大学有关校史资料和询问一些老人,证实周恩来同志于1913年至1917年在南开中学读书。1917年6月在南开中学毕业后不久去日本东亚预备学校求学,并在日本领导反对日本侵略中国的活动。1919年6、7月间回国(应为4月回国——编者注),参加领导天津的"五四运动"。现在查明:1919年9月,南开学校设立大学部即南开大学开始创立时,周恩来同志为第一期学员。1920年即去法国留学。现将有关周恩来同志在此期间活动的一些具体情况报告如下:

关于周恩来同志从1913年至1917年在南开中学上学并毕业的情况。在现存的1915年以后印制的历部《南开同学录》上都有记载。

关于周恩来同志1919年9月上南开大学的情况,在南开大学1936年编制的历届学生成绩册上有明确记载。在该册"周恩来"一页成绩单上写明:"于民国八年(即1919年)九月入学,注册学号:62。"

关于周恩来同志上南开大学一事,总理本人也曾几次提到:1951年总理在一次做报告时说:"我在南开大学念了不到一年的书。"(天津市政协委员、市人民图书馆馆长黄子坚曾亲耳听见)1957年春在陪同波兰部长会议主席西伦

凯维兹来南开大学、天津大学访问时,总理曾向西伦凯维兹介绍说:"南开大学是我的母校。"1957年12月20日总理在上海勉励下乡大学生时曾问:"有南开大学来的没有?"(答:"有")总理说:"你们还承认不承认我是南大的学生。"(南大教育革命处处长孙君坦同志当时听到此条消息广播)1959年5月28日周恩来总理视察南开大学,在向全校师生员工讲话时说:"我是南大的校友,但你们在座的都比我文化高。"1966年底1967年初在中南海接见红卫兵时,总理说:"我在南大挂了个名,因反动派迫害未读多少书。"

下面是周恩来同志一位老同学的回忆。

天津市政协委员凌勉之回忆说:"我和周总理于1913年一同到南开中学上学,是同一个年级,总理在二组,我在一组。当时不分初、高中,学制一共为四年。我们于1917年6月同时在南开中学毕业。我当时和总理同住一个宿舍。总理学习很用功,很关心同学,生活也很简朴,一般伙食费为三元五角,总理吃不了,总理当时还主编南开校刊,每两周出版一次。总理在校还搞话剧团,并参加了进步话剧《一元钱》的演出。总理还和社会上的进步学生共同组织敬业乐群会,并主编《醒狮》小报。1917年夏于南开中学毕业后,我和总理一起去南京金陵大学求学,约半年后总理去日本求学,补习日文。想考师范,边工作,边学习。总理在日本也搞了很多进步活动,组织了'兴中学社'。1919年搞抵日活动,曾率领同学到中国驻日使馆声讨驻日公使章宗祥,遭到驻日公使馆勾结日本政府的殴打。总理于1919年6、7月间回国,参加领导天津的'五四运动'。1919年9月,我们又一起上了南开大学,当时第一期学员有九十六人(凡是南开中学毕业升入大学的都不用考试)。总理和我进入第一班,总理学文学,我学经济。我们一面读书一面参加天津市学生联合会,还有各界联合会。总理做领导工作,主要是抵制日货,要求取消袁世凯签订的'二十一条'卖国条约。约在1920年春,总理就去法国了。"

根据以上情况,证明周恩来同志确实曾经于1919年上过南开大学,并为第一期学生,后来不久即离校去法国。

二、解放后周恩来总理几次来南开大学的情况

解放后,周恩来同志曾三次来南开大学视察和指导工作。第一次是1951年,原校长张伯苓逝世以后。第二次是1957年春(4月10日)陪同波兰部长会议主席西伦凯维兹来南开大学、天津大学参观访问,当时曾在天津大学广场召开两校师生参加的群众大会。第三次也是全校师生员工最难忘的一次,即

1959年5月28日。周总理又整整在南大视察了一天,首先在图书馆东侧的广场向全校师生员工做了重要讲话,从国际国内形势讲到社会主义革命和社会主义建设事业,从贯彻毛主席制定的发展国民经济的总方针讲到贯彻毛主席的教育方针,使到会的全体同志受到极大的教育和鼓舞,接着总理又到图书馆等处和师生一起座谈,询问师生学习、生活的情况,同志们感到非常温暖。中午过后,周总理来到职工食堂,本来师傅们准备给总理做一点好吃的,但总理坚决不让,就在那里和师生员工一样吃了窝头和咸菜。这一切同志们深受感动。

周恩来同志的无产阶级革命精神将永远鼓舞我们沿着毛主席革命路线,将无产阶级教育革命进行到底。

(南开大学档案馆)

关于纪念周恩来百年诞辰活动的安排意见

中共南开大学委员会

各分党委、党总支、直属党支部：
各院、系、所、附属单位、机关各部处：

今年3月5日，是敬爱的周恩来总理诞辰100周年。周恩来总理是一位伟大的马克思主义者、无产阶级革命家、政治家、军事家和外交家。在半个多世纪漫长的革命生涯中，将自己的一切都无私地奉献给了中国人民的解放事业和全人类的进步事业。他的光辉思想、崇高品德和优良作风，不仅受到中国各族人民的衷心爱戴，而且博得了世界上许多国家不同阶层的人们和国际知名人士的普遍赞誉和尊重。

南开是周恩来总理的母校，他生前对南开有着深厚的感情，"我是爱南开的"这句名言，多少年来一直成为激励南开学子立志成才报国的精神动力。为此，在深入贯彻、落实党的十五大精神，把建设有中国特色社会主义事业全面推向二十一世纪的关键时刻，纪念周恩来总理百年诞辰，具有重大的历史意义和现实意义。各单位要以这次活动为契机，对师生员工进行爱国主义、集体主义、社会主义教育，通过开展活动，缅怀伟人风范、学习伟人思想、继承伟大事业，引导人们树立正确的世界观、人生观和价值观，增强振兴南开的凝聚力，从而推动学校工作的开展。

中共南开大学委员会文件

南党发[1998]2号

关于纪念周恩来百年诞辰活动的安排意见

各分党委、党总支、直属党支部、
各院、系、所、附属单位、机关各部处：

今年3月5日，是敬爱的周恩来总理诞辰100周年。周恩来总理是一位伟大的马克思主义者，杰出的无产阶级革命家、政治家、军事家和外交家。在半个多世纪漫长的革命生涯中，将自己的一切都无私地奉献给了中国人民的解放事业和全人类的进步事业。他的光辉思想、崇高品德和优良作风，不仅受到中国各族人民的衷心爱戴，而且博得了世界上许多国家不同阶层的人们和国际知名人士的普遍赞誉与尊重。

南开是周恩来总理的母校，他生前对南开有着深厚的感情，"我是爱南开的"这句名言，多少年来一直成为激励南开学子立志成才报国的精神动力。为此，在深入贯彻、落实党的十五大精神，把建设有中国特色社会主义事业全面推向二十一世纪的关键时刻，纪念周恩来总理百年诞辰，具有重大的历史意义和现实意义。各单位要以这次活动为契机，对师生员工进行爱国主义、集体主义、社会主义教育，通过开展活动，缅怀伟大

中共南开大学党委文件

为纪念周恩来百年诞辰，学校初步安排了以下活动：

一、以"周恩来与二十世纪"为主题，与天津市政府联合召开"周恩来研究国际学术讨论会"，会期暂定为2月下旬。

二、组织参观周恩来邓颖超纪念馆，并召开各种类型的小型座谈会。

三、举办纪念周恩来百年诞辰报告会。

四、举办以"为中华之崛起"为主题的周恩来生平、思想、业绩系列讲座。

五、成立"南开大学学生周恩来精神研究会"。

六、排演话剧《周恩来在南开》。

七、组织以"我是爱南开的"为主题的有奖征文活动。

八、组织"周恩来生平与思想知识竞赛"。

九、组织纪念周恩来百年诞辰演讲和诗歌比赛。

十、举办以"瀚墨飘香颂伟人"为主题的书画展。

十一、举行纪念周恩来百年诞辰鸣校钟、接力跑活动。

十二、编发《周恩来在南开》专书。

除以上学校统一组织的活动外，各单位可结合自己的实际组织开展活动。党委要求，纪念周恩来、学习周恩来、研究周恩来，都要和贯彻落实党的十五大

精神结合起来；和搞好本单位、本部门的实际工作紧密结合起来；和提高师生员工的思想政治觉悟紧密结合起来。确实通过这一活动的开展，使师生员工真正受到一次深刻的教育。有关职能部门要加大对这次活动的宣传力度，专门做出计划，充分利用《周报》、有线电视台、橱窗、广播等媒体，全面、准确、及时地宣传好师生员工所开展的各项活动。

中共南开大学委员会
1998年1月14日

（南开大学档案馆）

南开大学有周恩来[①]

张伯苓

我和陈校长相比，自愧不如。办南开，我只是出了点力。陈校长办中华，既出力，又出钱。

我在北方，经常想到华中，想到华中，就想到"中华"，想到中华，就想到陈校长。中华大学有恽代英，南开大学有周恩来，这都是杰出的人才，是我们两校的光荣！我们两校确有许多共同点，正如陈校长所说，中华、南开是亲如姊妹。

最近，我乘船过三峡，过滩时，船上和坡上的人同心协力动手绞滩，平安渡过险关。我有感于此，回来写了信给周恩来同学，我说国共两党只有同舟共济，协同努力，战胜恶浪，才能冲破难关，获得胜利！

(引自吴先铭《陈时与中华大学的几个片段》，原载《武汉文史资料》1983年第三辑)

[①] 1938年7月张伯苓出席国民参政会第一次大会期间，受中华大学陈时校长邀请演讲。陈时致辞说，南开大学和中华大学是姊妹学校，中华愿意在南开带领下，跟着南开前进。题目是编者加的。

南开大学第一期学生周恩来

刘 焱

周恩来青年时代在天津先后上过南开中学和南开大学。几十年来周恩来本人公开发表的一些文章、著作和多次接见中外记者、南开大学校长张伯苓的谈话,对此已有明确记述;20 世纪 70 年代末,南开大学公开了珍藏几十年的周恩来入学时的一些原始档案资料,又提供了确切证据;这些珍贵史料,中国革命博物馆曾复制长期公开展出,天津周恩来邓颖超纪念馆从开馆至今也一直公开展出;十多年前,中共中央文献研究室先后编辑出版的权威的《周恩来传》和《周恩来年谱》,对此也有如实记述。因此,多年以来,周恩来入过南开大学的事实,在中外都已广为人知,绝大多数严谨的中外学者、作家和新闻工作者,在谈到周恩来青年时期求学经历时,都肯定周恩来入过南开大学。但近年来有个别人和个别媒体,不看以上多方面的事实,不郑重核实情况,就轻率地断言周恩来没有上过大学。更令人震惊的是在举国欢腾,迎接奥运,中外亿万人民关心火炬传递盛况的时候,国内个别地方负责现场直播的电视台解说员,竟轻率地介绍说:"1919 年'五四运动'时期,周恩来从日本回到天津,原准备入南开大学学习,后因忙于学运,就没有入南开大学。"(大意)周恩来是中国人民衷心敬爱的卓越领导人,对他生平的介绍,应当严肃慎重,事实准确,尊重本人自述。而作为国家公共传媒的某电视台,在奥运圣火传递的庄严时刻,面对亿万中外观众,其解说员竟不顾事实,传播"周恩来没有上过大学",这不能不说是严重失误。鉴于这种情况,全面阐明周恩来上过大学的事实,还历史本来面目,有其必要性和现实意义。现据作者所知,将周恩来上过南开大学的部分根据列下,请广大读者指正。

一、周恩来入南开大学的原始档案

1.1919年9月周恩来入南开大学的注册登记表。上面填写:"姓名:周恩来,民国八年9月入校,注册号:62。"

2.1919年9月25日南开大学开学纪念全体师生合影。周恩来为最后一排左起第一人。以上两件珍贵资料为南开大学档案馆收藏。1998年为纪念周恩来诞辰100周年,由中共天津市委党史研究室、周恩来邓颖超纪念馆、南开大学周恩来研究室合编,市委书记张立昌等领导人审定,天津人民出版社出版的《周恩来与天津》一书,影印收入了以上两件文物(见该书第32页)。该书的"前言"和书末的"大事记"都说明周恩来是"南开大学第一期的学生"。

二、周恩来本人写的文章、著作

3.1919年12月,周恩来在南开大学学习期间写的《南开出校学生通讯处细则》和《给南开出校同学的信》,分别载于1919年12月11日《校风》第133期和12月18日《校风》第134期。

他在信中说:"现在校中添设出校学生通信处……又委托兄弟在课余之暇做这件事……主旨是:联络出校的同学,会同校内的所有分子,去为南开谋精神上的发展,事业上的改造。"信末署名"南开出校学生通讯处办事人周恩来"。他在"细则"中详细说明了办事的范围、地点、时间等问题,其中说:"办事的地点:南开大学101号。"文末署名:"办事的人周恩来。"

4.周恩来写的《警厅拘留记》

1920年1月29日,周恩来在南开大学学习期间,因参与领导天津各校学生数千人抗议军阀政府镇压抗日爱国学生运动、逮捕爱国学生,到河北省公署请愿,遭到残暴镇压,周恩来等4位代表被捕,在天津警察厅关押至4月7日后,移送天津地方检察厅。这是当年6月5日,周恩来根据自己的记录和被拘代表的回忆写成的书,约3万5千字,记录被拘实情。该书从1920年12月起在天津《新民意报》上连载,后该报社又印成单行本发行。该书第(六)部分写的 1 月 29 日运动经过及被捕代表情况时说:"念九日下午两点钟,各学校学生整队齐集东马路讲演……讲演半点钟后,群往省公署,推举男女代表周恩来(南开大学学生)、于兰渚(官立中学学生)、张若名(女师范学生)、郭隆真(女师范毕业生)四人求见省长。"后运动遭血腥镇压,4 人被逮捕。

5. 周恩来写的《检厅日录》及收入的《天津地方审判厅刑事判决书》这本约 7 万多字的书,是周恩来根据 1920 年 4 月 7 日至 7 月 17 日被检厅拘留期间,狱中难友的活动日志及日记编写成的。1921 年春,天津《新民意报》曾连载过一部分。1926 年,由新印字馆再次刊印全书,署名周飞飞。《检厅日录》全文收入了 1920 年 7 月 17 日《天津地方审判厅刑事判决书》,该书列举了 20 位被告(即爱国人士)的简介,其中有:"周恩来,年二十三岁,浙江人,住元吉里,南开大学校学生。"以上第 2、3、4、5 条所说的相片及周恩来的著作,已收入刘焱主编、南开大学出版社 1993 年出版的《周恩来早期文集》上卷,可核查。

三、周恩来接见记者的谈话

6. 1936 年美国记者埃德加·斯诺深入陕北,直接采访了毛泽东、周恩来等革命领导人后,根据口述,写成著名的《西行漫记》一书,其中有对周恩来的介绍说:"他先在南开中学,后在南开大学学会了英语,受到了开明的教育。南开大学是天津得到美国教会支持的一所大学。"

7. 1937 年 2 月,周恩来在延安接待了天津一家英文报刊《华北明星报》的外国记者的采访,他说:"我在天津南开读中学、大学。这个学校教学严格,课外活泼,我以后参加革命是有南开教育影响的。请你回到天津后,在南开大学张伯苓校长前代我问候。"

8. 1946 年 9 月,周恩来接见美国记者李勃曼的谈话说:"十五岁(1913 年)我入南开中学……1917 年中学毕业后我去日本念书……1919 年'五四运动'时回国,又进南开大学,参加'五四运动',主编《天津学生联合会报》,后该报被封,我被捕,坐牢半年。"

以上接见记者谈话,见中央文献研究室编《周恩来自述》,解放军文艺出版社 2000 年版。

四、南开大学校长张伯苓的讲话

9. 1938 年 5 月,张伯苓在武汉应邀到武昌中华大学讲演,他说:"我在北方,经常想到华中,想到华中,就想到'中华'……中华大学有恽代英,南开大学有周恩来,这都是杰出人才,是我们两校的光荣!"(见《武汉文史资料》1983 年第三辑)

五、中共中央有关部门的权威性著作

10. 中共中央文献研究室编写出版的《周恩来传》和《周恩来年谱》。这两部书是经过长期收集核实材料,慎重分析研究后写出的内容翔实的信史。其中《周恩来传》说:"九月二十五日,南开学校大学部开学,设文、理、商三科,学制四年;学生共九十六人,教师十七人,周恩来已在这月八日注册入学,学号是六十二号,进该校文科学习……周恩来是南开大学第一期学生。"

《周恩来年谱》也做了相同的记述。

以上多方面的事实,是周恩来上过大学的铁证,是任何人也否定不了的。

诚然,周恩来上南开大学时,正值反帝爱国运动日益高涨,他关心国家民族命运,积极投身到反帝爱国运动之中,未能专心学习,这是事实。对此,解放初期他在一次给高等学校教师讲话时也曾说过:"我中学毕业后名义上进了大学一年级,但是正赶上'五四运动',没有好好读书。"他还谦虚地说:"所以,我是一个中等知识分子,今天在你们这些大知识分子、大学同学面前讲话,还有一点恐慌呢。"对于周恩来的这一谈话,应联系他求学的实际情况,全面正确理解,不能任意歪曲。在这里周恩来已肯定他"进了大学一年级"。他说"没有好好读书",不能曲解成"从未上过课",更不能歪曲成"从来没有上过大学"。因为周恩来自己也说过"这个学校教学严格",在学校委托他做出校学生通讯处办事人的时候,都严格规定只能"在课余之暇,做这件事"。如果说一个南开大学生,又"从未上过课",这是学校绝不会允许的。但十多年前个别海外作者未认真弄清真实情况,就在其著作中提出这种错误说法。如果说海外作者远在国外,核实情况有一定困难的话,那么在国内,尤其是核实情况并不困难的北京、天津,还有人和媒体轻信和传播那些无稽之谈的话,就令人难于理解!每一个人的亲身经历,自己最清楚。即使是普通公民相处,也应互相尊重彼此的自述,而周恩来是亿万人民衷心敬爱的领导人,我们对他上过大学的多次自述和多方面的证据,更应当尊重,不能轻率否定。遗憾的是,近年来国内仍有个别人和个别报刊发表和转载文章,无视周恩来本人上过大学的多次自述和多方面的证据,继续传播不实之词,以致产生不良影响,当奥运圣火在国内传递的庄严时刻,个别地方电视直播解说员竟也轻信和传播这种言论。为什么会出现这种错误?令人难于理解!思之再三,恕我直言,我只能说这是极个别人和个别媒体的无知,但事实终究是无法否定的。

(原载《南开大学报》第 1050 期,2009 年 1 月 9 日)

新发现的严修资助周恩来的信稿

梁吉生

1920年周恩来去欧洲留学得到严修资助一事，许多著述都已有所论列，但具体情况大多语焉不详，有关历史资料更是少有刊布。

现在已知的严修提到周恩来的文字，大多散见于《严修日记》。据粗略统计，自1914年9月29日至1922年2月1日约有十五六条之多，其中涉及资助周恩来费用的仅有2条，具体是：

1921年2月21日，"李琴湘来，余将补助李福景、周恩来之学费，交伊持去"。

1921年11月8日，"琴湘来，交补助李福景、周恩来学费"。

那么，周恩来1920年11月7日由上海乘船赴法国前，严修如何决定资助周恩来的？

已经知道的，一是李福景之子李竞等人的回忆，一是1982年1月天津南开中学历史教师王庆民先生撰写的《"让赤色的旗儿飞扬"——周恩来同志在旅欧期间》(《周恩来青年时代》第二期)。但遗憾的是都没有出具有说服力的历史证明，中共中央文献研究室编著的《周恩来年谱》(1898—1949)，谈到严修对周恩来的资助也只是在1920年10月8日条目下笼统写道："为进一步探求救国真理，经南开学校创办人严修推荐和资助，决定到资本主义的发源地——英国留学考察，本日，和南开同学李福景同获北京华法教育会开具的赴法证明。"

研究历史，细节很重要。前一两年，我偶然得到的严修两封信稿(复印件)，为进一步提示严助周恩来的具体过程提供了有价值的材料，令我兴奋不已。值此"五四运动"九十周年之际，兹将这两信的原文奉献读者面前，以供评论家研判。

周恩来欲往欧洲留学之意萌生于坐牢的后期。1920年6月8日,周恩来南开大学的同学潘述庵(世纶)的女友、觉悟社社友李愚如到关押周恩来的监狱看望并辞行,她即将赴法国留学。周恩来听到这个消息,又激动又高兴,当日下午仅用两个多小时的时间,就写成《别李愚如并示述弟》的自由体长诗。诗中明确表达出周恩来也打算去法国的愿望。

> 三个月后,
> 马赛海岸,
> 巴黎郊外,
> 我或者把你看。

7月17日,周恩来走出牢门,即开始筹划留学事宜,并首先得到其好友李福景的父亲李琴湘的热情支持。

李琴湘,名金藻,天津人,1871年生。他与严修、张伯苓往来密切。李曾留学日本,以后一直从事教育工作,任过南开大学校董。周恩来筹划留学的前后,李琴湘正担任铁路扶轮教育会顾问及教育部编审员。他一方面利用自己的社会关系为周恩来寻求资助,一方面写信给严修商请严先生慷慨捐输。此时严修不在天津,其自7月13日即到北戴河休养(8月30日回到天津)。严收到李琴湘信后,于7月30日致函正在唐山的李琴湘,爽快答应给周恩来提供赴欧旅费,信全文如下:

> 琴公大鉴:手示敬悉。世兄同翔宇赴英游学,朗朗双璧,蔚为国华,令人佩羡。嘱为翔宇筹川资百元,应即遵办。希明三百元如不肯出,修亦可担任也。惟苦读之法在英或难于在美,在美可以余力做工,英则未之前闻,似须预为商酌也。

严修信中所说"世兄",即指李琴湘之子李福景(字新慧),他与周恩来结伴赴欧留学。信中的"希明",是李希明,比李琴湘长一岁,天津武备学堂、路矿学堂毕业,是启新洋灰厂早期重要人物,掌握唐山洋灰厂经理大权达25年之久,素有"洋灰李"之称。起初李琴湘就是想请他资助周恩来的,但进展似乎并不顺遂,因此才有了严修信中想取而代之的一笔。

严修回到天津后,南开学校两次来函,校长张伯苓也几次亲到严宅。严修的身体一直欠佳,腿疼不见好转。10月4日周恩来、李福景来看望严修,严因"陪话略久",周、李走后就感到"腿疼较剧于前",次日"夜不能寐",6日"夜睡更少"。10月15日严修收到周、李来信那天,病情更重,"腿疼异常,四更始睡"。就是拖着这样的病体,16日严修仍然强打精神,为周恩来、李福景给驻英公使顾维钧写了介绍信,同时又给他们二人写了信,可见严修对周恩来的关爱之情。

现在发现的另一封信,就是10月16日写给周恩来和李福景的。信中对资助周恩来学费做了明确承诺。信云:

> 新慧翔宇两弟如握:昨示敬悉。致顾公使信缮就送上,希带交官费一节,虽可办法,亦恐不能甚速。两弟第一年学费,修愿担任国币每位各四百元作为补助,一面再设其他之法,特为预达。成行有日,恕不远送。

至此,周恩来的学费终于有了着落。一天以后,即10月18日,周、李二人给严修写了回信。10月26日李琴湘也亲赴严宅,以后李琴湘又两次(10月30日、11月1日)致函严修,可能多少都与周、李赴法有所关系。

由以上两信,再加上以往披露的严修日记和信函,严修资助周恩来的大体轮廓更加清晰了,也使我们进一步理解了周恩来为什么一直对严修感念不忘。

严修致周恩来、李福景函

写于2009年4月4日清明节

三十年后五十年前周总理来到南开园

梁吉生

1951年2月24日,春风习习,寒意袭人。南开园像往常一样,学生在静静地上课,行政人员在照常办公。上午10点多,几辆黑色轿车驶入南开大学的东门,停在第一教学楼南端。车门打开,一位头戴呢帽,身穿大衣的中年人走下来。啊,周恩来总理来到南开园。

中华人民共和国成立后,周恩来早有来津之意。1950年初奉命赴莫斯科时,1月10日晨5点30分路过天津,市长黄敬等人"上车问事",就勾起他对天津往事的回忆。一年后实现夙愿,旧地重游,良友欢晤,很使他快慰,以至回北京后多日仍是"回味犹甘"。周恩来在3月17日给正在西子湖畔养病的邓颖超写信说道:

> 天津一日行,忙得不亦乐乎,熟人碰见不少。恰巧张伯苓先一日逝去,我曾去吊唁。他留了遗嘱。我在他的家属亲朋中,说了他的功罪。吊唁后偕黄敬等往南大、南中一游。下午,出席了两个干部会,讲话,并往述厂(庵)、愚如家与几个老同学一叙。晚间在黄敬家小聚,夜车回京。

周恩来是2月23日夜乘车到达天津的。当时天津正在召开抗美援朝的重要军事会议。这个会议从2月21日开始,是中国人民志愿军和第20兵团入朝战前的动员会和学习抗美援朝作战经验的军事研讨会。会议的第四天——24日,中央军委副主席、国务院总理周恩来,人民解放军代总参谋长聂荣臻、西南军区政委邓小平及陈锡联、邓华等都到会。周恩来一进驻招待所就紧张地工作起来,接见新组建的第20兵团的主要干部,还在会上做了题为"形势与任务"的重要讲话。

24日上午9时左右,周恩来亲往大理道87号吊唁张伯苓,看望张的家属,并当场对张伯苓的子女及黄钰生、王华棠等校友谈了对张的评价问题,肯

周恩来吊唁张伯苓的花圈

定张伯苓办教育,尤其把科学知识介绍到中国来是好的,"张伯苓在'五四运动'以前介绍了资产阶级的民主主义,这也不错"。同时指出了张伯苓中途投入蒋介石政府的错误和南开的团结精神的缺点。周总理还同意召开张伯苓的追悼会,并指示追悼会要把张的每段历史说得公平。周恩来的吊唁和谈话,给寂寥冷落的张宅带来些许活气。踽踽前来悼念的校友渐渐增多。

这次周总理到南开大学,是他自从1920年11月离津旅法之后三十年第一次踏上母校故土,也是中华人民共和国的国家领导人第一次视察南开大学,距今整整五十年。

周总理这次来校真是"轻车简从"。周总理的随行人员只有天津市长黄敬(也是南开校友)和秘书何谦、卫士成元功、张树迎及天津市警卫处郭、薛等同志,总共只有十多个人,他甚至没有惊动学校的党政负责同志,只有他的老同学、南大秘书长黄钰生陪同。他们一起来到第二教学楼东面的一处平房,当时那里是我校工学院机械学系的实习工厂(即后来改做学校印刷厂的地方),一些佩带三角形南开大学校徽的学生正在车间进行教学实习。周总理走近每一台机床和操作平台,仔细了解学生实习的工种和加工的制品,学生们在工作岗位上礼貌地向总理致意,回答总理的提问。同学们很自豪,因为他们都知道周恩来是校友,是他们的学长,他们每个人的脸上都洋溢着欢乐幸福的神采。住在芝琴楼的男生和刚下课的同学听到周恩来来校的消息后纷纷赶来,当时的校学生会主席李赫喧提议请总理讲话。周总理看到这些中华人民共和国的第一批大学生格外高兴。他在实习工厂门口,向同学们说:"新中国成立了,你们是幸福的。你们现在的学习条件比我们过去好多了,要努力学习,成为新中国的建设者。"

五十年过去了,周总理第一次回母校的情景依然鲜活地在南开园流布,弥漫着一种特殊的情愫,成为鼓舞南开人前进的精神力量。

(原载《南开周报》2001年2月19日)

回忆周总理 1949 年后第一次来南开视察

李赫喧

周恩来总理是我们南开敬爱的校友,他热爱南开、关怀南开,在国事繁忙、日理万机的时刻仍关心南开的建设与发展。1949 年后曾三次来南开视察,今天是他 1949 年后第一次回南开视察 50 周年。回忆当时的情景仍记忆犹新。

我是南大化学系三年级学生,50 年前的今天,上午 11 点 30 分左右,我们几个同学正在芝琴楼的学生会办公室工作,忽然听得门外有同学很激动地喊着:"周总理来了!周总理来了!"我们马上跑出来,看到有些同学正往东村南面平房方向跑去。那里是当时南开大学工学院的实习工厂和研究所。待我们跑到那里时,看到周总理在天津市黄敬市长和我校黄钰生秘书长的陪同下正由机械系实习工厂的南门走出来,微笑着向来欢迎他的同学们招手致意。我当时是南院学生会主席,我便上前去代表同学请周总理讲话。总理说:"张伯苓老校长已于昨天病逝,我今天去吊唁了老校长后回南开看看,听到有关南开大学近况的介绍和刚才看到的情况很高兴,你们现在的学习条件虽然还比较艰苦,但与我们那时候相比要好多了!中华人民共和国成立后正百废待兴,国家建设需要多方面的人才,希望你们好好学习,将来为祖国多做贡献。"同学们热烈鼓掌,表示决不辜负总理的希望。当时在场的同学约有百来人左右。讲话后,总理的一位随行的同志走过来告诉我:"总理还要去看看教学楼,请你组织一下同学去那边等候。"我和一些同学到思源堂前等候总理(思源堂是当时理学院四系的实验室、办公室、教室),但还有很多同学不愿离开总理,总理在同学们的簇拥下一边继续听黄钰生教授介绍学校情况,一边慢慢向思源堂走去。当总理走到思源堂东侧时,他的随行人员告诉同学们:总理已没有时间继续参观了,因为后面还有别的日程安排(后来知道当天下午要去南开中学视察),马上请总理上车。当时车已停在胜利楼(即第一教学楼)的南门前。上车前总理向同学们频频挥手告别。

这是周总理1949年后第一次回南开大学(也是他1920年离津赴法后第一次回到南开大学这片故土)。虽然总理这次视察时间非常仓促,只和少数师生见了面,但总理在讲话中对同学的殷切期望使广大师生受到很大鼓舞,终生难忘。1952年我们毕业时,国家正开展全面整顿和建设,正如总理所说的,当时人才非常缺乏,1953届的同学不得不提前一年毕业参加工作。大家都牢记总理的教导,互相勉励,坚决服从组织分配,满怀热情地奔赴了祖国最需要的工作岗位,很多同学参加了我国文教、科研、工业、军事等一些重要单位的创建工作,贡献了自己的毕生精力。现在这些校友多已到古稀之年,相见时还常谈到总理那次回母校的情况和自己受到的教育。50年来随着祖国的飞速发展,南开大学也起了翻天覆地的变化。以我在的化学学科为例,总理视察时,化学系仅有教师职工十多人(其中教授6人),学生约60人,而现在已发展成为包括化学系、材料化学系、元素有机化学研究所、高分子化学研究所、能源所、中心实验室等单位组成的化学学院,已有教师职工450人,其中教授130人,博士生导师50多人,学生1300人,其中硕士研究生300人,博士研究生200人。教学科研条件更是50年前所无法比拟的。化学学科的快速发展当然显示改革开放20多年来取得的成绩,但与总理一贯对教育、科研、人才培养工作的重视和对南开殷切期望是分不开的。如元素所就是杨石先校长受周总理委托于1959年筹建起来的,对我国农药和元素有机化学的发展做出了重大贡献。现在已进入新的世纪,国家对人才培养提出了更新更高的要求。我们在纪念周总理回母校50周年的时候,仍应牢记总理当年的教导,缅怀他对南开的殷切期望,发扬南开"允公允能,日新月异"的优良传统和创新精神,贯彻中央科教兴国的方针,为祖国培养更多更优秀的人才,创造出更多的重大科研成果,把南开大学办成世界第一流大学而奋斗。

(原载《南开校友通讯》2001年)

在纪念周恩来视察
南开五十周年大会上的讲话

洪国起

各位领导,各位来宾,南开中学和南开大学的老师们、同学们:

今天,在新世纪第一个春光融融的日子,我们在杰出校友周恩来曾经学习生活过的南开中学隆重集会,纪念全国人民敬爱的周恩来总理视察南开学校五十周年,我们心里充满了对周恩来同志深深的崇敬和怀念。

五十年前的今天,时任政务院总理的周恩来得知爱国教育家、南开学校创办人张伯苓先生逝世的消息,立即赶来天津,与天津市市长、亦是南开校友的黄敬同志到张宅吊唁,亲自送上"伯苓师千古 学生周恩来敬挽"的花圈。之后,周恩来视察了南开中学和南开大学,他对母校师生讲话时深情地说:"这是我的母校。没有疑问,那时受的是资产阶级教育,但我也学了一些知识,锻炼了办事能力。"这是担当党和国家领导人的周恩来第一次回到母校,也是中华人民共和国的国家领导人第一次视察南开。在当时的历史条件下,周恩来同志作为共产党和年轻共和国的主要领导人之一,他高瞻远瞩,不念旧过,他虚怀若谷,不忘师友,对张伯苓校长尊敬至极,对南开学校留恋至深,这对曾是私立的南开学校的全体师生员工是一个巨大的鼓舞。

1913年至1917年,周恩来在南开中学习、生活了四年,1919年,周恩来成为南开大学第一期学生,注册为62号。南开的教育对周恩来一生有深远的影响。他在南开学习时期初步形成的远大理想、高尚品德、丰富知识、卓越才能和优良作风,在他漫长的革命征程中逐渐升华,并不断发扬光大,最终为中华人民共和国的建立、为社会主义建设事业立下了不朽的功勋,成为全国人民乃至世界人民景仰爱戴的时代伟人。我们南开师生为有这样的杰出校友而感到无比骄傲和自豪。中华人民共和国成立后,周恩来身负千钧,日理万机,但仍十分关怀南开师生,多次回南开大学和南开中学视察。特别使我永生难忘的是,1959年5月28日,周总理第三次来南开大学视察,我有幸聆听了总理那亲切感人的讲话。他对当时我国国情的精辟分析,对南开大学寄予的殷切期望,对全校师生员工的亲切关爱,尤其他那轻车简从、粗茶淡饭的生活作风和平易近人、体贴入微的崇高品格,使我永远难以忘怀。

周恩来的思想和实践永远是包括南开人在内的全国人民的宝贵精神财富。南开大学历来十分重视对校友周恩来的学习、宣传和研究。南开大学六十周年校庆时,在校园马蹄湖建立了周恩来纪念碑,镌刻周恩来"我是爱南开的"手书大字;七十周年校庆时,在主楼前广场敬立了周恩来全身塑像。这些建筑已经成为南开大学的标志,成为青年学生爱国主义教育基地。1978年,南开大学在全国高校中率先建立了周恩来研究室,并在此基础上,1997年建立了周恩来研究中心,完成了一大批有关周恩来思想与实践的研究成果。1998年,经学校党委批准,学生中成立了周恩来精神研究会。今年1月6日,经中央有关部门的审查批准,南开大学国际商学院1999级旅游管理专业各班被命名为首届"周恩来班"。南开大学学生通过参观周恩来邓颖超纪念馆,聆听周恩来总理身边工作人员及专家的报告,利用学生党校、团校、主题班会等多种形式深入学习、宣传、研究周恩来总理的光辉业绩和伟大风范,弘扬周恩来精神,收到显著效果。1999年5月,教育部组织全国教育专家对南开大学本科教学工作进行为期一周的深入考察后,专家组的评估报告中指出:南开大学"以周恩来校友为楷模塑造学生健全人格,爱国爱校,勤奋朴实,奋发进取",已经成为全国公认的南开大学人才培养的鲜明特色,"为中国高等教育丰富增色"。专家组对南开大学办学特色的高度概括和评价,将永远鞭策我们沿着周恩来等老一辈无产阶级革命家开辟的道路奋勇前进。

江泽民同志在周恩来诞辰一百周年纪念大会上高度评价了周恩来的卓越功勋、崇高精神和伟大人格,他指出:周恩来精神,就是共产主义远大理想同脚踏实地的工作作风的结合,就是对上负责同对下负责的结合,就是高度的原则性和高度的灵活性的结合。"周恩来,这是一个光荣的名字,一个不朽的名字。在他的身上,凝铸着中华民族的传统美德,感召和哺育着一代一代共产党人,已经成为推动我们党和国家事业的一种巨大力量。"

两个月之前,教育部和天津市政府签署了重点共建南开大学、天津大学的协议,确定了建设国内外知名的高水平大学的奋斗目标,南开大学面临着实现跨越式发展的难得机遇。杰出校友周恩来的崇高精神和伟大人格，将永远激励我们全校师生员工和全体南开校友，在中央和市委领导下，团结一心，开拓创新，锐意进取，为完成新世纪的宏伟目标——中华民族的伟大复兴而努力奋斗！谢谢大家。

（原载《南开校友通讯》2001年）

周总理二次来南开

梁吉生

五十年前,即1957年4月,周恩来总理陪同波兰政府代表团访问天津,到南开大学参观,受到杨石先校长及全校师生的热烈欢迎。这是周恩来总理第二次重返母校。第一次是在1951年2月24日,南开大学创办人张伯苓校长逝世的第二天。为了纪念周总理第二次回母校,今年南开大学特在周总理塑像广场敬立了纪念石,镌刻了周总理手书"大江歌罢掉头东"那首诗。

五十年前,周总理到天津,还在有六院校师生参加的天津高等学校欢迎会上讲话。在讲话中,他把天津称为他青年时代的故乡,把自己称为"天津的同学",并说"愿意以三十八年前参加过'五四运动'的一个天津学生的身份",向波兰政府代表团致敬。

周总理回忆了他在南开受到的教育,并深情地表示:"我还是感谢南开中学给了我那些启蒙的基本知识,使我有可能寻求新知识,接触新的知识。"讲话最后对南开大学、天津大学等校的天津大学生提出要求:希望他们艰苦奋斗,克服困难,在新社会里要有能力寻求和增加新的知识。周总理还特别谈到青年人和老年人的关系,他告诉青年大学生:"未来是属于你们的,你们要能够比我们更好地创造未来的世界,要比我们老一辈的人负起更重大、更艰巨的责任,工作比我们做得更好,这样才能够使未来真正属于你们,而你们才不致被未来所抛弃。"

顺便说一句,天津《老年时报》9月19日刊登的张嘉臣先生那张周总理访问南开大学的照片,不是1957年的,而是1959年5月周总理第三次回母校的照片。那次,周总理在南开园逗留了一天,参观研究所、实验室、图书馆和学生宿舍,在外交系听学生朗读英语课文,还在职工食堂与陪同人员一起吃了简单的午餐,吃的是玉米面窝头、熬小萝卜,给师生留下深刻的历史记忆。

周总理回到南开母校,是南开师生的骄傲。他在南开园的风范和教导,已经成为南开大学的宝贵精神财富。

(原载天津《老年时报》2007 年 10 月)

周恩来关心母校发展

——纪念 1959 年周总理视察南开大学

梁吉生

继 1951 年 2 月和 1957 年 4 月周恩来总理两次回母校南开大学之后,1959 年 5 月 28 日,他又一次来到南开园。

周恩来不顾劳累,一连视察了教学楼、实验室、资料室、学生宿舍、图书馆、外语教室、研究所,每到一处就和师生们亲切交谈,特别关心教学质量,仔细了解教学、科研和学生生活等各方面情况。上午十时,周恩来在第一教学楼客厅听取了学校党委书记高仰云、教务长吴大任、副教务长滕维藻等的汇报,询问了学校当时的主要情况,并饶有兴趣地谈到旧南开大学的一些轶事,随即来到图书馆东侧广场,向聚集在那里的全校师生发表讲话,勉励大家坚持贯彻执行党的教育路线和方针,正确对待当前的困难,厉行增产节约,使南开大学更好地为社会主义服务。中午一点多,来到职工食堂,走进厨房与炊事员热情握手,了解教职工的伙食情况。已经开完午饭的炊事员们要为总理做饭。他委婉谢绝,亲自买了两个窝头,一份熬小萝卜,与陪同的同志一起简单用了午餐,来不及休息,便到第二教学楼参观化学系高分子实验室,到第三教学楼参观物理系土法上马的 β 频谱仪。他详细了解了教学、科研和生产相结合的情况,指示教学、科研必须结合生产,必须为无产阶级政治服务,为社会主义革命和建设服务。

周恩来这一次来南开大学,主要是考察了解高等教育情况,调研 1958 年教育革命后出现的问题。1959 年 4 月,周恩来在二届人大一次会议的报告中就曾经指出:"去年一年,各级学校都有了很大的发展,现在需要在这个大发展的基础上进行整顿、巩固和提高的工作。在各级全日制的正规学校中,应当把提高教学质量作为一个经常的基本任务,而且应当首先集中较大力量办好一批重点学校。"他在学校明确提出,大学要贯彻党的教育方针,教育要与生产劳动相结合,要很好地为社会主义服务,培养有社会主义觉悟有文化的劳动者。他反复向学校负责人强调,学校的主要任务是教学,学生的主要任务是学习,这个主导方向不能动摇,这个方向不能变,片面强调生产劳动,冲击正常的教育工作,影响教育质量的提高,也不利于专门人才的培养。当时,康生提出要普及高等教育,天津市已划归河北省领导,当年南开大学招生名额已从上年的800人增加到1000人,学校还有继续扩大规模的打算。针对这一倾向,他告诫学校负责人要正确处理规模和速度问题,不要盲目追求数量上的高速度和办学规模的扩大。他说,南开大学有三四千人的规模就可以了,现在不要去办万人大学。当听到学校负责人汇报说,因学校主要在河北省招生对新生入学质量有影响时,他立即指示秘书记下来,与高教部联系,后来南开大学恢复了在全国招生。

1959年5月这次在南开视察,周恩来调研的重点之一是大学的教育质量。他在化学系问几位女同学:"你们一天上几堂课?一星期有多少学时?累不累?"她们回答:"一天上七八节课,上午5节,下午二三节,一星期有40多个学时。"周恩来听后,对陪同的教务长吴大任教授说,上午五堂课太多了吧?我以前上南开时也只有四堂课嘛!这样同学怎么受得了!他对同学们说:"你们有意见可以向教务长提出来嘛。"

周恩来强调把教学质量与培养青年学生成才联系起来,十分关心学生德、智、体全面发展。在几乎一整天的视察过程中,深入教室、图书馆、实验室、学生宿舍了解情况。他在化学系与同学座谈政治课教学问题,到物理系学生宿舍了解学生订阅报纸的情况,阅览学生办的时事政治墙报,参加学生的"增产节约"讨论会,要同学们努力学习马克思主义理论,读毛主席著作,关心国家大事。结合20世纪50年代末国家的经济形势,他向全校师生专门讲了积累和消费的关系问题。他说,建设社会主义需要几代人艰苦卓绝的努力,要在青年中提倡讲建设、讲积累、讲贡献。青年人看问题、想问题,都要从我国有6亿5千万人民这个根本观点出发。他说:"你们都是人民的儿子,你们时刻不应该忘记人民,要正确处理国家、集体、个人三者的关系,正确处理目前利益和长远利益的关系,从而树立起革命的人生观、世界观。"

周恩来总理向全校师生讲话

周恩来强调青年学生要勤奋、扎实、求新。1957年4月10日陪波兰贵宾访问天津时,就在对南开大学、天津大学师生讲话中,特别勉励青年学生要有能力寻求新的知识,增加新的知识,只有这样才能更好地创造未来的新世界。时隔两年再回南开园视察,周恩来注意到了当时因为体力劳动过多而忽视科学文化知识学习的问题,深入了解学生的学习情况和学习方法,要求学生学好基础理论,掌握基础知识,练好基本功。当他走进外文系103教室时,他让几个低年级学生用英语进行朗读。开始时同学们有些胆怯,总理鼓励他们:"办事要有勇气,要大胆些嘛!"同学们朗读了 The Scalpel, The Sword(《外科解剖刀就是剑》)的一节内容。总理不时地纠正他们读错的地方。他告诉同学们,学习外语一定要打好语言的基本功。周恩来在图书馆文科阅览室见一位历史系的同学正在阅读《饮冰室文集》,很感兴趣。他翻开书的扉页指指说:"这是最早的一个版本。"他请这位同学就当时郭沫若提出的"替曹操翻案"谈谈自己的看法,鼓励同学们解放思想,独立思考,参与学术讨论。他还向一位中文系学生了解学习情况并告诉同学们,学中文的要有扎实文字功底,要会写诗、填词。

周恩来在视察中不仅关心学生的科学文化知识学习情况,而且关心学生的生活和身体健康状况。那时,"大跃进"的浪潮虽未过去,但经济困难的阴影已经悄然迫近。周恩来深入学生宿舍查看学生的被褥,亲自摸同学床铺的厚薄,查看学生寝室的日光灯亮度是否达到标准。他发现每一个寝室住8位同学,只有4人可以在寝室里上晚自习。周总理指示,学生的住宿条件应当逐步有所改善,先要做到每屋住6个人,第二步达到住4个人。他告诉陪同的学校负责同志,要关心师生的生活,尤其青年学生正在长身体阶段,一定要保证他们健康成长。他还语重心长地说,同学们吃一顿饭,至少要有40分钟的时间,否则就容易得胃病,他让同学们注意劳逸结合。为了观察学生体育锻炼的情况,周恩来还一口气登上学校图书馆五楼的楼顶,俯瞰运动场上学生们的体育活动。

科学研究是提升高等学校教育质量的重要途径,也是学校服务社会的重要手段。周恩来重视高校的科学研究。他在参观化学、物理、经济等学科的实验室和研究所时,深入教师和科研人员之中,详细了解有关科研方向、科研课题、校办工厂等方面的情况。他着重强调,高校要重视基础理论研究,同时科研工作要为国家经济建设服务,为生产服务。他对化学系合成的离子交换树脂准备投入批量生产很感兴趣,询问主

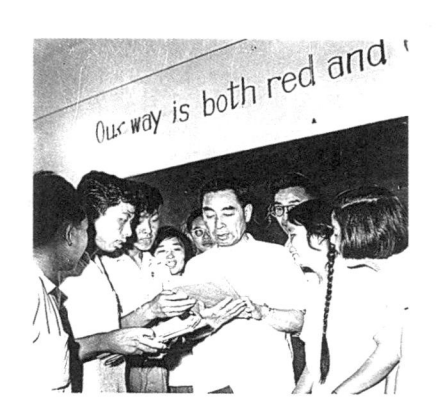

周恩来总理听大学生朗读英文

持这项工作的青年学者何炳林:"生产规模多大,原料有无问题,价格贵不贵?"他听了回答后高兴地说:"科研与生产结合起来很好,这样可以理论联系实际。"他勉励这位冲破美国阻挠回国不久的留美学者要为祖国贡献自己的聪明才智。

周恩来深知,改变我国科研水平落后的状况,必须吸引大批留学生回国服务,既要奋发图强、自力更生,又要努力学习外国先进的东西,学习的态度要谦虚谨慎。他在参观化学系另一个实验室时,当听到这里的科研项目主要用于防备原子战争人体中毒时,便向科研人员了解这项研究在国外的进展情况。科研人员回答,国外还没有研究,文献上没有报道。总理当即指出:"文献上没有,不见得人家就没有研究,有些科研项目国外是不报道的,我们一定要谦虚谨慎,提倡科学精神,要多干少说,认真学习外国的长处。"

周恩来对南开大学的人文社会科学研究十分关心。他知道南开大学经济研究所早在20世纪30年代就聚集了一批经济学家,在何廉博士领导下独辟蹊径研究中国经济问题闻名遐迩。这次视察经济研究所时,他详细了解了该所研究的课题。研究人员告诉他正在研究人民公社问题。周恩来指示,人民公社是新的事物,你们要多下到农村去,深入调查研究,搜集更多的材料,不要忙于下结论。他还问到何廉、方显廷、吴大业等经济研究所的老人。当问到吴大任的哥哥吴大业时,周恩来说请他从国外回来吧。吴大任说,他有一套资产阶级经济学理论。周恩来说,那有什么,让他回来,我们欢迎。周恩来还对中华人民共和国成立前的南开经济研究所给予肯定,并且指出:"研究所的许多

东西和一些研究方法还是可以利用的。我们过去在解放区研究国民党统治区的经济,还是要看南开经济研究所编的物价指数嘛!"他勉励研究人员要继续把经研所办好,不仅要研究国内经济问题,还要加强世界经济问题的研究。周总理的讲话像一股春风,对继承南开经研所传统给予了明确的指向。

周恩来对母校的发展寄予厚望。他满怀深情地表示:"这个南开在新的时代,有新的校风,有新的教学特点,要保证质量,真正能够很好地为社会主义服务,为将来共产主义服务。"

2009年,南开大学建校90华诞之际,恰值周恩来进入南开大学学习90周年纪念,也是他最后一次视察母校的50周年纪念。在这喜庆的时刻,南开人牢记周恩来的殷切期望,秉持周恩来精神,解放思想,开拓创新,努力建设世界一流大学,为科教兴国宏图伟业做出更大贡献。

(原载《南开大学报》2009年5月29日)

周恩来总理在南开大学做报告[1]

辛 夷

周恩来总理在南开大学图书馆东侧广场做报告

1959年5月28日,这是一个难忘的日子。这一天,天空蓝蓝的,太阳也显得格外暖。"周总理今天要来了",这消息一清早便在校园里传开了。同学们带着十分的欣喜和盼望,也自然而然地带着一种说不出来为什么的神秘,相互转告,此时此刻,似乎谁都顾不上去把事情问个究竟。上午9时30分,周总理和邓颖超在河北省委第一书记林铁、书记处书记张承先和天津市委书记处书记王亢之、市委文教部长梁寒冰等人的陪同下来到学校的时候,同学们正在上课。校园里和平时一样宁静。周总理首先来到第一教学楼会客室,在校党委负责人汇报了学校的情况和工作之后,原打算先去化学系参观。当周总理听说广大师生员工已经在广场上集合起来等候,当即决定和大家见一见面。

---

[1] 题目是编者加的,原题为《周总理视察南开大学》,本书收录其中一部分。

聆听周恩来总理报告的南开大学师生

　　大约 11 时左右，周总理和邓颖超在校党委书记高仰云等人陪同下，径直来到新开湖畔图书馆大楼前。图书馆的东边，是学生们经常在周末晚间看电影的一个小广场。在紧靠图书馆东廊门的外面，临时搭起一个台子，高低恰好与门口的台阶顶部一样平。场地三面，已经用细钢筋立桩，用线绳围起了一个很大的栏圈，我们三千多名男女同学，便规规矩矩地站在这"法定"范围中，静静地等待着。随着一阵暴风雨般的掌声，周总理缓步走到台前，邓颖超站在他的侧后。总理身穿浅灰色毛料中山装，面色红润，神采奕奕，右臂习惯地斜贴在肋下，双目炯炯向四周环视一下，那深沉英伟的气质中蕴藏着一种强大的感染力。邓颖超质朴和蔼，穿一身土黄色像夏布一样的衣衫，脸上挂着微笑。掌声停了，周围一片安静。"同学们"，总理向前跨了小半步，脸上洋溢着活泼的神情，"这次来，我本来没有准备讲话的。你们学校高书记要我和大家见见面。我就来了。"台下顿时爆发出一阵阵热烈的掌声。"今天在你们几千名大学生面前讲话，我是感到有一点紧张的，你们说是不是啊？"这幽默，使得人群中轰然发出了一阵欢快的笑声。周总理接着说："现在我和你们讲什么呢？前不久，中央发出指示，就讲一个'增产节约'的问题吧。"周总理说，在你们大学生中间，当然不只是大学生了，有一些人滋长着讲吃、讲穿、讲享受的思想。人民把他送进了大学，他们自认为有了知识，可以向人民讨价还价了。同学们，你们中间绝大多数人是工人、农民、干部的子弟，你们是人民的儿子，你们时刻不应该忘记人民。我们的国家虽然经过了十年的恢复和建设，但是还不可能一下子改变贫穷落后的面貌。大规模的经济建设还需要很多的积累。就是我们的日子过得富裕一点了,难道就可以讲享乐主义吗?建设社会主义需要几代人的艰苦卓绝的努力,我们应该在青年中提倡讲建设、讲积累、讲贡献;不能提倡讲享乐、讲消费。有的人,个人生活欲望得不到满足,就闹情绪、发牢骚,意志消沉。这种个人主义的思想作风是要不得的。你们看问题,想问题,都要从我国有六亿五千万人民这个根本观点出发。比如说,我们的生产发展了,国家拿出来用于消费的东西会多一点。但是,把这个数字用六亿五千万一除,那么分到每一个人头上能得多少呢?如果我们每一个人通过增产节约,为国家积累一点,哪怕这个数字是很小的,用六亿五千万这个数字一乘,然后再看看,这不就是一笔十分可观的财富吗?拿这笔财富可以办多少事业呢?这个一乘一除的方法,你们都懂得的。我希望你们都要这样去看问题,去想问题,正确处理国家、集体、个人三者之间的关系,正确处理目前利益和长远利益的关系,从而树立起革命的人生观、世界观。周总理简短的讲话发聋振聩。听着他那谆谆教诲,这满园"桃李",如坐十里春风之中。台子下面,一下子欢腾活跃起来。许多人情不自禁地欢呼跳跃,掌声笑声汇成了一片欢乐的海洋。这时,会场上似乎显得有些乱。高书记站到台前来大喊:"同学们不要动!让我们先欢送总理离开会场。"同学们刚一静下来,只见总理满面笑容走到台边,用手一挥大声地说:"同学们,你们自由啦!"这话语,这手势,无疑是最有权威的命令,最合众意的裁决。只听"哗"的一声,同学们兴高采烈地跳出了栏圈,仿佛向着辽阔草原奔驰的马群冲出厩栏。总理走下台来。一霎间,同学们像潮水一般涌向新开湖边道路两旁,自动地有秩序地排成了长长的人廊,欢送周总理利用中午的时间去天津大学参观。

(原载《周恩来与天津》)

我为周总理摄影[①]

陈锦俶

周恩来总理在南开大学图书馆东侧广场做报告(右为女记者陈锦俶)

1949年我在天津南开女中读书,女中紧挨着南开大学,是一所比较进步的学校。我当时十四五岁,虽然年龄小,但在和大哥哥、大姐姐们的接触中,受他们的进步思想影响比较大。我们当时的班主任韩扶群老师是一位进步人士,她也向我们传播了一些先进思想。从那时起,我渐渐地开始关注国家的命运与发展。

中华人民共和国成立前,在国民党的黑暗统治下,人民反政府思潮比较高

[①] 本文是1959年5月28日周恩来视察南开大学时摄影记者的回忆文章,收入本书时有删节。

涨。我和南开大学的一些进步青年一起参加了反饥饿、反内战活动。

1949年1月,天津解放,同学们都非常兴奋。党在天津设立了华北大学,培养年轻的知识分子。我家里兄弟姐妹8个,哥哥参加革命了,弟弟上初二时被革命队伍选中,作为国家机要人才培养。受他们的影响,我也怀着一股热情进入华北大学。随后,我跟着华北大学迁到了河北省正定县。

1949年11月,中华人民共和国成立不久,北京电影制片厂需要充实人才,从华北大学选拔52个人,我有幸成为其中一员。11月18日那天,我正式进入电影队伍。刚开始以为去当放映员,能天天看电影,特别高兴,后来才知道是去制作电影。

经过半年的电影基础知识培训,我们被分配到各个部门。那时,妇女解放运动开始,为解放妇女劳动生产力,国家培养了年轻的女飞行员、女火车司机、女拖拉机手。在这种形势下,电影厂领导提出要培养女电影摄影师。从那以后,我总有一种强烈的责任感——要为中国妇女争光。

我第一次见到周总理是在1950年,当时我还是摄影助理,协助摄影师在怀仁堂拍摄各国使节递交国书。外宾来之前,周总理每次都提前到现场,跟在场的每个人打招呼,非常谦和。我当时既害怕又紧张,见到心中敬仰的人,想接近又不敢接近,周总理走到我跟前时,我就往后退一步。周总理看出我有点紧张,摸摸我的脑袋问:"小鬼,多大岁数了?叫什么名?"我紧张得都说不出话来了。到了第二次再见面,他又问了我的名字,我这才报了出来。以后慢慢熟悉了,周总理看到我都是叫我"小陈"。

从1950年到1969年,我陆陆续续地跟着周总理工作了近20年。我们国家的外事活动越来越多,感觉周总理特别累。中华人民共和国成立初期,外国使节向我们国家递交国书,周总理都要亲自审阅。到了1954年中华人民共和国成立5周年的时候,外事活动非常多,外国政府代表团一个接一个。当时和我们建交的主要是社会主义阵营的国家,如苏联、捷克斯洛伐克、越南等。中央新闻纪录电影制片厂当时替外交部代制影片,把外国政府代表团的活动日程全部拍摄下来,制作成一部影片,送给来访国的国家领导人作为纪念。每一部影片制作完成后,周总理都要审查。

周总理平时非常细心,总是为别人着想。有一次,我们和周总理同机回来,外交部的人对我们说:"下午周总理还有外事活动,就在机场吃饭,你们可以先回去。"我们的车刚启动,外交部的人就赶过来说:"别走别走,周总理和陈老总发现你们没去吃饭,正在罢吃呢!"原来,周总理去机场餐厅吃饭,一看同机的新闻单位的人都没来,就有点生气,对外交部的人说:"我们饿了,人家记者们不饿吗？一块吃饭嘛!"

还有一次,周总理去视察天津大学、南开大学,我们跟着去摄影。近一点钟了,大家都还没吃饭。我们本以为周总理会回宾馆吃饭,没想到他直接去了南开大学食堂,问食堂师傅:"师傅,现在还有什么吃的吗？"师傅说:"刚蒸出一锅窝头。""那好,我请客。"周总理说。

刚坐下,周总理环顾一周,问:"司机呢？赶紧把司机叫来吃饭。"等司机来了之后,人齐了,大家才开始吃饭。周总理边吃边给我们讲他的家史,那顿窝头吃得特别香。

"文化大革命"期间,社会上流行一句口号,"龙生龙,凤生凤,耗子的儿子会打洞"。1969年的一天,我正在准备拍摄机器,周总理问我:"小陈,你是什么出身？""周总理,我出身不好,我是资产阶级家庭出身。"我说。周总理说:"我们有成分论,但不唯成分论,重在表现,我出身也不好,我是官宦家庭出身。"陈老总也说:"我也不是好出身。"

不久后,我就被调离中央组了,但是周总理的话让我受益终生,我们不是唯成分论,革命队伍里的每个人都是平等的,重视的是一个人对党的事业、对革命事业的态度。后来我下放到"五七干校"进行劳动改造,但我始终有种信念,我们要忠诚于党的事业。尽管遭到种种冲击,但我的心态一直很平和,我相信党的政策不会变,只是被一些人扭曲了,最终要被纠正过来。1969年以后,我就再也没见过周总理。

在跟随周总理工作的近20年里,对周总理的感情不仅仅是一种敬,更是一种爱。

1976年1月8日周总理去世,全民悲痛,清明节群众自发地聚集在天安门广场进行悼念活动,当时我是中央新闻纪录电影制片厂北京站站长,出于对周总理的敬爱,我就组织摄影师到天安门偷偷把群众悼念周总理的场景以及一些诗句记录下来。

白天,我们用黑口袋把摄影机一包,挤到人群中偷拍。到了晚上就不敢偷拍了,因为要打灯光。拍摄完成后,我们把影像资料都藏了起来。当时一点也不害怕,就想着大不了就坐监狱呗。

十一届三中全会以后,《扬眉剑出鞘》这部影片就被制作出来,在全国上演，引起轰动。这是在危难中坚持的一个真理，也是我人生中最得意的一部影片。

（原载《中国教育报》2009年8月5日）

永世难忘的记忆

邵丽影

　　28日下午三点多，正当我们几个人在系资料室查看文献的时候，忽然周总理走近了我们的身边，大家都被这突然来到的幸福惊呆了，一时竟忘了站起来向总理问好。面对着我们敬爱的领袖，大家心里难免有些紧张。总理大概也理解我们的心情，就先伸手和李育民先生握了手，并和大家亲切地谈起来。后来党总支书记告诉他我是个学生时，总理便转向我走来，并在我身边的一张椅子上坐了下来。那时我真是又高兴又紧张，心跳得更厉害了。又是总理先开口："你是学什么的？几年级啦？"听了我的回答，不知怎的总理觉得说话带有东北音，便问："你是东北人吗？""不！是上海来的！"我回答说。"那你去过东北？""不，没有去过。"听到这回答，总理呵呵地笑了起来。接着他翻开了我正看着的一本英文书，问道："你懂德文吗？""不！""那你怎么在看德文书，你看这不是德文字母吗？"总理很惊异地问道，一边他又翻看了另外几页。我一看这些果真不像是英文，心里正在惶惑的时候，忽听总理笑着说："噢，这本来是德文版的！"这时候总理又翻开我的笔记本，我的心里更慌开了，因为我的笔记记得很乱，有时连自己都不认识，怎么能叫总理看呢？过了一会又听得总理问："这是你上课的笔记吗？"我说："不，这是平时翻译的资料！"总理听了很高兴翻看了几页，又摇摇头说了声："这个我不懂。"总理这样的谦虚我觉得更不好意思了。接着总理又问起我们一天的时间如何安排，上几节课。当他听说一星期只上三节量子力学时，诧异地问："怎么才上三节课？"我回答说今年是以科研为主，还要写学年论文，下学期再集中上课……看来这并没有使总理满意，他仍在担心我们学习时数是否太少了些，直到听了教务长的说明后，才满意地点了点头。后来他又问到我们搞科研的内容，问有没有先生指导，几个人搞的？我说："三个人搞，暂时没有先生参加。"开始总理担心三人搞是否人手不够，后来知道我们搞的东西不是很复杂，才又满意地点了点头。

好像就在这时，我忽然意识到原来自己一直是坐着和总理说话，心想真糟糕，正要站起来时，却被总理亲切的手制止了，"站起来干什么，坐着谈不是挺好吗？"总理的亲切关怀，使我感激得说不出话来，只觉得全身是热乎乎的。

过了一会儿，总理又问道："工作很忙，每天四点半还去劳卫制锻炼吗？"我回答说我每天

周恩来总理（右一）在物理系资料室

都得去集合。总理又笑着说："假如翻译到一半能请假吗？"我说："一般不让请假，除非实验没法停止时才许。"总理听了高兴地点点头，还笑着说："很严格啊！"

后来总理还问了许伯威及正在外屋看书的谢行恕同学等有关工作学习情况。

和总理的会见使我们久久不能平静，领袖的亲切教导和关怀更给了我无限的鼓舞和力量，每当我又在资料室坐在那张桌子旁边学习的时候，我就想起总理的教导，这时就觉得有一股力量在鞭策自己，"要好好学习！"我知道这是我们党和领袖对我们全体青年一代的关怀和期望，而想到自己过去所做的一切都离党的要求差得很远，只有不断加强思想上的锻炼，刻苦努力地学习，搞好科研，才能不辜负党和领袖的关怀和期望！

（物理系四年级邵丽影）

（原载《人民南开》1959年6月3日）

幸福的回忆　巨大的鼓舞
——记周总理1959年视察南开大学图书馆

孙书瑜

1959年5月28日,敬爱的周恩来总理来到了南开大学视察,这是中华人民共和国成立后他第三次来南开了。日理万机的总理到了南开园,用了近两个小时的时间视察图书馆、资料室。这对我们搞图书资料的人来说,是多大的鼓舞啊!

每当回忆这段幸福时刻,总理那和蔼可亲的光辉形象和音容笑貌,立即浮现眼前。

记得那天上午十点多钟,总理站在图书馆东门口,向集合起来的全校师生员工挥手致意,并做了重要报告。总理让我们时刻想着全国有六亿多人口。虽然全国有很大增产,用六亿多人口一除,分到每个人的就没有多少;全国每人节省一点,用六亿多人一乘,就是很大的数字。总理教育我们要坚决执行毛主席关于自力更生、艰苦奋斗、勤俭建国的方针。

下午,总理在河北省委和天津市委负责同志陪同下来到图书馆视察。在视察的过程中,周总理青年时代的同学冯文潜馆长向他简要地汇报了图书馆的情况,总理频频点头,表示满意。在102室临时书库,冯馆长指着几十个放满法文书的架子说:"这批书是论堆买进来的,面很广,其中有不少好书。"总理说:"图书馆收藏

周恩来总理在南开大学图书馆阅览室

的面应该广一些。"

总理来到文科参考室时,大家热烈鼓掌欢迎,总理急忙挥手,示意大家保持安静,继续学习。总理走到一个同学跟前,一边伸手翻同学看的书,一边亲切地问:"你看什么书啊?"同学吞吞吐吐地回答:"我看的是《饮冰室文集》。"总理微笑着说:"好啊,里面有些东西,学学好。"又指着书问:"这是哪里出版的?"翻了几页,总理接着说:"这是最早的一个版本。"翻到诗词小说类,总理又指着一篇小说说:"这是梁启超的浪漫主义作品。"并问同学:"你看懂了吗?会填词吗?"同学说:"不会填词。"总理微笑着说:"你太谦虚了。"说着又走到另外几位同学跟前,边走边问,当知道一个女同学是外文系英专三年级的学生时,总理说:"好极了,(这时总理拿起一本英文小说)念一段给我听听。"那个女同学当时比较紧张,有些地方念错了,总理和蔼地纠正她的发音……总理看到一个同学阅览桌上放着唐诗、杜诗和《辞海》,便亲切而慈祥地问他:"几年级了?""喜欢写诗吗?""正在研究杜甫诗吗?"当这个同学回答说:"不是研究,正在复习文学史,准备考试。"总理微笑着说:"啊!快考试了,很忙。"说完就走开了,唯恐影响同学复习。

总理看完书库和参考室之后,又健步登上五楼,想到楼顶上观看学校布局和规划。这可把我急坏了,因为没带通往楼顶门上的钥匙。急忙张罗先给总理拿把扶手椅,请总理坐下等一会儿。敬爱的周总理看到我那紧张的样子,微笑着说:"我不累。"当我急忙到楼下取钥匙时,总理又亲切地叮嘱说:"不要急。"等我返回来时,见总理站在那里和冯馆长谈笑风生,毫无不耐烦的神情。

周恩来总理在图书馆五楼俯瞰南开大学校园

这时我那颗紧张的心才算平静下来。心想,多么能体贴人的好总理呀!

总理在图书馆楼视察了约两个小时,每到一处都主动和工作人员、同学握手交谈。

总理还到学校其他一些地方视察,每到一处,他也总是关心图书资料工作;例如:到物理系视察时,又到了系资料室和查阅资料的老师、同学交谈;在学生宿舍视察时,详细查看同学书架上的书籍,并比画里面的桌子说:"六个人在这里自习,桌子就显得短些,挤了些吧!"当吴大任副校长告诉总理大部分同学欢喜在图书馆学习……总理才满意地点点头。

敬爱的周总理对图书资料工作的关怀、教诲,将永远鼓舞着我们为教学、科研服务,为实现四个现代化去克服一切困难,奋勇前进!

(原载《图书馆学通讯》1980年第一期)

周总理和同学们在一起

张金光等

这样幸福的时刻谁也不会忘记。28日的下午,总理在视察毕其他工作后,来到了图书馆二楼文科阅览大厅,敬爱的总理和正在那里学习的同学亲切地交谈起来。

我终生不能忘记

下午我拿着一本厚厚的书,坐在图书馆二楼文科阅览大厅近门处靠边的座位上学习。党委负责人走过来告诉我们说总理要参观图书馆。不久,总理真的走进了我们的阅览厅,全室立刻欢腾起来,总理忙挥手,要大家安静学习。

当我回首时,总理已紧走几步来到我身边,一边伸手翻动我的书,并且亲切地问:"你看什么书啊?"但我却被这突如其来的询问弄呆了,原来我是想,总理参观就是像平常参观展览会一样,从过道上走过去,看看同学们学习情况,看看室内书刊设备。万没想到总理刚一进门便和我搭上了话,思想毫无准备。面对着总理亲切和蔼微笑的面孔,我却回答:"我看的是《饮冰室文集》。"

"好啊,里面有些东西,学学好。"总理翻动着书页说道。

这时我才发现总理在站着,我还牢牢地坐在椅子上。总理又问:"这是哪里出版的?"我何曾知道,没有回答上。

总理翻了几下,指着书说:"这是最早的一个版本。"我很惊讶。总理又打开了书本,找到了诗词小说之类,指着一篇小说说:"这是梁启超的浪漫主义作品。"并说:"你看懂了吗?""看不懂,学一学。""几年级了,会填词吗?""三年级了,不会填词。"总理微笑着说:"你太谦虚了。"说着又和另一个同学去谈话了。

这时我心情很紧张,只是在想,我们的领袖真不是一个高高在上的人,倒觉得谈笑相处和一般老师同学一样可亲。和总理的一席谈话,使我久久不能平静。总理说我"谦虚",我觉得这并不是对我的评价,恰是总理高尚道德品格的表现。还记得在这天上午总理的讲话中,竟自以中学生与我们相比。总理喜欢谦虚的人,本来谦虚才能使人进步,骄傲会使人落后。我今后一定要牢记领袖的教导,做个又红又专的工人阶级知识分子。

(历史系三年级　张金光)

总理检查了我的学习

在学校党委负责同志的陪同下,周总理微笑地走进来了,我的全身的血液沸腾起来了。他先停在一个历史系同学的面前,亲切地谈了起来,又问一个同学,再又是一个,渐渐走近我们的这张阅览桌前了。这时我紧张极了,周身在冒汗,心扑腾扑腾的跳个不停。一个念头闪过我的脑海——希望敬爱的总理能看到我,停下来和我谈谈,两眼殷切地望着他。多么幸福啊!总理果真向我开口了:

"什么系?"是那么和蔼的声音。

"外文系……"也许由于过于激动,声音颤动着,变得连我自己都听不出是出自我的喉咙,是我在说话。

"啊,几年级了?"

"三年级。"还是那颤声音。

"好极了,念一段给我听听。"说着,总理就拿起了摊开在桌上的一本英文小说《The Scalpel, The Sword》(外科解剖刀就是剑),内容是描写白求恩大夫与我国人民共同抗日的英雄故事的。

我更加慌了,所以拿书的手抖得很厉害,我极力使自己平静下来,可是糊里糊涂地一起头就念错了。总理和蔼地纠正了我的发音,我脸涨得通红,好容易念完了一段,这时我也不知道总理怎么表示的,我为自己念得太糟而惭愧……

随后,他又走到别的同学面前……我望着他的背影,眼里噙着晶莹的泪花。我这是在梦中吗?咱们敬爱的周总理会和我谈过话,检查过我学习并且还纠正了我的错误。这样幸福的会见我没敢想过,但是居然在现实中发生了,这真是我的一生中难忘的幸福的时刻啊!

(外文系三年级 薛福)

心里充满了激情和喜悦

星期四下午,我在图书馆二楼上自修,有一位负责同志走来对我们说,周总理要来图书馆参观,可能马上会到这里来看看同学。这意外的喜讯简直惊愕了每个人,当时我心里高兴得怦怦乱跳,拿着书本久久的连一句也看不进去,心想:"这会是可能的吗?"

不一会儿,周总理果然走进了阅览室。这时,大家立刻响起了热烈的掌声,有好些同学高兴得跳蹦起来。总理挥手致意,依序挨排地和同学们交谈起来。

我坐在第十排头一个位子,估计总理很可能到我这里来,我就没有离开座位,手足不知所措,心情因过分的激动而紧张起来。也许这正是一个人在迎待一种迥非寻常的幸福时所惯有的表现吧!

当总理走近我的身边时,我霎地站了起来。总理看见我桌子上摆了唐诗、杜诗等好些书籍和《辞海》工具书,便亲切而慈祥地问道:

"几年级了?"

"二年级。"我回答。

"喜欢写诗吗?"

"喜欢,但是写不好。"

"正在研究杜甫诗吗?"

总理一边翻看我的《杜甫诗选》一边问道。

"不是研究,正在复习文学史,准备考试。"

"呵,快考试了,很忙。"

总理说着便微笑地离开了我的座位……

幸福的时刻,只是显得那么短促。我恨自己当时的舌头那么不听使唤,心里的话讲得太少了。可是,就是这一刻,我是多么幸福啊!现在,每当我想到敬爱的周总理亲切地谈过话的时刻,心里便充满了无限的激情与喜悦。

我要永远铭记这非凡幸福的时刻,让它化作无限的力量的源泉,不断地鞭策我,使我能在闪光的生活激流中勇往直前。

(中文系二年级 朱行言)

(原载《人民南开》1959年6月3日)

周总理来到了我们教室

高秋福

近日来,无论在宿舍还是在课堂,无论是在饭厅还是在操场,甚至是在路上,总有一群人包围着我。他们有的是本系同学,我能呼出名字;但更多的根本不知是哪系的,可是要求却是一个:"你给我们详细地讲!"

讲,一定讲!不但是因为同学热切的希望,也是因为我压抑不住自己的满心的狂喜。

时间大约是四点半,我们刚下体育课。图书馆大楼"一〇三"教室里,连我一共九个人,正吵嚷:有人说总理参观完书库,可能来我们教室,有人说这简直是"幻想"。而李思治同学你别看他人小,倒自有主张:"来不来我都要写!"飞笔在黑板上写下了九个大字:"欢迎周总理来校参观!"谁知刚写完,连那个粉笔头还没放下,周总理就在门口出现了。

鼎沸的教室里顿时一片寂静,我们竟一时不知所措了。

呱——,不知从哪来的一片掌声提醒了我们,于是拼命地鼓掌啊,鼓掌……

总理挥着手,笑着问我们:"你们是几年级的?"

"外文系一年级。"总理平易近人的谈吐,使刚才那紧张的气氛和缓下来了。于是我们就一拥而上,紧紧地偎在他的身旁。

"啊,"总理随口应了一声,又问:"你们一周多少节课?"

"十五节。"不知谁随口答道。

这时,总理的前额微蹙,头向右上方扬起。但很快慈祥的眼光又落到我们身上,关切地重复着:"十五节?"

当在场的班长同学纠正过上面的答话,告诉他英语、汉语、体育每周共二十三节时,他又问:"你们没有政治课,不讲政治经济学?"

周恩来总理听高秋福同学读英语

当我把我们政治学习的情况向他做了简单的汇报后,时刻关心着我们政治思想进步的总理满意地笑了。

之后,像好卖弄的孩子在父亲面前耍花枪一般,我们指着书桌上的讲义给总理看:这是"语音",那是"语法"——

"都讲过了。"不知是谁紧紧地插了一句:"现在已进入分析性阅读阶段了。"

看着三本厚厚的讲义,总理慈父般爱抚地说着:"你们学得不少哇!"

"现在正讲这课。"激动得老半天张不开口的陈淑凤同学这时把讲义打开,送到总理手里。

"噢,'崔西彦会见毛主席'!"总理高兴地说着,满怀期待的眼光复又落到了我们身上:"那你们给我念一段吧!"

说实话,由于口语活动开展得不够好,平时同学们说英语还有点口羞,何况现在呢,在周总理的面前,见大家有点忸怩,总理掂着讲义说:"大胆些嘛!"

看着总理和蔼可亲的笑颜,听着总理热情鼓励的话语,一切顾虑都打消了,从他手中接过讲义,我第一个读起来,接着是李思治同学和楚秀英同学。总理的眼光仔细地随着那些因着慌而有些发颤的声音在讲义上飞掠,并悄声叮嘱我们:"不要急!"当楚秀英把"sweet potatoes"念成"sweet potato"时,总理打断她说:"这儿是复数!"当她把"idea"读成[ˈaidiə]时,总理抬起头,问我们大家:"到底是[aiˈdiə]还是[ˈaidiə]?"直到楚秀英自己肯定是前者对时,他才满意地微笑着点点头,让她继续读下去。

"念得不错呀!"最后,总理夸赞地说着,用左手轻轻地一扬那一习惯的动作，又转到了热切勖勉的话题上："不过要有勇气，还要努力。"

总理的鼓励使我们异常地不安，结结巴巴，念得太不好了；而总理谆谆的教导又使我们异常地激动。我们细细地咀嚼着总理的每一句话语，心里热乎乎的，竟连半句回话也挤不出来。

总理上了隔壁，但他谆谆的教导，却仍旧萦绕在我们耳际，"要努力学习！"抹一把激动得发红的脸上的汗水，挥着捏紧的拳头，直到这时才喊出了压在心底的话："一定努力！"

"但当着总理的面为什么就说不出来呢？"我们责备自己，"我们没有信心，没有勇气？"

总理的"要有勇气"的教导顿时又涌上心头，于是我们又挤在教室门口。当他从隔壁出来，当他两次嘱咐我们"要努力学习"时，就像冲锋前战士向下达了命令的首长做保证一样，我们九个人一齐高喊："一定努力，一定努力！"

总理走了，九颗年轻人的心却无法平静；写家信，写稿件，跑出教室，见人就讲，见人就跳，见人就笑……

的确，正像一些同学所说的，我是"幸运儿"，和我们敬爱的领袖一起攀谈，向我们敬爱的领袖汇报一下自己的学习成绩，谁个不会有幸福的感觉呢？

可是，我也看到，当我把这幸福的会见讲完，谁听了都高兴，道一声"太好了"，也都有"幸运儿"的感觉。

是啊，虽然在和总理攀谈上有直接间接之别，但党对青年一代爱抚的阳光，我们每个人都能亲身感受到。那么，我们用什么回答党对我们的关怀呢，我听到千万青年人的声音汇集成一个：

坚决忠于党，坚决攻克科学堡垒！

（外文系一年级 高秋福）

（原载《人民南开》1959 年 5 月 30 日）

亲切的关怀　巨大的鼓舞

冯百洲

5月28日下午第二节课后,该是我们游泳训练班锻炼的时候了。于是我合上了书本,准备到游泳池去。

刚走出寝室,只见走廊里站着几个人,其中有校党委黄副书记,还有几个胸前挂着照相机的新闻记者。看到这样的情景我猜想准是周总理来我们宿舍参观了。随后动三②班何名巨同学告诉我,总理正在我班同学宿舍参观呢!于是我朝人群的方向走去,只见总理在学校党政领导同志陪同下参观第一宿舍的211、210两个寝室。看到总理的到来,心里又激动又担心。激动的是党和总理对我们无微不至的关怀;担心的是不知这两房间的清洁卫生是否做好,因为这两个房间一向是比较乱的。

在总理参观211室时,只见总理亲切地向王树业同学问:"你们每个房间都订有报纸吗? 你班有没有办墙报啊?"

"我们每个室都订有报纸,我们室里订的是《光明日报》,刚才走过看见的

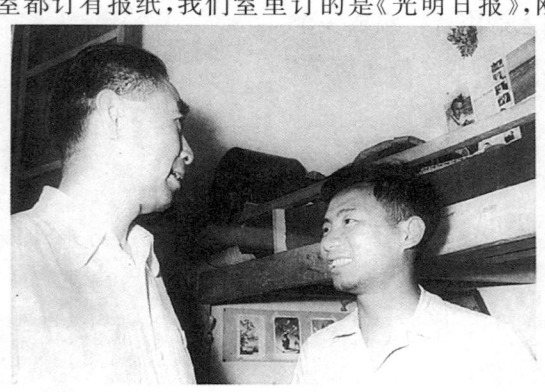

周恩来总理在南开大学学生宿舍

就是我班的墙报。"王树常边指边回答总理。

总理接着又问："这个房间住几个人？"

"住六个人。"

听了王同学的回答总理抬起头来看看房间的挂灯并用手在桌上比画着说："六个人在这里自习，桌子就显得短些，挤了些吧！"周总理是多么关心我们的学习生活啊！我几乎想高声喊叫起来。站在总理身旁的吴大任教务长告诉总理大部分同学们都喜欢在图书馆自习，那里有参考书，在房间自习的人不多，所以也就够了。参观完了211室，总理又到210室去。推开房门，只见房里空无一人，原来主人们都上课去了。但桌上却放满了瓶瓶罐罐等什物，同学们的衣服却东一件西一件的挂着，房里显得有些零乱。"我们同学们生活上不注意，东西没放好，所以显得很乱。"随着总理来到210室的王树业同学为210室的同学解释道。"学生嘛！总是这样。"总理毫不介意并微笑着安慰王同学说。随后总理在房间里走了走，看到了贴在墙上的宿舍公约，他一边看一边念，当念到前言中"经本室全体同学热烈讨论取得一致的意见，订出大家都能遵守的切实可行的公约"时，总理笑着说："真的意见完全一致吗？我看基本一致就行了吧。"跟着总理又一条条地往下念，当看到上面时事学习每天至少看报30分钟时就又亲切地问："30分钟够吗？"听了总理的问话我内心更加激动，感到党是如何的亲切关怀我们政治思想进步啊！可是我们个别同学往往因为功课紧些就把时事学习挤掉了，这是多么不应该啊！跟着我听到一位同学回答总理：平时一般同学每天至少看报30分钟，在空闲时还会多看些。

最后总理看到了"每两周开生活检讨会一次"连说这很好。接着，他又转过身来问旁边的一个同学："你们的寝室公约是不是都一样？"当这位同学回答说"我们每个寝室都有着自己的公约"时，总理满意地点了点头。

总理参观完后走出房间时，我们正站在过道的一旁。总理越来越向我走近，我心里更加激动，刚才想着要对总理说的千言万语在这无比的兴奋中全忘了。大家只是抬着头呆呆地看着总理。直到总理走到我们面前，我们大家才向总理行了个礼，总理伸出手来和我们一一握手，问我："你是教师还是学生？"听了总理的问话，我赶紧的回答："我是学生"。他又问："你是从哪校来进修的？"

从总理的问话里，我知道由于自己普通话没说好，所以总理没听清楚，急忙地解释道："广东来的学生，生物系动三①班的。"总理点点头，边走边说："广东的,到这么远来念书啊!"快下楼时总理看了看表向着党委书记和我们大家问:"四点多了,同学们该锻炼了吧!"党委书记告诉总理:快到了,一般在五点左右同学们就开始锻炼了。就这样,大家目送总理下楼后,便高高兴兴地拿衣服去游泳了。

虽然我们和总理只相叙片刻,但从总理的问话中体会到党对我们无微不至的关怀,我们决不辜负党和总理对我们的教导和期望,今后一定加强思想改造、努力学习、艰苦锻炼,回答党和总理对我们亲切的关怀。

(生物系三年级冯百洲)

(原载《人民南开》1959年6月3日)

亲切的教诲

杨石先

我第一次见到周总理,是在1949年秋召开的全国第一届政治协商会议上。那时,我作为教育界的代表出席了这次会议。在会议期间,周总理废寝忘食,日夜操劳,做了大量的组织领导工作。他那充沛的精力,火一样的热情,谦虚谨慎的思想作风和认真负责的工作态度,给人们留下了不可磨灭的印象。他经常和代表们坐在一起,和蔼可亲地谈论着国内外大事,阐明党的方针政策,解答大家提出的各种问题。听了周总理的谈话,无不被他那巨大的感染力和说服力所感动。

1949年10月1日,我光荣地参加了开国大典。那一天,晴空万里,朝霞满天,我和各界爱国人士、各族人民的代表一起来到了天安门城楼上。当毛主席走到我的面前,伸出他那温暖的大手时,我激动得不知说什么才好。这时,周总理把我介绍给毛主席说:这是南开大学的负责人,教育界的代表,是从事化学研究工作的。周总理啊,您日理万机,工作那么繁忙,还清清楚楚地记住我这样一个普通的教育工作者,并且详细地介绍给了毛主席。这是对我极大的鼓舞和教育。我仰望着毛主席和周总理,心里充满了无比崇敬的感情。在隆重的开国大典上,当我听到毛主席庄严地向全世界宣告"中国人民从此站起来了"的时候,情不自禁地淌下激动的泪水。我心潮翻滚,浮想联翩。我想,我是一个在旧社会生活了大半辈子的知识分子,从事教育工作几十年,经历过清末、北洋军阀和蒋介石王朝几个不同的历史年代,饱经人间风霜,耳闻目睹了反动统治阶级丧权辱国的种种罪行。回想起1919年我在美国读书时,我们中国人被人家瞧不起,受尽各种凌辱。当时,中国人被称作世界上最劣等的民族,甚至同情我们的人也指着鼻子责问:"你们中国国土比日本大几十倍,人口比日本多几万万,军队也有几百万,为什么日本人来逼迫你们要东西,就乖乖地签订了'二十一条'？还有一点爱国心没有？"我们听了以后，真是气炸了肺，感觉无地自容，从而立志要走"科学救国"的道路。为了攻读学业，我曾三次出国学习，埋头于科学研究和教学工作。可是无情的社会现实告诉我，历代反动统治阶级根本就不重视科学，也不重视教育事业，我的所谓"卧薪"之志，只是一种幻想而已。现在，我亲眼看到了我们的祖国发生了翻天覆地的大变化，过去梦寐以求的东西，眼看着变成了现实，心里说不出的高兴。

1951年秋天，周总理在怀仁堂会议大厅接见京津两地文化界、科技界部分知识分子，并做了重要讲话。周总理用他自己参加革命前后的思想感情变化和参加延安整风运动进行思想改造的亲身体会，深入浅出地阐述毛主席为我们党制定的知识分子政策和知识分子思想改造的必要性。我们中间许多人都被周总理严于解剖自己的精神所感动，同时，也消除了大家对思想改造的不必要的顾虑。周总理在这次大会上讲的话，至今铭刻在我的心里，他说："知识分子的思想改造，只有民族的立场还不行，民族立场也可能发展成为民族主义，甚至堕落成为法西斯主义。要进行彻底的思想改造，必须认真学习马列主义、毛泽东思想，参加现实斗争，变民族主义立场为无产阶级立场。"我听了以后，总觉得周总理这段话是针对我的思想而讲的，他说得是多么真挚，多么中肯啊！

中华人民共和国成立以后，党和人民曾经给了我很高的荣誉和地位。一段时间里，我曾身兼二十几职。在1954年第一次全国人民代表大会期间，我为了解决兼职过多问题去找周总理。周总理在百忙当中接待了我。当工作人员把我领进周总理的办公室时，周总理站起身来，亲切地和我握手。让我在他的办公桌旁坐下，我们面对面地谈起来。我说明来意后，周总理爽朗地笑了。他仔细地询问我都担任了什么职务，重点放在哪里，工作量怎么样？我一一做了回答。周总理耐心地向我解释说："我们刚刚建国不久，有许多事情要办，而现成的人手又很少，所以要求大家都兼一些职务。至于群众推选你担任这样多的工作，是人家信任你。"接着，周总理又教育我在革命工作面前，应该勇于挑重担。周总理用新旧社会的对比，启发我的思想觉悟。他说："中华人民共和国成立前，你在国民党反动统治下搞了二三十年的教育工作，你那教育救国的道路行通了吗？科研成果搞出了几项？到底被蒋介石采用了多少？"我一面聆听总理的教诲，一面想：是啊，1949年以前我国的教育事业一片萧条景象，大学生寥寥无几，培养出来的学生不是改行，就是失业，所学无所用。现在，中华人民共和国成立后,百废待举,百业俱兴,到处是兴旺景象。这次会见中,周总理还详细地询问了我工作情况、生活情况,并且十分具体地帮助我分析和安排教学、科研和行政管理等几项工作。同时还给我出主意,让我回去以后培养一两名助手协助工作。周总理认真地说:"你教了几十年书,培养了不少人,总可以找到人协助你教嘛。你搞了几十年的科研,以后你要逐步地把主要精力放到科研上去。目前,我们在这方面,队伍还很小,力量十分薄弱,但是科学技术对我们是十分重要的啊。"最后,周总理语重心长地对我说:"有些从旧社会走过来的知识分子,往往有这样一个缺点,对自己感兴趣的工作愿意去做,对没有兴趣的工作,则往往一推了事。这种立场还是以'我'为主,不是以人民群众为主,在思想改造过程中是值得经常注意的。"周总理这段话,打通了我的思想。从周总理的办公室走出来以后,我感到浑身轻松极了,是敬爱的周总理,给了我前进的力量和信心。

周总理对科学技术发展和教育工作一直都十分重视和关怀。

1956年我曾作为中国教育工作、科学工作者考察团成员去国外进行考察。行前,周总理接见了我们,并做了重要指示:"你们要在人家已有成就的基础上前进,不要搞奴隶主义和爬行主义。"在周总理的领导下,我还几次参加了制定发展我国科学技术规划的活动,亲聆周总理对发展我国社会主义现代化工业、农业和科学研究工作的指示。1956年,在周总理的具体领导下,制定了"十二年科学技术发展远景规划",当时全国广大工农群众和科技人员受到巨大的鼓舞,全力以赴,只用一半多一点时间,就全部完成了任务。1961年,我国又制定了第二次全国科学技术发展规划,接着又制定了全国农业规划。这些我都荣幸地参加了。

在第四届全国人民代表大会期间,周总理抱病坚持工作,亲自做了《政府工作报告》。在会间,周总理参加了天津组的讨论,跟每个代表都谈了话。周总理是那样熟悉我们,甚至还清楚地记得我的年龄,总理谈笑风生,精神旺盛。我看到周总理的面颊较以前消瘦了好多,就关切地问他身体健康情况,并代表全校师生向他问候。周总理笑着对我说:"我的病已经大有好转了,基本控制住了。回校以后,要代我向南开大学的同志们问好,将来有机会我还是要回到南开看望大家的。"我回校以后,传达了周总理的讲话,大家是多么地高兴啊,是多么盼望着周总理再有机会回到南开园啊。可是,万万没有想到,那一次竟成为我们永诀的会面。

周总理没有离开我们,他那光明磊落的襟怀,革命乐观主义精神和战胜一切困难的坚强意志,永远刻在我们的心中。

(原载《周恩来与天津》)

周恩来引导我走上红色晚年的路程

黄钰生

今天,天津市各界人民怀着崇敬的心情,纪念周恩来同志诞辰九十周年,追忆、学习周恩来同志的革命精神。我作为周恩来的老同学,能够参加纪念活动,感到十分荣幸。

周恩来是一代伟人,又是平凡的人民公仆。在半个多世纪的岁月中,他为中国革命做出了与日月齐辉的贡献,他还用自己的革命精神与风范,启发、引导社会各阶层人士,走上了革命的道路,我就是受到周恩来高风亮节影响的千百万人之一。

我和周恩来同岁,在南开中学读书时,我比他高一班,他品学兼优,深受严范孙先生和张伯苓校长的器重。他是一个模范的学生,南开校友中最杰出的代表。我和周恩来虽不同班,但很熟悉,他在日本留学时还写信给冯文潜,问黄子坚(黄钰生,字子坚——编者注)到哪儿去了,学的是什么?他记得我,关心我。

第二次国共合作时期,周恩来常驻重庆。张校长的秘书、他的好朋友伉乃如带我一起到曾家岩去看望他,邓大姐也在座。我们谈了些教育问题,没有谈政治,但是通过伉乃如我得知他时常到张校长家去谈天,一谈到时局问题,就往往争辩得面红耳赤。有一天,周恩来和吴国桢同时到张校长家去,谈话之间争论起来,张校长亦谐亦庄地说:"几时周恩来跟吴国桢不吵架,天下就太平了。"周恩来不因与张伯苓的师生关系、与吴国桢在青年时的密友关系,而回避自己的立场与观点,不说一些迁就敷衍话。这正是一个共产党员光明磊落的特征,不以私情乱正义。

1951年,周总理到南开中学来。学生们知道周总理来了,要求请他讲话,他答应了。在大礼堂,他对全体学生说:"我在这里上过学,我所受到的是资产阶级的教育，那时候也只有资产阶级的教育，但也学了一些基础知识，通过课外活动，锻炼了办事能力，你们比我幸运得多，你们所受的是毛泽东思想的教育，你们要好好地学习呀。"总理的话，语重心长，既勉励学生勤学，又指出了新旧教育之不同。

1951年2月23日，张伯苓逝世，周总理亲自来津吊唁，又和在场的南开校友谈话，他说道："人民政府对张校长很关心，对他寄予希望，没有想到他故去，真可惜。张校长办教育这么多年，确实是有贡献的。咱们都是他的学生。"这段话，既表达了悼念张校长之情，又含有勉励老同学共同努力为国家效力之意。南开校友提议为张校长举行追悼会，派人去北京请求周总理领衔做发起人，他慨然答应了。在当时政治气氛中，没有他领衔，追悼会是开不成的。追悼会上，我致追悼辞，为张校长晚年在政治上的错误做辩护，我说道："请不要忘记张伯苓不是毛泽东时代的人，而是孙中山时代的人。"后来，喻传鉴见到周总理，周总理说："子坚这句话错了，张伯苓不是孙中山时代的人，而是康梁时代的人。"这是历史唯物主义的论断，对我是很大的启发和教育。

1959年，周总理来津视察，约了市委做统战工作的同志和几位旧同学聚餐，其中有我、严仁曾和冯文潜、黄扶先夫妇。总理一和老同学见面，就一一握手。又指着我说："你还这么健壮。"我说："我要有你这些的劳动强度，早就垮了。"他的态度，十分平易、亲热，丝毫没有总理的架子，入座时，他立即对服务员说："这桌饭由我付款，是我私人宴请我的老同学，不要天津市出钱。"这说明，在一般人所谓的小节上，他也要公私分明。宴会上，他举杯祝贺黄扶先、冯文潜二人光荣入党。同时，用期待的目光对在座的老同学环视一周。这无声的期待，给了我极大的鼓舞。当时我带去天津图书馆藏的两部书，给周总理看。一部是康有为亲笔写的《大同书》稿本。他一边翻阅，一边说："你看康有为主张议会制度。以他为首的戊戌变法，是有进步意义的。"另一部书是严修（即严范孙）的日记，周恩来看了，沉思一会说："严老先生是封建社会的好人。"这句话，后来我写进了一篇文章，但发表时被编辑删掉了。理由是，严范孙的历史地位党中央还没有明确的说法。这说明周恩来是用历史唯物主义评价历史人物的，而那位编辑还没有学到这个本领。

1974年，我从"牛棚"出来不久，天津市政协举行了一次"天津市爱国人士经验交流会"。我发言的主要观点是如何对待老年问题，也影射到如何对待我在"十年动乱"中受到冲击的问题。我引用了宋人韩琦一首诗的末联："莫嫌老圃秋容淡,犹有黄花晚节香。"周总理看了我这篇发言印本,对当时出席人民代表大会的天津代表说:"黄钰生的这篇发言很好,回天津时,替我向他问候。"

1980年至1982年,我连续被评为先进工作者、劳动模范。回首往事,是什么力量使我这年逾八旬的老人仍有活力呢?应该说,是周恩来引导我走上了红色晚年的历程。

(原载《天津日报》1988年3月5日)

周总理永远鼓舞我们前进

滕维藻

南开是总理的母校,总理多次亲切地说他是南开的校友。总理生前时时关心着南开的成长,南开的师生员工对总理怀着深厚的感情。总理对于知识分子的谆谆教诲,永远铭记在我们的心中。

周恩来总理在南开大学经济研究所

抗日战争期间,我在南开经济研究所做研究生,以后又留所担任教学工作。那时周总理代表党中央在重庆和国民党政府谈判,并做各方面人士的统战工作。他曾多次到沙坪坝南开中学看望南开学校的创办人张伯苓先生,对张从政治上进行争取和帮助,听说总理和张伯苓在政治观点上曾有激烈的争论。1951年张在天津病故,周总理对张还是做了一分为二、实事求是的评价。

1951年,周总理在中南海怀仁堂对京津文教科技界代表做重要讲话,揭开了知识分子思想改造运动的序幕。我有幸参加了这次盛会,第一次见到了敬爱的周总理。在讲话中,总理以亲身的经历,深刻而又生动地阐述了党的知识分子政策,鼓励我们要彻底改造世界观,把自己的立场从爱国思想、民族思想转变到无产阶级方面来,为此,就要努力学习马列主义和积极参加革命实践。为了打消老知识分子在争取进步方面的思想顾虑,总理提出了许多精辟的论述,如家庭出身无法选择,革命道路无限宽广;历史问题看现在,社会关系看本人;对什么问题都要采取历史唯物主义的分析态度;党一贯重视并信任知识分子,等等。总理的讲话语重心长,富有鼓动性和说服力,他的亲切教诲,如暖流,像春风,吹遍了整个知识界,激荡着千千万万知识分子的心,鼓舞着我甩掉包袱,轻装前进,加速我思想改造的步伐,第二年,我就光荣地加入了党组织。

1956年1月,周总理在中央召开的知识分子问题会议上做了报告,指出:"革命需要吸收知识分子,建设尤其需要吸收知识分子","团结知识分子是必要的,也是完全可能的"。1962年,总理又在广州全国科技工作会议上做了关于知识分子问题的报告,指出我们党一直把知识分子看作自己人,知识分子的思想改造就是要和工人阶级同化、合流,并用自己的切身体会,亲切地指出知识分子进行自我改造的重要意义和正确途径。这两次会议的传达,在我们学校引起了很大的震动,成为人们奋发前进的巨大动力。广大教师奔走相告,干劲倍增,向科学进军,为提前实现总理亲自主持制订的科学规划而奋斗。

我还清楚地记得,1957年4月,周总理陪同外宾在天津大学、南开大学访问,在讲话中亲切地说,天津是我青年时代的故乡,38年前曾在天津以一个学生的身份参加过"五四运动"。同时,周总理对青年一代提出了殷切的期望,使我们受到莫大鼓舞。最使我终生难忘的是,1959年5月28日,敬爱的周总理亲临我校视察工作,在学校整整活动了一天,走遍了整个南开园,从学生的思想、学习和生活,到教学安排、科研方向、校办工厂,无一不注意和询问。在图书馆东侧广场向全校师生员工的讲话中,总理还谆谆教导大家坚决贯彻毛主席关于自力更生、艰苦奋斗和勤俭建国的方针。总理对经济研究所视察得特别仔细,详细垂询了研究方向,对人民公社的调查很感兴趣,并指示要加强对于世界经济问题的研究。我还记得,当总理进校后,在第一教学楼会议室,我向总理汇报工作,总理听出我的苏北乡音时,亲切地问我:"你是哪里人呀?"我说:"我是阜宁人,离淮安九十里路。"总理听了爽朗地笑着说:"那我们还是老乡啊!"总理平易近人、热情亲切的话语,使我万分感动,热泪盈眶。第二年,我在北京出席文教群英会,总理在人民大会堂主持了盛大的宴会,在他接见大会主席团时,我向总理汇报说:"南开大学师生问候总理健康。"总理用无限亲切的眼光微笑着对我说:"我记得你,你代我向南开师生们问好!"总理的音容笑貌,至今历历在目。据我校校长杨石先说,周总理多次在接见他时,托他向南大师生问好,并表示以后还要来看我们。总理还嘱咐杨老要把元素有机化学研究所办好,要把经济研究所收回来(中华人民共和国成立后该所一度中断工作,恢复后曾划归河北省科学分院),并把它办好。敬爱的总理呀,您日理万机,为党的事业、国家大事、天下大事昼夜操劳,还这样细心地关怀我们南大的工作,怎能不叫我们对您无限崇敬和深切怀念呀!

(原载《周恩来与天津》)

幸福的时刻

何炳林

周恩来总理视察南开大学化学系实验室与何炳林交谈

  1959年5月28日,是我最难忘的一天。我们敬爱的周总理在南开大学整整视察了一天。我能够直接向总理汇报科研成果,当面聆听总理的指示,感到无比的幸福。当周总理来到第二教学楼化学系高分子教研室时,我急忙上前迎接。校领导把我介绍给总理后,总理高兴地说:"你带路吧。"我便陪总理到一个实验室。总理微笑着对我说:"你来介绍情况吧!"我向总理汇报这个室的工作时,总理听得是那样认真,我没有说清楚的地方,总理不断地提出问题。他指着实验桌上的小瓶问:"这就是你们合成的离子交换树脂吗?准备不准备生产?"我回答说:"准备生产。"总理又问规模多大,原料有没有问题,价格贵不贵,我逐一回答。当听我说到准备年产两三百吨时,总理高兴地说:"科研与生产结合起来很好,这样可以理论联系实际。但刚开始生产,规模不宜太大,产量应逐步增加。"接着总理又问我:"目前国内有没有这种产品,要不要进口?"我说:"目前国内尚没有生产,美国把它定为战备物资,不准出口,所以我们不易买到。"总理立即问我过去在什么学校上学？我说在昆明西南联大（日本侵占华北后，北大、清华、南开都迁到昆明，三校联合办的大学。这情况总理是知道的）。毕业后，到美国念了几年研究生，又在那里工作了几年，1956年回国。总理一听到我是1956年回国的，便沉默了一会儿，若有所思。当时我想：听说总理有非凡的记忆力，他可能回忆起当年我们一批留美知识分子要求回国时给他的信。那是1953年，我们得悉我国将与美国在日内瓦谈判，便组织了二十多人写了一封控诉美帝国主义阻挠我们回到祖国的信，通过一个国家驻美大使馆转交给周总理，请总理在日内瓦会议上向美帝国主义提出抗议。当时美国不承认有阻挠留学生回中国之事，总理便把我们的信拿出来，美方才哑口无言。终于在1955年通知我们，让我们回到起了翻天覆地变化的祖国。对周总理如此关怀和维护旅居国外的同胞，我感到万分激动和感谢。这时我本想当面谢他，但又觉得太冒昧而没有提出。周总理看完这个实验室，又到另一个实验室。我汇报了这个室的科研项目及其用途，又补充说："这项工作主要目的是防备原子战争人体中毒的。"总理听了很感兴趣，便问："这项研究国外有没有？"我说没有，文献上没有报道。总理马上说，文献上没有，不见得就没有，有些科研项目国外是不报道的。当时我校聘请的一位苏联专家在场，总理转身问他：苏联有没有？这位专家摇摇头说不知道。总理非常认真地指示我们说："我们要谦虚谨慎。科研要与生产结合起来。"当时教研室的一位同志告诉总理我们正建校办工厂时，总理高兴地问："在哪里？"那位同志随口道："在西伯利亚。"总理惊疑地问："什么？在西伯利亚？"那位同志连忙笑着解释，是我们学校西部一块地方名称的外号。总理爽朗地笑着说："把我吓了一跳，怎么跑到那里去了。"指着苏联专家说："你问问人家，同意你们在人家国土上建立你们的工厂吗？"大家都笑了起来。最后，我们又到另一个实验室看塑料实验品，总理看到桌上的粉状产物，便说："还应加工变成实物，这才有意义。"并再次强调科研应该为生产服务。这些年每当我回忆起周总理在我们实验室视察的情景，他那和蔼可亲、平易近人的作风，严肃认真、实事求是的态度和满腔热情的鼓励，他那伟大的形象总是清楚地出现在我面前，他给我和实验室的同志们以极大鼓舞！

周总理视察了高分子专业实验室后，我送他老人家走出教学楼，在门外碰到几个工人装束的女同学，总理便站住问："你们是工人还是学生？"答："是化学系学生。"总理又亲切地问："你们一天上几堂课？一星期有多少学时？学不学政治课？累不累？"总理又指着陪他的吴大任同志笑着说："你们教务长在这里，不要紧，说吧！"同学们说："一天上七八节课，上午五节，下午二三节，一星期有四十多学时。"周总理向教务长说："上午五堂课太多了吧？我以前上学时只有四堂课。"说着转向陪他的图书馆馆长、总理的老同学冯文潜教授问："对不对？"冯先生答："对。"总理继续说："这样同学怎么受得了！"又对同学们说："你们有意见可以向教务长提出嘛！"周总理多么关心青年的成长啊！

（原载《周恩来与天津》）

难忘的幸福

赵志宽

8月25日。夜。北京。

剧场里灯光暗了,合唱声起,越剧《小忽雷》就要第一次和观众见面了。

钱玉麟同志和乌爱圣、阎世翔、郭锦铃几位同学坐在第三排,这比那些向隅的观众幸运得多了,但更幸运的事是在半分钟以后发生的。本来空着的第四排忽然来了一些人,走在前头的一个人穿着短绸衫,魁梧的身材,和蔼的面孔多么熟悉啊!"呵,周总理来了!"钱玉麟简直不相信自己的眼睛。"在哪儿?"郭锦铃忙着四处寻找。大家都看见了,周总理,还有邓颖超等同志过来了,并且就在他们身后坐了下来。事情太突然了,飞来的幸福使他们有些不知所措,尽管幕已拉开,他们按不住内心的激动,顾不得看戏,只是不断回头迅速看上几眼,然后互相传递着自己的兴奋,"总理多健康!""比去年胖多了!"

在这一刻,他们每个人心里的思潮就犹如开水锅一样沸滚着,他们想起去年周总理来校时的情景,总理亲切的教导至今还句句记在心上,他们多么想把南开园一年来的飞跃告诉总理啊!告诉总理,我们有过五十个"双革""四化"战斗的日夜,那是我们在知识分子劳动化道路上的跃进!告诉总理,我们曾掀起过教改的巨浪,席卷了一切陈旧重复,建立了新的教育体系;告诉总理,12层中心大楼就要落成了,我们要用自己双手把南开园建设得更美;还告诉总理,全校同学在这一年中身体好,学习好,工作好!每个人都在怀念着您老人家,盼望您再来……多少话要说啊,可不知从何说起,他们商量了一下,决定要代表全校同学问候总理,但是幕间时间那么短暂,没有机会说,只有回头多看上几眼。他们听见周总理一面看戏,一面笑着,把剧情告诉邓大姐,还不断地把对剧本的意见告诉他旁边的越剧团长。

大概是由于他们老回头吧,总理注意到了他们。越剧团长告诉总理他们是南开大学的。总理一听是南开大学同学,马上用手拍了拍阎世翔的手臂说:"你是什么地方人?"阎世翔又惊又喜,想不到总理先朝自己说话了:"我是北京人。""你听得懂吗?"周总理笑着问。她老实地回答:"只听懂一点。"她还想说些什么,可又怕妨碍总理看戏,只好作罢。这时钱玉麟他们几个又高兴又着急,高兴的是和总理说了话,着急的是还没有把全校同学的问候告诉总理。

休息了,可是总理去休息室了。观众发现总理,使劲地鼓掌,他们也鼓掌,连要说的话也忘了。下半场的戏越来越精彩、紧凑,他们恨幕间时间太短,老是关着灯合唱,不给个说话的机会,他们也怪后面的那个越剧团工,因为他老和总理说话,他们简直没有插嘴的机会,急得如热锅上的蚂蚁,这样一直到戏演完,也没有和总理说上半句话。

谢幕时,他们半侧着身子,一会向演员鼓掌,一会向总理鼓掌,真是顾这顾不了那。第三次谢幕了,眼看总理就要走了,这时乌爱圣不知哪来一股勇气,不管三七二十一,冲着总理就说:"周总理,您什么时候再到我们学校来啊?"总理笑了,和他握着手说:"什么时候呢?……"钱玉麟赶紧把早已准备好的那句话端了出来:"周总理,南开大学全体同学向您问好!"周总理笑容满面地说:"好!问全校同学好!"说完和他们一一握手,这时上上下下的观众,还有全体演员一起热烈地鼓掌,都用羡慕的眼光看着这四个幸福的年轻人。

刚出剧院,同来的曹尔妍赶了上来,她由于坐在后面,没有和周总理握手,她虽又悔又惋惜,可仍然掩饰不住内心的高兴、幸福,因为她同样看到了周总理。她说:"我没有和总理握手,可是总理两次从我面前走过,他向我点了点头,我高兴死了!"是呀!谁不高兴,谁不幸福呢?钱玉麟同志兴奋地说:"在我们国家里,领导对人民多么亲切,多么关怀,今天晚上真幸福,不仅看到了亲爱的周总理,而且把全校同学的问候带给了总理。"阎世翔说:"我和总理说话的时候,一点也不拘束,就像跟自己的父亲说话一样,总理是多么亲切、多么平易近人哪!""可不是吗!"曹尔妍接着说:"当时有个老太太问我:'你看见周总理了吗?多好啊!和我们一块看戏。'说着她眼里直闪泪花。是的,这样的领袖,这样的人民,哪个看了不感动呢?"郭锦铃非常激动地说:"看总理多么健康,几个月以前在天津看到我们最敬爱的领袖毛主席,也是这么健康,这是我们大家的幸福。想想毛主席、周总理对我们的关怀,想想党对我的教导,只有好好地学习,好好劳动,做个工人阶级知识分子,才不辜负党和领袖对我们的关切。""好!"钱玉麟同志兴奋地挥着手说:"回校一定把总理的问候带给全校同学。"

几个人一边走一边说,越说越高兴,越说越快活,坐汽车的时候,连下车都忘了。回到家,阎世翔把家里所有的人都喊醒,把这次幸福的会见说了一遍又一遍,郭锦铃等同学,则久久伏在案上写日记。在他们生命当中,又多了一个值得纪念的夜晚。

幸福啊,年轻人!幸福的又何止他们几人,当新年开始之际,当我们在党的教育方针指导下在红专道上跨上新的旅程的时候得到周总理的祝福,难道这不是最大的幸福吗?

(原载《人民南开》1960 年 9 月 9 日)

周总理"我是爱南开的"一语是怎样被发现的

赵耀民

南开大学是我的母校。1964年我大学毕业被分配在校团委工作，1977年"文化大革命"结束以后又被任命为校团委书记。1979年南开大学筹备建校60周年的庆典活动，我有幸成为校庆庆典筹备小组成员。当时校领导分配给我的具体任务是：一、在校图书馆筹建总理纪念室；二、在校园马蹄湖畔建立一座周总理纪念碑，让我查找出周总理青年时期的名言警句，同时还要以杨石先校长的名义写出碑记。我领命后组织了由校图书馆林秉贤老师、校党史教研室胡霭立老师等人参加的工作小组，随即积极紧张地开展起工作。

在筹建期间，我们走访有关人士寻求线索，到校党委机要室和图书馆查找资料，又跑到天津历史博物馆、中国革命博物馆查阅档案。功夫不负有心人，几个月时间就发现和挖掘出许多有珍贵价值的文物资料。如：周总理在南开大学的学习成绩单、在南开中学穿长衫的半身照、觉悟社成员全身合影照（现在社会流传的照片只取其半身）、周总理留学日本时期寄给老同学的亲笔信、有关记载周总理当年活动的南开学校校刊等。更为难得的是我们从中国革命博物馆发现了1920年周总理等20多名爱国人士被捕入狱后，由周总理亲笔写的《警厅拘留记》原稿和从校图书馆发现的由周总理在关押期间亲笔所写，由孟震侯、马千里作序，出版于1926年的《检厅日录》一书。这两个重要文献翔实地记载了被捕的爱国人士在监押期间每天的活动情况。如记载了他们在狱中庆祝"五一"国际劳动节、纪念"五四"爱国运动等，同时有几处还记载了周总理亲自向狱友们主讲马克思剩余价值学说和唯物史观等活动。

在我们筹办周总理纪念室期间，现已故去的原南开大学图书馆馆长、周总理老同学冯文潜先生的夫人黄扶先先生对我们说：在她家中保存有周总理早年留日时期寄给冯文潜的信件,需要翻找。于是我们就组织图书馆的工作人员到她府上,从众多的保留信件中查找,终于发现了周总理留日时期亲笔信。同时还发现了1919年5月21日留日南开同学会写给留美南开同学会(冯馆长时任留美南开同学会负责人)的一封长折子信。这封信中主要摘录了周总理1919年3月从日本返津后写给留日南开同学会介绍张伯苓校长当时筹建南开学校大学部的情况。"五四运动"以后当时被爱国学生声讨的曹汝霖潜居于天津租界地内,他为笼络人心想资助张校长办学,并企图混进校董会。这件事遭到了南开学校爱国学生们的强烈抵制。留日南开同学会抄录周总理信中原文共计三段,其中一段为:"你们诸位离天津远,还不知内情。我是现在天天到南开去的,我是爱南开的,可是我看现在的南开趋向,是非要自绝于社会不可了。人要为社会所不容,而做的是为社会开路的事情,那还可以;若是翻过脸来,去接近十七八世纪,甚而十三四世纪的思想,这个人已一无可取,何况南开是个团体。团体要做的事情,是为'新',倘要接近卖国贼,看重他抢政府里的钱、人民的钱,实是羞耻极了,那能谈到为社会的事实。"发现"我是爱南开的"一语使大家十分兴奋,于是密而未宣,收藏起来。不久校领导召开校庆筹备组会议听取工作进程汇报。等到该我汇报时,首先汇报了纪念室展出资料的收集情况,然后汇报纪念碑碑文集句情况。当时我共准备了17条,而把"我是爱南开的"列为第一条。当我念出此句时全场欣然,纷纷问我此条的出处,我做了一番详述。主持会议的校党委副书记崔希默同志(已故)当即断然说,我看后面几条甭念了,就定这一条,于是大家高兴地一致通过。接着崔书记问我能不能找到周总理当年的笔迹。我说不能够,但是能够找出1920年的笔迹,因为我们手中有一份从中国革命博物馆影印的周总理所写的《警厅拘留记》影印墨迹稿。查找"我是爱南开的"六个字的墨迹,每个字选出五六个,然后拍照放大进行组合比较,选出其中我觉得满意的,于是就成了现在流行的"我是爱南开的"正式碑文。至于碑的后面以杨石先校长名义写的碑记,先由我写出初稿,经时任南开大学校长办公室主任的王文俊同志(后任副校长)认真修改,最后他又请我们的老师、著名语言学家邢公畹教授进行润色,然后定稿。

"我是爱南开的",这是全体南开人的心声。南开母校抚育了我,至今对她都怀有说不完道不尽的深情厚谊。衷心祝愿我的母校蓬勃发展。

(原载《南开校友通讯》2007年上册)

春风桃李七十载　浓墨重彩庆华诞

——南开大学隆重举行庆祝建校七十周年暨周恩来塑像揭幕仪式

陈健强

1989年10月17日,南开大学迎来了她的七十华诞。这一天,晴空万里,风和日丽,南开园到处都洋溢着欢乐的节日气氛。主楼前的广场上,彩旗猎猎,绿草茵茵。鲜艳的红色气球悬挂着"庆祝南开大学建校七十周年"和"坚持社会主义办学方向"两面巨大的标语,与新落成的由鲜花簇拥的南校门相呼应,更呈现出一派生机勃勃、欣欣向荣的景象。

上午十时,在校军乐队演奏的雄壮的国歌和校歌声中,我校庆祝建校七十周年暨周恩来塑像揭幕仪式正式举行。天津市委书记谭绍文和国家教委负责人黄辛白共同为周恩来塑像揭幕。随着覆盖塑像的红绸徐徐落下,周恩来的伟岸身姿展现在人们面前,数百只白鸽展翅飞向蓝天,人群中顿时爆发出经久不息的掌声和欢呼声。周恩来塑像面含着慈祥的微笑,极目远方,显现了一代伟人的气魄与睿智。塑像身高4.75米,为汉白玉石雕。黑色大理石基座高1米,紫色花岗岩平台底座高1.2米。在黑色的基座上,镌刻着周恩来手书的"我是爱南开的"六个金光闪闪的大字。塑像是由著名雕塑家傅天仇、郭嘉端雕刻而成的。塑像碑文由著名书画家、我校东方艺术系主任范曾教授书丹。

校党委书记温希凡和校长母国光代表我校全体师生员工向周恩来塑像敬献了花篮。日本友人松田基先生,日籍爱国实业家王克昌先生,中国香港南开校友会和天津喜来登饭店的代表也都敬献了花篮。

母国光校长讲话。他的话深沉而朴实,使在场的每一位南开人都随之重温了南开大学七十年来所走过的不平凡道路而感慨万千。

南开大学自1919年建立,前三十年,伴随着民族解放而前进,后四十年和我们伟大的社会主义祖国同呼吸、共命运。南开大学为中华民族的独立和振兴,为国家的前进与繁荣做出了应有的贡献。同时,自身也得到了革新和发展。尤其是经过1979年以来十年飞速发展,南开大学已从原来文理学院式的综合性大学转变成为一所包含社会科学、自然科学、技术科学、经济学、管理学、法学及艺术等多种学科的新型综合大学,使南开得以在更广阔的领域和更高水平上为我国的社会主义建设奉献更多的人才和成果。抚今思昔,每一位南开人都发自内心地赞叹不已,同时也深切怀念南开大学的奠基人和开拓者,向为南开大学的进步和发展做出过贡献的先贤们表示由衷的敬意。

南开大学的七十年,培育了桃李千万。最使南开人自豪的,是他们拥有一个伟大的校友——周恩来。敬塑周恩来塑像,是全体南开人的心愿。母国光校长在讲话中代表南开人表明了心志:永远怀念周恩来的丰功伟绩和他对南开大学的亲切关怀,永远以周恩来同志为学习榜样,以周恩来精神鼓舞南开师生前进。

国家教委负责人黄辛白宣读了国家教委的贺信。钱其琛副市长代表天津市委、市人大常委会、市政府、市政协向我校七十周年校庆表示祝贺,希望我校师生学习周恩来同志对共产主义的坚定信仰和艰苦朴素的优良作风,在党的领导下,坚持社会主义办学方向,真正把南开办成培养社会主义建设人才的基地。

日本友人、现任日本范曾美术馆馆长松田基先生是捧着中国人民最信赖的老朋友冈崎嘉平太先生的遗像专程从日本赶来参加这一庆典的。他告诉大家,冈崎先生是在临终前一天收到我校的正式邀请函的。他当时曾表示:"为了南开和周总理,我要排除万难,前往参加。"松田基先生在致辞中,手捧冈崎嘉平太先生的遗像,表达其遗愿,并"替冈崎先生向大家表示祝贺、敬意和感谢"。

参加仪式的天津市领导同志还有吴振、王成怀、李原、杨坚白、石坚、毛昌五、肖元、何国模、黄钰生、伉铁隽、陈茹玉、杨辉等。全国人大常委张再旺,全国政协常委吴廷璆、周与良,南开创办人严范孙先生和张伯苓先生的亲属,美国科学院院士、南开数学所所长陈省身教授及夫人郑士宁女士,日本范曾美术馆副馆长冈本诚一先生,日本冈山市日中友好协会事务局长松井三平先生,日籍华人、爱国实业家王克昌先生及夫人王得子女士,美国圣克劳德大学代表费希尔先生,在我校讲学的各国专家学者,国家教委、国家体改委、全国部分高等院校代表,民主党派负责人及各地校友5000余人出席了这一盛典。

仪式结束后,市领导人和来宾瞻仰了周恩来塑像。

(原载《南开校友通讯》1990年第一期)

附:周恩来塑像题记

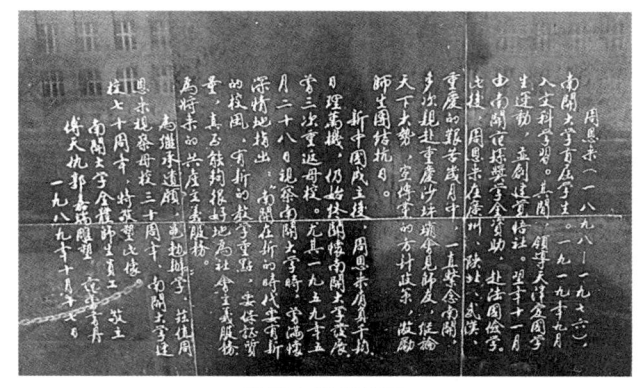

周恩来塑像题记

周恩来(一八九八——一九七六),南开大学首届学生。一九一九年九月入文科学习。其间,领导天津爱国学生运动,并创建觉悟社。翌年十一月,由南开范孙奖学金资助,赴法国留学。此后,周恩来在广州、陕北、武汉、重庆的艰苦岁月中,一直系念南开,多次亲赴重庆沙坪坝会见师友,纵论天下大势,宣传党的方针政策,激励师生团结抗日。

新中国成立后,周恩来肩负千钧,日理万机,仍始终关怀南开大学发展,曾三次重返母校。尤其一九五九年五月二十八日视察南开大学时,曾满怀深情地指出:"南开在新的时代要有新的校风,有新的教学重点,要保证质量,真正能够很好地为社会主义服务,为将来的共产主义服务。"

为继承遗愿,黾勉办学,兹值周恩来视察母校三十周年、南开大学建校七十周年,特敬塑此像。

南开大学全体师生员工敬立
一九八九年十月十七日
雕塑:傅天仇、郭嘉端

在建校 70 周年
暨周恩来塑像揭幕仪式上的讲话

母国光

各位领导、各位来宾、各位校友、全校师生员工同志们：

今天,我们大家很高兴地在这里集会,庆祝南开大学建校 70 周年和周恩来同志视察南开大学 30 周年,并举行周恩来塑像揭幕仪式。首先,我代表南开大学向到会的各位领导、各位来宾、各位校友表示热烈的欢迎,并对大家多年来给予南开大学的关心和支持表示衷心的感谢!

当我们庆祝南开大学建校 70 周年的时候,我们深切怀念南开大学的奠基人和开拓者,衷心感谢为南开大学的进步和发展做出过贡献的所有同志。

南开大学校长母国光讲话

南开大学自1919年建立至今已经走过了整整70年的历程。这70年,是中国历史跨越新旧两种社会制度的70年。南开大学同样经历了两个不同的历史时期。前30年,南开大学伴随民族解放而前进;后40年,和我们社会主义祖国同呼吸、共命运。南开大学为中华民族的独立与振兴,为国家的进步与繁荣,做出了应有的贡献。同时,自身也得到了革新和发展。回顾南开大学的历史,走过的是一条艰难、曲折的道路。既有巨大的进步,也有过严重的挫折。1937年,校园惨遭炸毁,南开大学被迫南迁,与北大、清华共同组成西南联合大学。1966年至1976年的十年动乱中,南开大学又遭受了一场空前的劫难。直到粉碎了"四人帮",特别是党的十一届三中全会以后,南开大学才重新走上了正确发展的道路。

今天,我们可以很高兴地向各位领导、各位来宾和各位校友报告:自1979年以来的10年,是南开大学历史上发展最快、取得成就最大的10年。10年中,在党和政府的正确领导下,在全校师生生员工的共同努力下,南开大学无论是在改革、开放方面,还是在培养人才、取得科学成果方面,或者是办学条件、师生生活改善方面,都取得了前所未有的巨大进展。目前全校设有22个系、14个研究所、54个专业,其中23个学科点可授予博士学位,67个学科点可授予硕士学位。同时,设有研究生院、经济学院和成人教育学院。南开大学现有教师和科研人员1900多人,其中教授、副教授700多人。有各类在学学生12000余人,其中本科生6500余人,硕士研究生1372人,博士研究生161人,外国留学生90人。10年间,共向国家输送各类毕业生18000余人。南开大学近年来科研成就显著。1979年至今,经鉴定的自然科学技术成果达294项,其中113项获国家及国家有关部委的奖励,59项获天津市科技成果奖;在哲学社会科学方面,10年间共出版专著、教材、资料等778种,发表和宣读论文40000余篇。南开大学实行开放式办学方针,除与国内一些大学建立了交流合作关系外,目前已与世界上12个国家和地区的49所大学建立了校际关系。陈省身博士、杨振宁博士、李政道博士、李远哲博士、丁肇中博士等世界著名科学家,都是南开大学的名誉教授。经过这10年来的建设和改革,南开大学已从原来文理学院式的综合性大学转变成为一所包括社会科学、自然科学、技术科学、经济学、管理学、法学及艺术等多种学科的新型综合大学。这一转变,使南开教育增强了开放性、先进性和系统性,增强了同经济建设、社会发展和科学技术进步相适应的能力,有利于提高学校的教育质量和科学研究水平,使南开大学得以在更广阔的领域和更高的水平上,为我国的社会主义建设出人才和出成果。

南开大学具有光荣的革命传统。南开师生从建校之始就孕育着一种强烈的爱国主义精神。这种精神,既表现在对科学真理的执着追求方面,还表现在反对帝国主义侵略、反对封建专制统治的英勇奋斗之中,并且由此形成了南开教育的一个重要特征,即科学人才和革命志士的同时涌现。几十年来,南开师生中,不少人成为知名的科学家、教育家、实业家、艺术家和其他方面的专家,也有一批南开学生接受马列主义,走上革命的道路,成为政治家、社会活动家,不少人担任了各级党政部门的领导工作。我们敬爱的周恩来总理,就是其中最杰出的代表。

周恩来同志 1913 年入南开中学,1919 年入南开大学,是我校第一届文科学生。他虽然在校时间不长,但是一直对母校怀有深厚的感情。中华人民共和国成立不久,周恩来同志两次来到学校。1959 年 5 月 28 日又和邓颖超同志专程视察南开大学。在整整一天的时间里,周恩来同志走遍校园的每一个地方,与师生亲切交谈,调查了解学校教育情况。30 年过去了,周恩来同志那质朴而伟大的形象,至今仍然深深留在广大师生的心上。

今天,我们在这里敬塑周恩来同志石像,就是要表明南开大学师生员工的心志:永远纪念周恩来的丰功伟绩和他对南开大学的亲切关怀;我们要永远以周恩来同志为学习榜样,以周恩来精神鼓舞南开师生前进!

我们要永远学习周恩来同志对共产主义的坚定信仰。周恩来同志在南开大学期间,就孜孜追求马克思主义真理。不久赴欧洲勤工俭学,很快成为共产主义和无产阶级革命的坚定信仰者。南开为有周恩来这样的校友感到光荣和骄傲。我们要学习周恩来同志对无产阶级革命事业的坚定性。特别是广大青年学生,要像周恩来同志那样,从青年时代起就应树立远大的共产主义理想,努力在复杂的政治环境中,提高拥护社会主义制度的坚定性和自觉性,真正成为人民需要的有理想、有道德、有文化、有纪律的社会主义新人。

1959 年周恩来同志视察南开大学时满怀深情地指出:"南开在新的时代要有新的校风,有新的教学重点,要保证质量,真正能够很好地为社会主义服务,为将来的共产主义服务。"周恩来同志的指示,为南开大学的发展指明了正确的方向。我们要不断领会这一指示精神,全面贯彻党的教育方针,坚持社会主义方向,坚持改革开放,通过卓有成效的改革书写南开大学历史上的新篇章。

要学习周恩来同志艰苦朴素、廉洁奉公的优良作风。周恩来同志是艰苦朴素、廉洁奉公的光辉典范。他在母校视察时,同大家一起吃窝头、咸菜。他反复告诫广大师生,要正确对待当时国家面临的困难,要艰苦奋斗,勤俭办一切事业。我们南开大学一定要永远牢记周恩来同志的教导。在改革开放的新时期,继续发扬艰苦奋斗、自力更生、勤俭节约的精神。广大师生要自觉抵制各种腐朽思想的影响。党员、干部要牢记全心全意为人民服务的宗旨,坚决反对任何腐败行为和特权思想,始终保持同广大群众的密切联系,切实转变党的作风和干部作风。

校友们、同志们、同学们,当欢庆南开大学建校70周年的时候,我们深深感到:南开大学过去的发展,只是刚刚迈出第一步。"大鹏出海犹未湿,骏马辞天气正豪。"展望未来,豪情满怀。让我们紧密地团结在党中央周围,坚持正确的政治方向,振奋精神,锐意进取,同心同德,艰苦奋斗,去创造南开更加美好的明天,为我国社会主义现代化建设做出更大的贡献!

(原载《南开校友通讯》1990年第一期)

周恩来塑像卓然而立南开园

王文俊

　　回望 1989 年 10 月 17 日,这一天像是为迎接南开大学建校 70 周年、周恩来视察母校 30 周年而来。昨夜还是阴霾天气,清晨已是朗朗晴空了。
　　在南开大学主教学楼前广场,新辟的圆形绿地秀色初萌,各色的旗帜、布标、气球林林总总。广场四周 6000 名师生、校友,翘首凝神地注视着伫立在紫色花岗岩平台上被红绸遮盖的巨大造像。10 时 30 分,当时任校党委书记温希凡宣布"为周恩来塑像揭幕"后,红绸在时任天津市委书记谭绍文、国家教委负责人黄辛白的手中冉冉垂落,冰雕玉凿般的周恩来塑像卓然而立在人们的面前。瞬间,信鸽呼哨腾空,气球遥遥飘飞,军乐奏鸣,师生欢呼,广场顿成一片激情欢乐的海洋。
　　周恩来塑像神态静穆、真淳,面含慈祥的微笑,极目远方。塑像高 4.75 米,为汉白玉石雕。紫色花岗岩平台高 1.2 米,置于平台之上的黑色大理石基座高 1 米,其正面镌刻周恩来手书"我是爱南开的",背面碑记记述了周恩来与南开深刻的历史渊源,由范曾书丹。紫色花岗岩平台四面均为 7 级台阶,寓意塑像敬立于南开大学建校 70 周年之际。塑像由日本友人冈崎嘉平太及南开校友捐资塑造。
　　周恩来 1913 年进入南开中学,1919 年成为南开大学首期文科学生。其间,他在这里领导了天津反帝爱国运动。抗日战争期间,他把重庆沙坪坝南开中学作为开展统一战线的阵地。中华人民共和国成立后,他担任国家总理日理万机,仍关心南开在新时代的发展,曾于 1951 年、1957 年和 1959 年先后三次视察南开大学。特别是 1959 年 5 月 28 日,他偕同邓颖超在几乎一整天的时间里,走遍南开校园。他深入教室、实验室、研究所、图书馆与师生亲切交谈,仔细询问教学和学生体质情况,了解离子交换树脂合成研究和人民公社调查情况;在教室和学生一起诵读英文;在职工食堂以窝头、咸菜和大家共进午餐;在广场向师生发表演讲,勉励南开"在新的时代要有新的校风,有新的教学重点,要保证质量,真正能够很好地为社会主义服务"。

周恩来是一位伟大的无产阶级革命家、政治家,20世纪世界公认的最杰出领导人之一。使南开人感到自豪、骄傲与鼓舞的是,在不同历史时期,周恩来的足迹深深印刻在南开校园中。他对南开的关怀和他的深邃思想、超人才智、高尚品德、不懈精神、无穷魅力和光辉业绩犹如活生生的历史,留给了后来的南开人,默化入南开的优良传统和校风中。为了学习和继承这位南开杰出校友的伟大思想和崇高风范,南开师生把对他的全部思念和敬仰,铸就在这尊洁白无瑕的塑像上。

1988年,我受命负责筹备70周年校庆活动。根据广大师生的强烈要求,当时的学校领导人不负众望决定把在校园中建造周恩来塑像,借此突出宣传、学习周恩来精神,作为当年校庆的主题活动。承担起为这样一位非凡的历史人物筹划建造塑像的任务,的确令人激动、兴奋;同时,在一种巨大的压力下又感到惴惴不安。周恩来虽然化鹤而去十几年,但他永远活在南开人及亿万人民的心中。如何将深深烙印在每个人心中的周恩来形象再现为一尊塑像,面临这种考验,确确实实让我们有些"临事而惧"了。成败的关键在于必须精心物色一位对周恩来既怀有深厚感情,又有深厚艺术造诣的雕塑家。几经权衡斟酌,大家最终认定了曾参加天安门广场人民英雄纪念碑设计和制作,并完成过系列名人塑像的著名雕塑家傅天仇。

那年秋末,我和刘恒昌、梁吉生两位同志事先未经介绍和联系,贸然前去中央美术学院造访。当时傅先生正在一间宽敞、杂乱的创作室为广东省珠海市的城雕紧张忙碌着。他身着已褪色的蓝布工作装,双手沾满泥土,飘然皓首,神似一位老圃。我们站在他的雕塑台旁,诚恳地说明来意。他很专注地听着我们述说,起初面露难色,略为沉思后说:"周恩来是位高德伟人,令人景仰。我曾几次创作过他的塑像。"接着他告诉我们,1949年他作为民主人士从香港乘船到的天津,曾在棉纺二厂从事群众艺术工作。不久,到了北京。他面带笑意地说:"和周总理一样,对天津,我也是深有感情的。"就这么轻松,他愉快地答应了我们的请求。而后,我们得知,为此他将构思已久的位于河北省秦皇岛市的"中国神圣的医药之山"长寿山环境艺术雕塑项目暂时搁置了。这很让我们感动。

不久，我们邀请傅先生来校，与其同行的是他的合作者郭嘉端教授。为了增加他们对人物的感性认识和理解，我们讲述了周恩来与南开的故事，向他们提供了1959年周总理视察母校的大量珍贵历史照片。这些照片令两位雕塑家欣喜不已，连连说资料很丰富，形象很生动；尤其对其中没有抢准拍摄角度，出现周总理侧背影的照片更加珍惜，认为这对立体造型的雕塑创作是难能可贵的，因为雕塑作品是要从不同角度来欣赏的。之后，我们商定了周恩来塑像的形象塑造，即以他1959年视察母校的特定情景来构思：纪念人物的身份既是党和国家领导人，又是回到母校南开的校友；形象既要庄重、大气，又要亲切、自然。塑像的选址确定为中心教学楼前"广场"。当时，这里还遗存着"文化大革命"动乱和地震灾害的境况，到处堆积着碎石瓦砾、萋草丛生，实际是一片荒弃的旷地。两位临近七旬的雕塑家，在碎石坎子上吃力地行来走去，丈量、目测、拍照，反复斟酌着塑像与环境的空间关系。考虑到背景建筑楼层很高，塑像的平行选位为"广场"中轴线北侧约五分之二处，空间高度约7米。塑像三面被建筑合围，成为控制环境的主体。为表现人物的圣洁与崇高，塑像载体选择汉白玉材质，力求使作品达到思想、艺术与材料的完美统一。

大约在转年春天，傅先生开始了创作前的构思。由于作品属纪念性雕塑，决定采用较稳重的具象写实手法。人物基本造型为全身立像，面朝南稍偏东，以增强形体受光效果，特别是面部的明暗表现力。他设计人物身体重心放在右腿，右臂在腰间微曲，使人物形态放松；双脚与后面巨石相连，以增强稳定性；服饰为中山装，以反映当时的时代、场合和人物身份。据此，他制作了形体造型小稿，约30厘米高，学校党政领导并邀约范曾先生专程赴京审看。当大家聚拢在这个微型的石膏像前，许久无人表态，场面有些尴尬。这时，少言寡语的傅先生才意识到需要做些解释。他说："小稿只是个形体造型而已，未做具体部位刻画，不是最终的雕塑作品。"众人释然，随后围绕着这个造型，特别是后续创作发表了许多意见。傅先生谦虚表示："谢谢大家所提的意见。我把这次创作视为一个历史使命，会竭尽全力去做，请放心。"

创作从头像泥塑开始。两位老雕塑家在硕大的雕塑台前，久久凝视着周恩来头像照片，然后凭借着对人物熟稔的视觉记忆，时而转动转盘，从远处观察不同角度的轮廓线；时而登上台子，用雕塑刀减除材料，或用拍板敲击造型。尤其在对眼睛与眉毛、头发与额头、嘴角平展度的处理上精心拿捏，反复修改，以使人物的神态更逼真、生动。炎热的天气里，工作间空气凝滞，两位雕塑家汗流浃背,几乎不间歇地默默工作。和绘画不同,雕塑竟如此艰辛!

暑假期间,泥塑全身立像已经伫立在租用的一所中学的校园里了。立像被编织布搭起的棚子遮挡着,一位青年助手站在高架上不时往上面喷水保湿。我们远看近瞧,第一感觉是外形特征已经很好,但仍有一丝不足,即我们所熟知的人物的潇洒风度表现得不够充分。这种视觉印象,虽然与我们观察的距离过近有关,但傅先生还是从头、颈、胸的大形把握,以及服饰垂线等细节的刻画上找原因。傅先生虚怀若谷,对艺术精益求精。为了修改好这件作品,他反复揣摩,勤恳用力,直到满意为止。到了7月底,他告知正准备将泥塑像翻制石膏像,以及按三截翻制的分块界限(分截翻制是由于塑像的巨大体量决定的)。他还告知,待石膏像翻制后,再经细部整理,而后送到河北省曲阳县请石刻工匠将作品打制加工成石像,9月底运抵南开。

当最终的雕塑作品按预定时间运抵学校后,我们急不可待地赶到现场,第一时间看到了形态逼真的周恩来石像,不觉眼前一亮,许久压在心里的一块石头落了地。此际,塑像平台、基座、广场环形路等校内配套工程已基本告竣,具备了将塑像稳定于基座上的安装条件。只是环形路内6000平方米的绿化工作一时令人犯难,因受生长期限制植草已来不及,当时又无草皮卷供应,无奈之际,人们急中生智,想出了以麦带草的快速绿化法。大约秋分时节播下麦种,不消一个节气,绿油油的麦苗齐刷刷钻出了地面。数学家陈省身先生闻知此招后调侃地说:"中国人真聪明。"

10月17日上午,秋高气爽,风和日丽。庆祝南开大学建校70周年暨周恩来塑像揭幕仪式,经过精心筹备,在人们热切的期待中隆重举行。母国光校长在致辞中,深切缅怀周恩来的丰功伟绩及其与南开的历史关系;回顾他对南开师生的谆谆教导和对母校的殷切期望;强调纪念周恩来,就要学习和继承他的革命精神,并把这种精神与南开的优良传统历史地联系起来,在承担迈向21世纪建设一流大学的使命中发扬光大。师生代表也都满怀激情地在发言中表达了对周恩来的崇敬、爱戴之情和继承其遗志的誓言,以及为有这样一位非凡的历史性人物作为校友而感到无比的自豪与鼓舞。

鉴于当时的形势,此次校庆活动没有专门邀请外宾和外地校友参加。除当时在校担任某些研究机构学术领导人的陈省身、杨叔进、桑恒康、段开龄等外籍人士外,唯一应邀的外宾只有中国人民最信赖的老朋友、日中经济协会常务顾问冈崎嘉平太先生。冈崎生前将周恩来作为人生之师,极为崇敬。他曾说:"假若现在世界上哪里还有像释迦、孔子那样的伟人活着……我一定会跑去聆听他的教诲,哪怕是一句话也好","我一直追求的那位至高无上的人""正是周恩来先生"。时年92岁高龄的冈崎先生接到邀请函,激动地说:"为了南开和周总理,我要排除万难,前往参加。"不幸的是,9月21日他即仙逝。所以在揭幕仪式上,是由日本范曾美术馆馆长松田基先生手捧冈崎遗像前来表达他的生前遗愿。这段一位国际友人对周恩来蕴玉含辉伟人风范的痴情追慕的往事,不免令人心动。

周恩来塑像揭幕仪式既隆重热烈又秩序井然。之后不到半年时间里,南开不仅举办了全校性集会,而且通过这项活动一扫当时校内生活的沉闷气氛,给整个校园带来了极大的振奋,一个以宣传、学习、继承周恩来革命精神为主要内容的社会主义精神文明教育活动接踵开展起来。这既表明南开师生对周恩来怀有深厚感情,同时证明当时南开的知识分子队伍是有觉悟的、可信赖的,是坚持走社会主义道路的。

近20年时间过去了,周恩来塑像仍如磁石般吸引着人们的视线。学校许多重大纪念活动在这里举办;一届届南开学子在这里寄托情怀,表达志向;众多国内外来访者在这里驻足瞻仰。周恩来塑像所蕴含的极大的思想内涵,充分发挥了校园文化的育人功能,对南开人产生着潜移默化的影响和熏陶作用,形成他们的精神动力;同时也是学校凝聚力、感召力和生命力的体现。

在结束这篇记述之前,我们不能不再次提及傅天仇先生。在他完成周恩来塑像巨作不到一年,即1990年8月12日便辞世了,享年70岁。我们曾怀着痛惜的心情赴京吊唁,表达南开师生对这位艺术家的特殊感情。斯人已殁,但作为他艺术创作的"绝笔",周恩来塑像将永远成为传承南开精神的象征。

(原载《南开校友通讯》2008年上册)

在纪念周恩来同志
诞辰95周年大会上的发言

吴大任

今天我们纪念周恩来同志诞辰95周年,对周恩来同志的丰功伟绩,他的崇高品德,我们都很了解了。今天我谈一谈他来视察南开大学那天的一些情况片断。

这是在周总理繁忙政治生活中平淡的一天,但是,是我们永远难忘的一天,现在我回忆起来还是很亲切的。那是1959年5月28日,周总理上午就到了南开大学,他先听取了学校负责人的汇报,我是教务长,也参加了汇报;然后向全校师生员工做了报告;报告以后,他就到天津大学去了。我们不知道他还要来。下午一点多钟,他又到南开大学来了,来了以后到职工食堂吃饭,然后到全校各处视察,和师生们谈话,这就是整天的经过。我想谈这么几点。

第一,周总理胸怀6亿多人民,那时我国有6亿多人口。他在旧图书馆东侧,师生员工都集中在那里的广场上。邓大姐也来了,她不肯坐在前面,只是坐在图书馆门洞里,很少有人知道邓大姐在那儿,这说明邓大姐谦虚朴素。周总理在报告中谈到了增产节约。他说,我们增产了,6亿多人口一除,人均就不多了;如果我们每人节约一点,6亿多人口一乘,那就是很大的数目。这"一乘一除"给我们的印象非常深刻。我们现在有

周恩来总理(右排三)听取
吴大任(左排二)汇报

11亿人口,对一乘一除的意义就显得更重大了。

第二,周总理不搞特殊化,反对铺张浪费。那天下午,他从天津大学回来后,问:附近有没有食堂?我们说有个职工食堂,他说看看你们食堂,他就到职工食堂去了。到了食堂,刚好还有蒸出来的窝窝头,他拿起窝窝头对随从人员讲:"你们谁吃窝窝头,我请客。"这时候,我们才知道他还没有吃饭。这是周总理常有的事,在我们看来是非常难得的。我们可以设想,如果周总理事先就告诉我们,他们中午来吃饭,学校就会大力准备,例如摆上两桌菜,约许多人作陪。周总理这种作风,是我们南开人最喜欢谈的一件事。

第三,我们可以看到周总理对学生的亲切关怀。他那天在学校到处走,碰到学生就多方询问学生的学习情况,谈政治学习,也谈体育锻炼;他让学生读英文给他听,学生念不利落,他就帮学生念;他到图书馆看到学生在看参考书,就对学生谈参考书,态度亲切。有个插曲,在路上碰到几个学生,他就问他们学习情况,学生告诉他:我们上午上五节课,下午课很少。当时我们学习苏联经验,学生学习负担很重,有的学校上午上六节课,目的是下午留出时间让学生自由活动。周总理听了学生的话就说:"六节课不是批判了吗?"我说:"六节课是批判了,我们是上五节课,目的是下午让学生自由支配,而且还可以进行体育锻炼。"周总理说:"五节课就不批判了吗?"周总理后来看到有不少学生在操场上锻炼,就对我说:"你说的也许还有道理。"我从这里看出,周总理对学生的全面发展是很关心的,同时也可以看到周总理对不同的意见是听进去了,而且是考察了。这个品质对领导来说是很不容易的。在这里,我要指出,五节课并不是解决学生负担过重的办法。

第四,从那次活动可以看出周总理对南开大学的关怀。上午在汇报的时候,我说今年招生办法是分两批录取,天津大学放在第一批,南开大学放在第二批。我谈到,这样对南开大学的招生质量有影响。周总理问这是怎么个问题,问问教育部。他的秘书当时就给教育部挂了电话,教育部说今年来不及了,明年再改吧。从这里可以看出一方面周总理对南开大学是关怀的,另一方面周总理的办事效率是很高的。当时周总理给南开大学做报告时,提到了南开大学最大规模定在3500人就差不多了。当时是1959年,大办快上的风气很盛,各学校定的最大规模都很高。周总理的话是有针对性的。此外,那时我们南开大学作为综合性大学,一般的学科都是基础性学科,没有像现在这样有许多应用性学科。所以,当时我们每年招生是800人,最大规模定在3500人是比较合理的。可是我们没有听周总理的话,当年就招了1200人,比原来多招了一半,1960年又招了1500人,比原来多招了一倍。这样招生质量大大降低,同时学校的人力、物力跟不上,又碰到三年困难时期,所以那几年的教育质量大大下降。到了1961年,我们又重新把招生人数压了下来,压缩到800多人。我说这句话的意思是说:当时周总理针对南开大学的实际说得很对。现在不同了,除了应用学科外,还有研究生、留学生、成人教育,3500人是显得太少了,但不能以今天的情况否定周总理的说法。

第五,周总理深入实际,深入群众,与群众打成一片的作风。他那天走遍了南开大学的各个地方,到什么地方,他就亲切地与工作人员和学生交谈。他的谈话是平易近人的,无拘无束的。这一点我认为是非常重要的,密切联系群众是我们党的三大作风之一,而三大作风在周总理身上得到了最完美的体现。

如果我们的干部和党员,都能以周总理为榜样,坚持三大作风,我们的事业就会不断取得胜利。

(据录音整理)

(原载《南开校友通讯》1993年)

南开学子誓承总理志
为中华之崛起而读书

平 扬

3月5日,南开大学师生以各种方式纪念杰出校友、敬爱的周恩来总理诞辰110周年。清早,在周总理的汉白玉雕像前,南开大学各院系的师生代表以及学生会、研究生会、社团成员近300人,双手持花,肃穆排列。他们把深切的缅怀化成真诚的誓言,把无限的爱戴融进灿烂的鲜花。

倡议:为中华民族的伟大复兴尽一份力

南开大学校学生会主席张儒宣读致全校学生的倡议书:"作为周总理母校南开大学的学生,我们更应该深刻学习胡锦涛总书记在纪念周恩来同志诞辰110周年座谈会上的讲话,缅怀周恩来总理的丰功伟绩和崇高风范,学习他伟大的革命精神和高尚品德。注重学习马克思列宁主义、毛泽东思想、邓小平理论和'三个代表'重要思想,树立正确的理想信念,培养高尚的道德情操。珍惜大好时光,勤奋学习,开拓创新,不断提高自身的素质和服务社会、服务人民的能力。从今天做起,从身边点滴的小事做起,共创和谐校园。在改革开放和社会主义现代化建设的历史新时期,让我们以杰出校友周恩来总理为榜样,始终将人民的利益放在首位,以如饥似渴的态度去学习,以求真务实的精神去实践,以只争朝夕的紧迫感去为中华民族的伟大复兴尽一份力!"

赠书：读总理的诗，也写诗献给他

在总理像前，各院系学生代表郑重捧过红绸带系着的《周恩来青年时代诗集》。该书收录了15首周恩来总理青年时代的诗作，刊载了大量诗作手稿和有关周恩来、邓颖超的珍贵照片。学校团委专程购书1000册赠予全校各班级、学生会、团支部、社团等学生组织，旨在教育学生学习并继承周恩来总理励志爱国、心怀天下的伟大精神。

周恩来政府管理学院2007级硕士生刘振手捧诗集，凝视着书中的一幅照片沉思良久。那是周恩来1917年在南开学校的毕业照。"到那方周恩来总理学习生活的土地上读书，是我少年时代就种在心里的理想。今天看到总理青年时代的诗集，我非常兴奋。敬爱的总理青年时代立志为中华崛起而发奋图强，他是我心中神圣的楷模。"刘振说，自己也爱写诗，他还特地写了一首献给总理的小诗："在中国历史上／曾经有不少这样的伟人／他们的名字／如同在头顶的璀璨繁星／静默无声／只在你抬头看天的时候／以柔和的光芒／给人以温暖和力量。"

《周恩来青年时代诗集》封面

签名：让总理见证我们的誓言

到场的师生代表和陆续自发集中到总理像前的师生，向着总理像深深鞠躬，还把手中的鲜花整齐地放在塑像前，红色的康乃馨、黄色的玫瑰、白色的百合，代表着每一个人的祝福，总理依旧慈祥地微笑着。

活动最后，在主持人的倡议下，每一位师生在印有"承总理志：为中华之崛起而读书"字样的白色条幅签下自己的名字。这条条幅将悬挂在校园内，让更多青年加入到"承总理志"的光荣行列,发扬南开精神,不忘伟人嘱托。

信息技术科学学院计算机专业2006级学生刘菁在条幅上签下自己的名字,并在总理像前郑重地鞠躬。她说,能够参加这样的活动,接受爱国主义教育,自己的收获很大,"周总理永远屹立在我们心中,他的高贵品质和伟大精神是我们的宝贵财富。在这里我签下自己的名字,就是为了让总理见证我们的誓言,我们都会为中华的崛起富强而读书!"

(原载《南开校友通讯》2008年上册)

在澳门《为中华之崛起——周恩来生平业绩展览》开幕式上的致辞

薛进文

尊敬的何厚铧先生,尊敬的各位主理嘉宾,女士们,朋友们:

在中秋佳节即将来临之际,在美丽的澳门举办《为中华之崛起——周恩来生平业绩展览》,我谨代表南开大学近三万名师生表示热烈的祝贺!

薛进文(左二)与何厚铧(左四)等在澳门周恩来生平业绩展览开幕式上

南开是敬爱的周恩来总理的母校。他在这里怀着"为中华之崛起而读书"的远大理想,经历了中学、大学生活。周恩来总理是南开大学第一期学生。1919年,南开大学创办之际,他被允免予考试,成为我校文科一名学生。在校期间,他成为校长张伯苓博士推进教学改革的得力助手,并担任"南开出校学生通讯处"负责人,积极沟通校友与母校的联系。当时,正值"五四运动"如火如荼地展开,周恩来勇敢投身反帝爱国斗争的洪流中,主编《天津学生联合会报》，组织成立"觉悟社"，成为天津先进知识青年的杰出代表。他领导的学生爱国运动虽然遭到反动当局残酷镇压，他本人也被投入牢狱。但磨难和压迫，更坚定了他救国救民的斗志。1920年出狱后，他想往马克思主义理论诞生的故乡，同年11月，受南开大学"范孙奖学金"资助，赴法国勤工俭学，从此走上献身人民解放事业的职业革命家道路，谱写了人生壮丽的篇章。

周恩来对母校始终怀有深深的感情。他深情地说道："我是爱南开的。"中华人民共和国成立后，在他担任国家总理的26年中，曾经18次莅临他青年时代的故乡天津视察。其中1951年、1957年、1959年三次回到母校，特别是1959年5月28日，是南开师生永难忘怀的一天。这一天，周总理偕邓颖超女士来到南开园，兴致勃勃地参观图书馆、实验室，与研究人员座谈，与青年学生谈心，走进寝室了解学生生活情况，走进操场了解学生的体育锻炼，中午他走进教师食堂用自己的钱买最便宜的饭菜，吃完饭后又继续视察，整整一天的时间和母校师生生活在一起，幸福和欢快充满了整个校园。几十年来，他对母校的关怀一直鼓舞我们前进。周恩来的崇高道德风范已化为南开的优良校风，融入南开精神，南开为有周恩来这样的校友感到无比的自豪和骄傲。

今天，周恩来生平业绩在澳门展出，对于南开大学来说既是历史的机缘，也是南开大学与澳门人民友谊的象征。当年，澳门特别行政区行政长官何厚铧先生尊先君何贤先生就与南开老一辈领导结下深厚友谊，近年来何厚铧先生也十分关心南开大学的发展。因此，南开伟大校友周恩来的展览能在澳门隆重展出，南开师生倍感荣耀。

最后，请允许我代表南开大学全体师生向澳门人民致以最美好的祝愿，并预祝《为中华之崛起——周恩来生平业绩展览》圆满成功！

周恩来对南开大学及高等教育的关怀

薛进文

作为担负重要职责的党和国家领导人,周恩来总理不仅为我国政治、经济、外交、国防、统战、科技等各领域事业做出了奠基性的卓越贡献,而且对我国教育文化发展倾注了大量心血。这里简要谈谈他对母校南开大学的关怀,以及对高等教育的关心,从中学习体会周恩来的文化教育思想,增强我们办好高等教育,推动社会主义文化大发展大繁荣的信心决心。

第一,满怀深情对待南开师友。众所周知,周恩来是南开校友的杰出代表。青年时期,他怀着"为中华之崛起而读书"的远大理想,在南开经历了中学和大学生活,是南开大学文科第一期学生。20世纪20年代旅欧期间,周恩来始终与严修、张伯苓等南开先贤保持通信联系,与旅欧南开同学保持紧密联络,并积极推动留欧南开同学会的成立,曾被推选为南开同学会法国干事。在中华人民共和国成立前,尽管时局动荡、工作繁忙,周恩来始终积极参加母校的活动,譬如向南开师生发表"抗战救国与南开精神"演讲、观看南开剧社演出、出席南开校友聚会、支持出版张伯苓教育言论集,等等。

中华人民共和国成立后,周恩来一如既往关心南开大学和南开师生,体现了党和政府对教育事业、对知识分子的关怀。1949年10月1日,南开大学教授杨石先受邀出席开国大典,在天安门城楼上,周总理特地向毛主席介绍了杨石先,说"这是教育界的代表、南开大学负责人、老科学家杨石先同志",毛主席紧紧握住杨石先的手说:"你在教育工作岗位上付出了多年的辛勤劳动。"这件事,让南开师生深受感动、倍受鼓舞。

1950年春,张伯苓向周恩来表示希望返回北方。周总理不仅派专人到机场迎接,还指示政务院做好接待准备。张伯苓抵京后,他立即前往问候,嘘寒问暖,还动员张伯苓的在京旧友前来叙谈,打消大家对张当过国民政府高官的顾虑。张伯苓因此十分感佩,曾对亲友说:"我活了七十多岁,与政府高级官员谈话,还没有一个人像周恩来那样推心置腹。"1951年张伯苓先生去世后,周恩来亲赴天津张宅吊唁,中肯评价了张伯苓献身教育的一生,深情地指出:"张校长办教育这么多年,确实是有贡献的,咱们都是他的学生。"周恩来还特别关心张伯苓遗属的生活,1961年困难时期,他把自己的高干购物证和500元钱送给张伯苓夫人,并嘱天津市政府多加关照,直到张夫人去世。

20世纪五六十年代,周恩来多次接见杨石先、滕维藻等南开教师,叮嘱杨石先处理好教学科研与行政事务的矛盾。他还自己掏钱在天津邀请一些南开老同学吃饭,席间,勉励在天津图书馆和南开大学图书馆工作的黄钰生、冯文潜做好工作,保存好文献资料,鼓励严氏后人严仁曾编写严修年谱,体现了对南开故旧的情谊和对图书文化事业的关心。"文革"期间,南开园遭受劫难,教师干部受到严重冲击,周恩来特意嘱托天津市委书记,称"南开大学杨石先这些同志是搞科学研究的",指示要关心"保护他们"。在生命的最后岁月,周恩来仍牵挂南开师生。1975年1月,他抱病接见参加第四届全国人大一次会议的天津代表,尤其对来自南开的杨石先很熟悉,甚至记得杨的年龄,他对杨石先说:"我的病已经大有好转了,基本控制住了。回校以后,要代我向南开大学的同志们问好,将来有机会我还是要回到南开看望大家的。"这是周恩来留给母校的最后一句话。

第二,作为总理三次视察母校。周恩来在担任总理的26年间,18次莅临天津视察,其中3次回到母校南开大学,这也从一个侧面体现出他对南开、对高等教育的关心。

1951年2月24日,在吊唁张伯苓后,周恩来参观了南开大学机械系实习工厂,看到同学们熟练地加工金属器件,他高兴地说:"新中国成立了,你们是幸福的。你们现在的学习条件比我们过去好多了,要努力学习,成为新中国的建设者。"

1957年4月10日,周恩来陪同波兰政府代表团访问南开大学,在对南开师生的讲话中他谈到:"在你们面前的是另一种性质的困难,跟过去革命时期的困难不同,是建设中的困难。因此,你们的责任,应该说比我们重大,比我们艰巨。如果我们老一辈的人要告诉你们一些经验的话,那就是你们要比我们更能够艰苦奋斗,更能够克服困难,更有能力寻求新的知识,增加新的知识。你们要能够比我们更好地创造未来的新世纪,使它能够不断地前进。"这些话给南开师生以巨大鼓舞。

1959年5月28日,周恩来携邓颖超回母校视察,从上午9点多到下午6点,几乎走遍南开园每个角落,听取学校负责人汇报,与师生亲切交谈,深入实验室、教室、图书馆、研究所调研,走进食堂用自己的钱买最便宜的饭菜用餐,还向全校师生发表重要讲话,给南开人留下了永不泯灭的印象。

第三,结合南开大学发展,做出许多对高等教育有普遍指导意义的重要指示。作为校友,周恩来深情地关心南开发展;作为领导人,他高瞻远瞩地对南开给予关怀指导,特别是他1959年第三次视察时对南开大学工作的许多指示,对我国高等教育有着普遍指导意义。譬如,他关心南开大学的教育质量。当听到南开的招生录取安排对生源质量有影响时,立即要求教育部了解情况、予以改正。针对当时高校的大办快上风气,他告诫南开要正确处理办学规模和速度问题,指出:"办好一个大学,学生人数不宜太多,而且大学规模也不宜太大,质量才能保持。"还指出:"南开在新时代要有新的校风,有新的教学重点,要保证质量,真正能够很好地为社会主义服务,为将来的共产主义服务。"

他关心南开学生德、智、体全面发展,勉励大家刻苦攻读,勇攀科学高峰,强调"应该在青年中提倡讲建设、讲积累、讲贡献","不能提倡讲享乐、讲消费"。他仔细翻阅学生的读书笔记,询问每周上多少课、每天时间如何分配、科研小组有多少人参加,认真纠正外文系同学的朗读发音,要求同学们打好外语基本功。他深入学生宿舍,亲自检查被褥的薄厚,查看寝室灯光亮度,指出:学生宿舍条件应当逐步改善,先做到每屋住6个人,第二步达到住4个人。他还登上图书馆楼顶,俯瞰运动场上学生们的体育活动,要求关心青年学生健康成长,让同学们注意劳逸结合。

他鼓励南开重视产学研结合。在参观南开化学系、物理系时,详细了解有关科研方向、科研课题、校办工厂等的情况,着重指出要重视基础科学理论研究,同时科研工作要与生产结合起来,为生产服务,为国家经济建设服务,理论联系实际。他还敏锐地强调,教育与生产劳动相结合,教育是主导方面,学校的主要任务是教学,学生的主要任务是学习,这个主导方向不能动摇,这个方向不能变。后来,在周恩来和聂荣臻的关怀下,南开建立了我国高校第一个应用化学研究专门机构——元素有机化学研究所。

他关心南开的人文社会科学发展。在视察经济研究所时,与科研人员谈心,鼓励大家要多下去,多调查研究,更多地收集材料。他还对1949年前南开经济研究所的科研工作给予肯定,并指出不仅要研究国内经济问题,还要加强对英、美等国经济状况的研究,同时要重视经济数据统计分析。

周恩来的上述指示,是对南开大学的希望,也是对全国高等教育的要求,体现了杰出政治家的远见卓识,与他对我国高等教育的总体思考和部署是一脉相承、紧密联系的,属于周恩来文化教育思想的一部分。由南开这个"点"扩大到全国这个"面",周恩来对我国高等教育的关怀,还体现在以下几点:

一是初步确立了高等教育优先发展的战略地位。1951年,在政务院各部门负责人参加的会议上,周恩来就反复强调要大力培养建设人才。他认为,人才是建设社会主义、发展社会生产力具有决定意义的一个因素;培养人才的教育事业,特别是培养高级专门人才的高等教育事业,对整个国家建设具有举足轻重的地位。

二是重视基础理论研究和优秀人才培养。20世纪50年代中期,他提出把高校办成"我国科学研究的广阔基地"和高级专门人才的培养基地,要求纠正忽视基础理论研究的倾向,改变不利于科学发展的状况。1957年6月,他指出,高校学科门类齐全、师资力量雄厚、资料完备、信息畅通,是我国一支非常重要的科研力量;高校科研重点在基础理论方面,要开拓新的科学技术领域,提出新思想,创建新理论,开展新发明、新创造。

三是强调推进教学、科研、生产"三结合"。1964年12月,他在《政府工作报告》中提出"教学、科研、生产三结合"的方针,强调"三结合"的目标是提高生产力,促进国民经济发展,培养适应国家建设需要的人才。围绕国家建设,科研工作要为推动经济增长、促进现代生产力的发展服务,教学工作要根据经济和科技发展不断更新充实教学内容、提高教学质量,生产企业也要同科研单位、高等学校建立紧密的联系。

四是重视深化高等教育改革,提高高等教育质量。他提出,要抓紧以教学为中心的改革,并进行管理体制机制改革,用集中管理的体制来抓好教育,调动地方和学校办学的积极性,提高办学效益。他认为,在抓高教改革的同时,一定要使质量得到同步提高。1953年,他严肃批评院系调整中的"好大喜功、不求质量"现象,指出"单纯追求数量而忽视质量,盲目冒进的做法是不对的"。他还说,如果"不断地增加数量,那就会得到相反的结果,会降低质量,那就不是办教育的正确方针",必须"特别注意教育质量,提高教育质量,这是我们目前的主要问题"。

应当说，这些思想实践，对促进我国教育文化事业发展起到了重要的指导作用，时至今日，依然对我国高等教育发展具有积极指导意义，仍然值得我们认真学习、继承、弘扬。在新的历史阶段，党的十八大提出了建设人才强国和人力资源强国、基本实现教育现代化的教育发展目标。要把这一托举"中国梦"的"教育梦"变成现实，需要高等教育工作者持之以恒地接续奋斗。作为周恩来的母校，南开大学将牢记周总理的殷切教导和期望，按照党的十八大的部署要求，全面实施素质教育，全面深化综合改革，全面提高教育质量，用周恩来的伟大思想和崇高精神熏陶培养更多的优秀人才，为我国文化教育事业做出新的更大的贡献。

（原载《南开校友通讯》2014年上册）

缅怀伟人风范　弘扬恩来精神　建设一流大学

——在南开大学师生座谈会上的讲话

（2018年3月3日）

曹雪涛

老师们，同学们，同志们：

今天，我们怀着十分崇敬的心情，以召开师生座谈会的形式，纪念南开杰出校友、敬爱的周恩来总理诞辰120周年，缅怀伟人风范，激励广大师生以周恩来为楷模，弘扬周恩来精神，勇担历史重任，为中华崛起读书，为民族复兴育才，努力建设南开品格、中国特色、世界一流大学。

刚才，魏书记带领我们集体学习了习近平总书记在纪念周恩来同志诞辰120周年座谈会上的重要讲话精神。李正名先生等几位老师和同学分别结合各自实际做了饱含深情的发言，讲得都很好，听了以后我们都深受教育、深受感动。周恩来同志是伟大的马克思主义者，伟大的无产阶级革命家、政治家、军事家、外交家，党和国家主要领导人之一，中国人民解放军主要创建人之一，中华人民共和国的开国元勋，是以毛泽东同志为核心的党的第一代中央领导集体的重要成员。他的卓著功勋、崇高品德、光辉人格，不仅深深铭记在全国各族人民的心中，而且在国际上也享有很高的威望。

周恩来同志也是南开的杰出校友，张伯苓先生曾多次称赞他是"南开最好的学生"。1898年3月5日，周恩来出生时，中国正饱受列强欺凌和封建统治的双重压迫，民不聊生，国运衰微。也正是在这一年，毕业于北洋水师学堂的张伯苓在威海卫亲历了"国帜三易"奇耻大辱，于是弃武从文，执教严氏家馆，与严修携手，开启了"创办新教育，造就新人才"的办学之路。此时处于青少年时代的周恩来，也立志"为中华之崛起"而发愤读书，认定"有大志向的人，便想去救国,尽力社会"。

1913年,周恩来考入南开学校的中学部,1917年毕业后东渡日本求学,探寻救国真理。1919年4月,他得知南开学校要创办大学部的消息,便决定回国继续深造。9月25日南开大学开学时,首期招收了96名学生,周恩来经严修、张伯苓批准免试进入文科学习,学籍注册62号。入学之后,周恩来发起成立了"南开出校学生通讯处",自任"办事人",为广大校友服务。他在校刊上发表《致南开出校同学诸君》,号召校友广提建议,"为南开谋精神上的发展、事业上的改造"。这也就是今天南开校友总会的前身。此外,周恩来还受张伯苓校长委托,在修身班上向全校师生宣读了教育改革大纲。

周恩来同志入南开大学学习时,"五四运动"正如火如荼地进行着。在这场时代大潮的洗礼中,他开始积极思考和探索中国的出路。1919年7月,他创办《天津学生联合会报》并任主编,9月组织创建革命团体觉悟社,成为天津学生运动的领袖。1920年1月29日,天津各校学生到北洋政府直隶省公署请愿,周恩来等人遭到逮捕。这年旧历春节,张伯苓校长到警察厅探望了周恩来和南开其他被捕学生。转入狱中关押后,周恩来带领同学们坚持斗争,并系统学习马克思主义。这期间,周恩来对严酷的社会现实有了更深刻的认识,重新思考了许多问题。他后来在谈到自己是如何选择了共产主义信仰时说:"思想是颤动于狱中",革命意识萌芽的产生,正"是从这个时候开始的"。

被关押7个月后,经包括南开校方在内的多方组织营救,反动当局被迫释放了周恩来等人。在狱中时,周恩来就有了赴欧洲寻求救国真理的打算。他出狱后,严修先生与张伯苓校长商定,在南开设立"范孙奖学金",资助周恩来和另一学生李福景出国留学。为此,严修先生特地给北洋政府驻英公使顾维钧写了介绍信,还专门在严家账上为周恩来立了户头,每半年支款一次,均托人负责转寄。周恩来同志后来回忆:"当时有朋友提到,我用严修的钱,却成为一个共产党人。严修回答说:'人各有志,不能相强'。"对此,周恩来同志始终念念不忘,曾多次从张伯苓先生处要去严修的照片,并在中华人民共和国成立后嘱托严氏后人及相关人员编写严修年谱、整理严修日记。

正是在欧洲勤工俭学期间,周恩来同志通过反复比较,最终确立了共产主义信仰,并在巴黎参与旅欧共产党组织的创建,成为中国共产党最早的党员之一。1924年回国之后,他投身中国革命事业,从此一直奋斗在中国政治舞台的前沿。

在此后50多年的革命生涯中,周恩来始终系念母校。全民族抗战爆发前后,为建立和巩固抗日民族统一战线,周恩来与张伯苓及南开校友有了较多联系与接触。1936年5月15日,周恩来在陕北给张伯苓校长写了一封亲笔信,信中说道:"不亲先生教益,垂廿载矣。曾闻师言,中国不患有共产党,而患假共产党。自幸革命十余年,所成就者,尚足为共产党之证,未曾以假共产党之行败师训也。"他还请张伯苓"一言为天下先",促成各方"统一对外,并开抗日人民代表会议"。不久,周恩来在延安接受天津一家英文报刊采访时说:"我在天津南开读中学、大学。这个学校教学严格,课外活泼,我以后参加革命活动是有南开教育影响的。"

抗战期间,在重庆工作的周恩来常到沙坪坝津南村看望师友,用校训激励南开人以国家大事、抗战到底为"公",以学好本领、建设国家为"能"。1948年南京政府风雨飘摇之际,出任考试院院长的张伯苓避居重庆,周恩来得知消息后,通过南开校友捎信给张伯苓,使老校长坚定了不去台湾的决心,留在重庆迎接新中国的诞生。1951年张伯苓因病去世后,周恩来亲自前往吊唁,并对老校长的一生做出了公正评价。

中华人民共和国成立后,作为开国总理的周恩来同志肩负千钧,日理万机,仍关心着母校发展。每次学校派人到北京开会,只要周总理在场,就一定会问:"南开来人没有?"1951年2月、1957年4月、1959年5月,周总理三次重返母校视察,详细了解学校的教学科研和师生的学习、生活情况,与教师、学生、后勤工作人员亲切交谈,殷切希望"南开在新的时代要有新的校风,有新的教学重点,要保证质量,真正能够很好地为社会主义服务,为将来的共产主义服务"。他还指出:教育与生产劳动相结合,教育是主导方面,学习是主导方面;办好一个大学,学生人数不宜太多,而且学校也不宜更大,这样质量才能保持。这些闪光的教育思想,对南开人如何办好人民满意的高等教育,至今仍有着重要的指导意义。

老师们,同学们,同志们!

敬爱的周总理虽然已离开我们42年了,但对全体南开人而言,他从未远离。每逢总理逝世、诞辰纪念日和清明时节,南开师生和校友都会自发到校园内的周总理塑像和纪念碑前凭吊致祭。1979年3月,经教育部批准,我校成立了周恩来研究室,1997年又在此基础上成立了周恩来研究中心,这是国内第一家专门从事周恩来研究的科研机构,几十年来吸引、汇聚了一大批专家学者和有志青年从事周恩来生平与思想的研究工作。迄今,南开大学已与有关部门合作主办了四届周恩来研究国际学术研讨会,成为周恩来研究的重要阵地。2004年,南开大学成立周恩来政府管理学院,涵盖政治学、社会学、公共管理、心理学等学科。以杰出校友的名字来命名一个学院,这既符合国际惯例,同时又向学界和社会表明了南开师生以周恩来为楷模,服务国家、服务社会、服务人民的志向。南开大学还相继设立了"周恩来班"和"周恩来奖学金",作为代表南开学子的最高荣誉,以"恩来精神"激励学生树立远大理想,勇攀高峰,锐意创新。从2016年起,每年的9月25日,为纪念周恩来入学南开大学,学校都要在全体师生中开展"学习周恩来精神,践行南开人责任"的主题教育活动。纪念周恩来,研究周恩来,学习周恩来,已在南开大学蔚然成风,周恩来的思想风范和精神品格,更在南开师生中得到代代传承和弘扬。

习近平总书记指出:"周恩来,这是一个光荣的名字、不朽的名字。每当我们提起这个名字就感到很温暖、很自豪。"周恩来同志是不忘初心、坚守信仰的杰出楷模,是对党忠诚、维护大局的杰出楷模,是热爱人民、勤政为民的杰出楷模,是自我革命、永远奋斗的杰出楷模,是勇于担当、鞠躬尽瘁的杰出楷模,是严于律己、清正廉洁的杰出楷模。作为总理母校,是我们的无上光荣;传承弘扬周恩来精神,是我们义不容辞的责任使命。今天,我们纪念周恩来学长诞辰120周年,主题就是"缅怀伟人风范,弘扬恩来精神,建设一流大学"。南开师生都要以周恩来为杰出楷模,学习和弘扬周恩来精神。对周恩来精神,从中央领导到众多学者,都进行过内涵丰富的概括和解读。对于我们南开大学师生而言,我认为要特别注意学习和弘扬周恩来的以下五种精神。

一是忠于信仰的精神。周恩来信仰坚定、理想崇高,对党和人民无限忠诚。他曾说:"人是应该有理想的,没有理想的生活会变成盲目。""我认的主义一定是不变了,并且很坚决地要为他宣传奔走。"周恩来在确立革命理想信念的过程中,既有追求真理的强烈愿望,又有深思熟虑的理性思考;既重视对科学理论的学习和研究,又注重在实践中运用和发展科学理论;既注意学习马克思主义的先进理论,又注意吸取中华民族的文化精华。他的革命理想信念是建立在理性自觉的基础之上的,因此是坚如磐石的,并以实际行动实践了"在任何艰难困苦的情况下,都要以誓死不变的精神为共产主义奋斗到底"的誓言。

二是求真务实的精神。周恩来从学生时代就逐步培养起趋重实际、言行一致、实事求是的优良品质。在工作中,他坚持理论联系实际,用科学的世界观方法论指导实践。他一贯倡导学会运用辩证唯物主义的思想方法,认为"辩证唯物主义思想能够帮助我们更好地认识客观规律,更好地发挥主观能动性",强调"单靠多读几本马列主义的书是不行的,问题在于实践"。他反复强调"讲真话,鼓真劲,做实事,收实效",把主观能动性和客观可能性结合起来,干劲要大,步子要稳,既要有雄心壮志,尽快赶上先进水平,又要循序渐进,不能一步登天。他高度重视对实际情况的调查研究,注重总结实践经验,考虑问题时总是力求在分析、综合、比较上多下功夫,主张"一切当从多方考虑,经过集体商决而后行"。

　　三是探索创新的精神。周恩来反对迷信盲从,敢于独立思考,崇尚科学真理,勇于探索创新。他在学生时代就主张慎思、明辨,对各种学说要"深究而悉讨",不能浅尝即止,人云亦云。1959年5月28日,他第三次来母校视察时指出:"在这个前所未有的时代,没有经验,我们要熟悉这个时期,认识它,才能掌握它,处理它,这需要一个过程,需要时间,在这个过程中要掌握新的规律、新的平衡、新的比例、新的关系,这不是一下子就能处理恰当的。"他还勇于做自我批评,善于从错误中总结和发现问题。他曾对京津高校教师讲道:"我尽管参加了革命,也在某些时候和某些部门做了一些负责的工作,但也犯过很多错误,栽过筋斗,碰过钉子。可是,我从不灰心,革命的信心和革命的乐观主义鼓舞了自己。这个力量是从广大人民中间得到的。我们应该有这样的态度和决心,即犯了错误,就检讨,认识错误的根源,在行动中改正错误。"

　　四是严于律己的精神。周恩来一生心底无私,严以律己,廉洁奉公。他常讲:"我们应该把整个身心放在共产主义事业上,以人民的疾苦为忧,以世界的前途为念。这样,我们的政治责任感就会加强,精神境界就会高尚。"他身居高位,但从不搞特殊化,凡要求党员和群众做到的,他自己首先做到。他身后没有留下任何个人财产,他的骨灰撒在了祖国的江河大地上。他说:"我们这一辈子和这一个时代的人多付出一点代价,是为后代更好地享受社会主义幸福。"在严守政治纪律方面,他更是以身作则。1964年我国第一颗原子弹爆炸前一天,周总理向项目负责同志交代纪律时说:"邓颖超同志是我的爱人,党中央委员,但这件事同她的工作没关系,我也没有对她说。"后来,秘书和邓大姐聊起这件事,说周总理的纪律观念真强,并且总是能够带头遵守。邓大姐说:"那算什么,当年南昌起义时生离死别,他走前都没跟我露一个字。"

五是不断学习的精神。1951年9月29日,周恩来在京津高等学校教师学习报告会上做《关于知识分子的改造问题》的报告。他说:"大家学习的目的是为了改造自己。我想,凡是要求学习的人,都应该有这样一个起码的认识。当然,改造需要时间,一下子要求很高、很快,这是急躁的,不合乎实际的。应该由浅入深,循序渐进。拿我个人来说,参加'五四运动'以来,已经30多年了,也是不断地进步,不断地改造。也许有的同志会说:你现在担任了政府的领导,还要学习和改造吗?是的,我还要学习和改造。因为我不知道的事情还很多,没有明白的道理也很多,所以要不断地学习,不断地认识,这样才能够进步。"

老师们,同学们,同志们!

周总理生前多次代表党和政府提出,要把我国建设成为一个具有现代化农业、现代化工业、现代化国防和现代化科学技术的社会主义强国,赶上和超过世界先进水平。这是以他为代表的老一辈革命家的夙愿。在以习近平同志为核心的党中央坚强领导下,党的十九大宣告中国特色社会主义进入了新时代,提出了从全面建成小康社会到基本实现现代化,再到全面建成社会主义现代化强国的新"两步走"战略安排,开启了全面建设社会主义现代化国家的新征程。

进入中国特色社会主义新时代,面向南开新的百年,学校第九次党代会提出了建设南开品格、中国特色、世界一流大学的宏伟目标。青年兴则国家兴,教育强则民族强。杰出校友周恩来是南开人的骄傲,也是南开办学成果的结晶。南开人当年办学的初心,就是为国家民族的振兴作育英才。我们应当不忘这个初心,牢记这个使命,坚持把立德树人作为办学的根本任务,以培养公能兼济、全面发展的社会主义建设者和接班人为目标,以强化质量、突出特色为基点,全面提升学校核心竞争力,作育英才、繁荣学术、强国兴邦、传承文明,建设一所伟大的学校,为中华民族的伟大复兴,为人类社会的文明进步,做出南开人应有的贡献!我想,这也是我们今天的南开人,对周恩来总理最好的纪念。

又是人间三月天,春满乾坤思伟人。让我们全校师生员工都以杰出校友周恩来为楷模,为了国家民族和人类社会更加美好的明天,携手前进,共同奋斗!

谢谢大家!

缅怀伟人风范　传承恩来精神

李正名等

《南开大学报》编者按： 在南开大学杰出校友周恩来诞辰120周年之际，我校召开纪念座谈会，缅怀伟人风范，畅谈恩来精神。本报特刊登与会师生发言摘要，以飨读者。

伟人功勋竞传颂　精神永照南开人

周恩来总理是我国伟大的无产阶级革命家，我国老一代最杰出的革命领导人之一，受到我国以至全世界人民的爱戴。周总理曾就读于南开中学和大学，这对南开大学来说有其特殊的纪念意义。周总理曾写过"我是爱南开的"，我们南开人对此感到特别亲切和自豪。

记得周总理在1959年访问南开大学时，我们正在第一教学楼做化学试验。虽然事先学校通知所有职工坚持在原来工作岗位上，但当时我们听说周总理来了，作为青年教师抑不住心里的激动，都偷偷地跑到楼下来了。当看到远处杨石先校长等十几人陪同敬爱的周总理款款走向第二教学楼何炳林教授高分子实验室时，我看到久仰的周总理目光炯炯、神采奕奕，和照片上的英俊形象一样，深感十分荣幸，大家都热烈鼓掌表示欢迎。现今59年过去了，当时在场的激动情景犹历历在目。后来曾专程去了周恩来邓颖超纪念馆，看到周恩来年轻时就立下"为中华之崛起而读书"的誓言，受到很大的教育。

我当时担任杨石先校长的科研助手，后来了解到杨校长和周总理的接触较多。杨老在1949年9月21日受邀参加全国政协大会，10月1日参加天安门开国典礼，1950年参加全国高等教育会议，1956年参加全国科技发展规划会时,都曾受到周总理的亲自接见。我曾在和杨老谈话中知道他对周总理尊重知识分子的作用、重视我国科教事业感到十分兴奋。杨老是由于周总理的人格魅力,或者可以说是通过周总理进一步认识共产党的。在周总理的启发下,1960年,杨校长由一个民主主义者转变为一个共产主义战士,光荣地加入中国共产党。20世纪60年代初期,在周总理和聂荣臻副总理的支持下,南开大学成立了我国高校中第一个化学专职研究所:元素有机化学研究所。随着国家形势发展,在杨石先校长等老一辈努力下,从元素有机化学研究所又衍生出了元素有机化学国家重点实验室、高分子国家重点实验室、农药国家工程研究中心。本来还有成立中国科学院河北分院、中国亚非拉研究中心、农药研究所等科技计划,由于后来形势的变化相继取消了。周总理对南开大学建设发展的深情关怀使我们深受感动。

今天我们要追思周恩来总理的崇高风范,表达我们衷心爱戴和无限思念之情。通过周总理的伟大事迹和胸怀开阔的风范,我们看到了老一代的革命先辈为了革命事业做出了无数的牺牲,推翻了"三座大山",结束了我国一百余年的苦难历程,建立了新中国,开展了社会主义革命和改革开放的事业。在中国共产党的领导下,我国已经从站起来、富起来迈入到强起来的新的历史阶段,进入我国千年不遇的盛世时期——即中国特色社会主义的新时代。

当前我校正在全力以赴,为达到世界一流大学的目标而奋斗,而幸福是要通过不懈地艰苦努力争取来的,我们全体师生要以周恩来总理为学习榜样,在各自的岗位上更加努力工作,做出无愧于当今时代的新贡献。

(李正名)

践行恩来政府管理思想 着力打造一流专业学院

周恩来政府管理学院是全国唯一以政治家的名字冠名的学院,在研究周恩来政府管理思想的过程中,我们专门成立了周恩来研究中心。

秉承恩来精神,学院参照和研究周恩来政府管理思想,总结了周恩来的领导方式和对人事、行政管理、制度法规建设方面的思想、经验、做法,并在学院管理工作中总结运用这些思想、经验、做法。比如,周恩来在政府管理工作中有几个基本的经验和做法原则:一是方圆结合、刚柔结合,这已经运用到学院管理的实际工作中;二是强调民主与集中相结合、批评与自我批评相结合,我们坚持按照周恩来总理政府管理方面的要求来做,充分发挥党政联席会、教授会、学术委员会的作用,推动学务、政务公开,并不断加以完善。

另外,在廉政建设和党建工作中,周恩来强调过两点:一是他阐明了搞好党内民主,是确保廉政的关键;二是他提出健全监督机制是廉政建设的一个重要保障。这是学院在管理工作中学习周恩来政府管理思想所践行的一个重要方面。

在教师干部队伍的培养和人员的管理方面,我们也参照了周恩来的一些思想和经验,这成为学院管理工作的重要保障。同时我们在人事管理上是很严格按照制度办事的。

在一流学科建设过程中,学院正在推动政治学与社会公共管理等多学科、跨学科交叉的尝试,着力建设公管学科群和国际问题学科群,加强国际化进程,面向国家"一带一路"建设的需要,培养国家急需人才。

(孙　涛)

在新的时代继续大力弘扬周恩来精神

周恩来是举世公认的伟大的革命家、政治家、军事家和外交家,是中国共产党和中华人民共和国的杰出领导人。据本人初步学习体会,在新的历史时代中,我们应着重学习和继承周恩来以下几方面的精神。

学习周恩来坚守信仰的精神,确立爱国主义思想和坚定的共产主义信仰,并为之努力,奋斗终身。周恩来一生中最重要的抉择就是确立了共产主义信仰。这与他在入南开大学前积极传播马克思主义,参加领导天津的"五四运动"分不开。他赴欧勤工俭学期间在给国内觉悟社社员的信中,表达了他成为一名共产党员后的那种坚定的革命信念:"我认的主义一定是不变了,并且很坚决地要为他宣传奔走。"最可贵和最值得我们学习的是,他一生始终坚守了这一信念,并为之努力奋斗。

学习周恩来全心全意为人民服务的精神,学习他一生勤勤恳恳、任劳任怨、敬业爱民的工作作风。周恩来是中华人民共和国现代化事业的领导者和奠基者,他殚精竭虑,忘我工作,为今日中国的腾飞奠定了基础。为了将一个人口多、底子薄、经济落后的旧中国建成一个繁荣富强的新中国,周恩来日以继夜、兢兢业业地工作着。作为政府总理,他领导着内政、外交、经济、国防、科技、文化、教育等各方面事务,既参与国家长远规划等重大问题的决策,又具体负责各项方针政策的贯彻落实。在领导中国现代化建设中,周恩来始终坚持全心全意为人民服务的宗旨,真正做到了"鞠躬尽瘁,死而后已"。

学习周恩来廉洁奉公、严格自律、艰苦奋斗的精神。周恩来是中国共产党党员中勤政爱民、廉洁奉公、全心全意为人民服务的典范。周恩来优秀的工作作风,以及他崇高的思想品德,对当今中国建立高效清廉的服务型政府,教育全体党员干部反对官僚主义、杜绝腐败现象有重要的教育和启示意义。

学习周恩来埋头苦干、实事求是的精神,学习他杰出的政府管理思想,积极为我国现代化建设做贡献。周恩来在筹建和管理政府中形成了一套融民主性、科学性、实用性、和谐性于一体的内涵丰富的行政管理理论,具有鲜明的中国特色。"四个现代化"的概念是周恩来最早提出的,他对中国现代工业体系的筹划和奠基发挥了极重要的作用。周恩来为创建中国独立完整的工业体系、寻找一条适合国情的现代化建设道路,披荆斩棘,艰苦创业,努力探索,不但留下了许多珍贵的历史经验,而且为中国的长远发展前景打下了较为坚实的经济基础。周恩来任总理期间提出的许多主张、制定的许多措施,为今日中国政治体制和经济体制改革提供了成功经验和许多值得借鉴之处。他在长期领导政府工作中形成了独具特色的工作作风和行政风格,为今天我们搞好政府管理树立了楷模。

学习周恩来对中华民族优秀文化的传承精神,铭记他对弘扬中华民族优秀文化做出的不朽贡献。周恩来既是中国杰出的政治家,同时也是20世纪世界最有影响的外交家之一。求同存异、和而不同,这是周恩来外交思想中最突出的特色。周恩来的外交风采体现了中华文明中友善、谦逊、优雅、温文而雅、不卑不亢、彬彬有礼的气质。其外交特色中闪烁着中国优秀传统文化的光彩,他吸取了中国传统文化的营养而形成了富有中华民族特色的外交策略和外交艺术。

(徐　行)

学习和传播总理的人民情怀

周恩来同志的人民情怀,是将"一切为了人民"作为毕生的价值追求。周恩来同志很早就抱定了"为中华之崛起而读书"的伟大志向,无论是东渡日本,还是返回南开,抑或是赴法留学,他苦苦寻觅的正是救国救民的真理和道路。在通过反复比较确立了共产主义信仰以后,他积极探索适合中国革命和建设的正确道路:从黄埔军校到南昌城头,从瑞金的沙洲坝到延安的宝塔山,从北京的中南海到瑞士的日内瓦,"我们的一切工作都是为了人民"是他始终不渝的信念。在生命的最后时期,他仍将人民挂于心中:"总应该把国家建设得好点,人民的生活多改善一些,去马克思那里报到,才感到安心",并交代,"把我的骨灰撒到江河大地去做肥料,这也是为人民服务"。他用毕生的奉献诠释了"一切为了人民"的真谛。

周恩来同志的人民情怀,是将"一切依靠人民"作为根本的工作方法。周恩来同志始终坚持"力量的源泉是人民,归根到底,一切胜利的取得是依靠人民的力量","我们搞经济建设,搞科学文化建设也要靠六亿五千万人民。人民的力量是不可战胜的"。凡是遇到关系全国人民的重大决策,周恩来同志总是主张"尽量听取各方面的意见,好集思广益"。

周恩来同志的人民情怀,是坚持"领导干部也是普通人"的根基与底色。周恩来同志曾提醒全党,不要被成绩冲昏了头脑,不能被利欲蒙蔽了良知,强调"我们每一个人,不管过去做了多少工作,现在担任什么职务,没有党和人民,就既不会有过去的成绩,也不会有今天的职务"。在一届一次人大会议上,周恩来同志庄严承诺:"我们的国家机关是属于人民群众的","假公济私,贪污诈骗,任用私人,打骂群众这些旧官僚机关的传统恶习,在我们的国家机关是绝对不允许的……"。为了防止领导干部蜕化变质、脱离群众,周恩来同志在1963年5月召开的中共中央和国务院直属机关负责干部会议上,提出了领导干部要过思想关、政治关、社会关、亲属关和生活关等"五关",要求领导干部"应该整个身心放在共产主义事业上,以人民的疾苦为忧",并以身作则,率先垂范。

1975年1月,周恩来同志在四届一次人大会议上提出了"全面实现农业、工业、国防和科学技术的现代化,使我国国民经济走在世界前列"的目标,表达了中国人民对美好生活的向往。时隔40多年,周恩来同志曾经描绘并为之奋斗的"美好向往"正在中国共产党人的领导下一步步成为现实。

作为一名思政课教师,作为总理母校的后学,我们有责任认真学习总理的崇高精神并将其融汇到教学工作中。

(林绪武)

学思践悟传承恩来精神 秉公尽能奉献百年南开

象征学校本科班级最高荣誉的"周恩来班",不仅是一项光荣称号,更是一份责任,一种精神的传承和信念的坚守。作为一名辅导员,在与学生共同学习总理精神,品悟总理风范的过程中,自己也深受感染教育。我时常在想,辅导员到底能为学生做些什么?我们应该如何将践行恩来精神与日常工作相结合,以总理为楷模,激励我们在南开努力工作、奋发向上?

加强班级建设,创建良好班风,形成积极向上的班级文化氛围是一名辅导员的职责所在。

周总理是我们永远的楷模,恩来精神更是我们青年一代提升思想境界,加强道德修养的旗帜。因此,从班级建立之初,我们就坚持将学习和践行恩来精神作为班级建设的指导思想,努力营造积极向上、具有南开特色的班风和学风。通过引导学生读原著、重走长征路,我们深刻领会恩来学长的崇高品德和精神风范;通过逐步将学习和弘扬恩来精神内化为班级成员的价值取向和精神追求,发挥"周恩来班"的示范带动作用。经过三年多的班级建设,恩来精神已经潜移默化地影响了班上每一名同学,班级氛围愈加积极向上。

坚定信仰,勇于担当,做学生健康成长的引路人。我们面对的是一群还没有长大,世界观、人生观、价值观还未完全树立的青年。回想过往工作,无论是十余次将半夜生急病的学生送往医院精心照看,还是开展学业帮扶活动,帮助困难生追赶学习进度,无论是寒暑假期间辗转多地对家庭经济困难学生进行家访,还是无数次与学生谈心谈话进行帮扶引导,无论是解决学生之间的各种矛盾摩擦,还是处理各种意料之外的突发事件,无论是放弃暑假带队进行社会实践,还是冒酷暑与学生共同经历军训的考验……这些点滴小事都凝结了我们与学生之间的亦师亦友之情,也正是这些难忘的经历让我们真正地走进学生,成为他们中的一员,得到他们的信任,成为他们的依靠,帮助学生脚踏实地把成长的路一步步走稳走实。

待生如子,爱校如家,将辅导员工作当作毕生的事业去追求。辅导员的工作岗位可能平凡,也不乏琐碎。无论多晚,无论工作日还是假期,无论事件多么难解、复杂,我想正是存在于辅导员心底的那份责任感与使命感激励我们义无反顾地冲在前面,帮助学生,守护学生。看到学生们取得的成绩,看到他们一点一滴的成长与进步,看到他们即将奔赴国家需要的各条战线崭露头角,都能让我们真切地感受到学生至上的价值、桃李芬芳的殊荣,一切的努力和付出都值得。

纪念是为了更好地前行。作为一名大学生思政工作者,我们一定坚持立德树人的根本任务,秉承周总理为中华崛起而读书、为共产主义事业而奋斗的遗志,引导学生坚定理想信念,树立远大志向,为实现周总理振兴中华、实现民族伟大复兴的夙愿贡献南开人的力量。

(朱祥超)

致敬总理:中华崛起有我在

入校之初,3个学院的46名学生,因为共同的追求,通过选拔测试会聚到这个横跨经济、管理和法学三学科的班级。原因很简单,我们想通过在南开园4年的学习成长,成为像周恩来总理一样胸怀天下、全面发展、思维开阔的复合型人才。

面对3个学科,总计211个学分的学业压力,我们不惧挑战,勇往直前。因为周恩来总理不畏艰难、严以律己、勇攀高峰的品质以及在青年时期就表现出来的鸿鹄之志和责任担当,深深鼓舞着我们,鞭策着我们。

周总理平均每天工作12个小时,有时甚至达到了16个小时,即使身体抱恙也是如此。周总理说:"既然把我推上了历史舞台,我就得完成历史任务。"虽然所学专业学业繁重,但我们更加惜时惜日、只争朝夕。作为新一代的南开人,时代把我们推上了舞台,我们也在力争完美地完成时代交给我们的任务。入学已一年半,班级平均学分绩86.2分,班内10余人次在学科竞赛中获特等奖或一等奖,3人次在国家级、省市级体育、辩论、演讲比赛中获得冠军,在志愿服务、社会实践和创新创业的舞台上,班级成员善于开拓、勇于进取、敢于创新,在提高自身能力和综合素质的同时,不忘南开人的责任,积极践行知中国、服务中国的使命。我们始终以严格的标准要求自己,因为只有心怀"为中华之崛起而读书"的远大抱负和责任感、使命感,并始终斗志昂扬、坚韧不拔地奉行实践,才能无愧于"周恩来班"的神圣荣誉,无愧于这个大有可为的时代。

从"周恩来班"的前期建设培育,到成功获评第七届"周恩来班"后的深入实践,班里的每一名成员都在这个过程中收获了新知与成长。一年以来,我们举办"把我心中的恩来讲给你听"故事会,班级成员逐一上台,讲述心中的总理故事。我们撰写《海棠日记》,传递班级日记本,记录对伟人精神的所思所悟。我们的坚持,记录的是随想,展示的是印象,内化的是精神。

通过发挥当代青年的创造性与创新性,我们自主设计制作了恩来精神相关主题文化产品,开展了许多旨在传承和弘扬恩来精神的活动。我们通过知识竞答、原创诗歌征集、辩论赛等活动,广泛发动同学们表达自己对恩来精神的理解,激发更多的南开人用实际行动传承弘扬恩来精神的热情与信心。我们怀念着这位最温暖的人,用自己的行动和担当向总理致敬。

作为"周恩来班"的一员,我思考着,恩来精神对一个班级的影响到底是什么?是脚踏实地、勇攀高峰的严谨学风?是团结拼搏、乐学善思的良好班风?又或是在奉献社会、服务他人的道路中实现自我的价值追求?

路过周总理塑像时我总在想,周总理把这个世界交给了年轻一辈的我们,我们就该去担当,让社会日新月异,让国家繁荣发展,让自己能够有底气对周总理说一声"这盛世,如您所愿"。

(郝若馨)

以周总理为榜样,争做新时代青年

7年前,我拿着大学录取通知书,在前往天津的火车上,有乘客问我:"你在哪里上学?"我说:"南开大学。"乘客们纷纷称赞:"太厉害了,那是周总理的母校!"我第一次感觉到自己跟一代伟人周总理的距离是如此的近。也正是从那时起,我就立下决心,做周总理那样的人,做一名优秀的南开人。就在去年,我获得了周恩来奖学金。当我站在领奖台上，捧着沉甸甸的奖杯，我在想，这个奖究竟意味着什么？这是南开大学颁给学生的最高荣誉，这既是对我7年南开求学岁月的肯定，也是对我未来人生道路的期许。学校和社会希望能有更多的南开学子树立远大理想，奋发成才，报效祖国，做周总理那样的人。然而，做周总理那样的人，谈何容易！

正值青春年华的我们，怎样做周总理那样的人？我尝试着从周总理青年时期的成长历程中去寻找答案。

一是树立远大理想。周恩来从小就立下"为中华之崛起而读书""愿相会于中华腾飞世界时"的伟大志向。周恩来在复杂的环境中，在学习和实践中进一步把个人理想与民族前途命运紧紧连在一起，捍卫远大理想，矢志不移。如今，我们再去回想"为中华之崛起而读书"这几个字，依然能感受到它的分量，它激励着南开人树立远大理想，主动将时代使命融入到人生的奋斗历程中去。

二是不断学习本领。周恩来一生都坚持勤奋学习，而且提倡培养学习精神。1918年，他在日记中给自己订了一个计划："第一，想要想比现在还新的思想；第二，做要做现在最新的事情；第三，学要学离现在最近的学问。思想要自由，做事要实在，学问要真切。"他在日本留学期间，在艰苦的环境中刻苦学习的精神给他人留下了深刻的印象。我们要做周总理那样的人，刻苦学习的精神是必不可少的。青年人正处于学习的黄金时期，应该把学习作为首要任务，作为一种责任、一种精神追求、一种生活方式，向青年周总理一样，不断学习新思想、新知识。

三是肩负责任担当。周恩来在学生时代就密切关注社会发展。他多次在作文、演讲中发表对中国内忧外患处境的看法，呼吁救亡图存。他认为，青年学生在"发展个性，研究学术，求着实验以外，还要负一种促进社会去谋人类幸福社会进化的责任"，要"作事于社会，服役于国家……以其所学，供之于世"。青年周恩来清楚地看到中国的内忧和外患，积极投身革命，担起民族解放的重任。那么新时代的南开人应该有怎样的担当呢？归纳起来，就是"知中国，服务中国"。

究竟如何做周总理那样的人？从周总理的成长历程中，我找到了答案——做"有理想、有本领、有担当"的新青年。

如今，这片土地已不再是青年周恩来时期的水深火热、支离破碎，中国特色社会主义进入了新时代，迎来了实现中华民族伟大复兴的光明前景。隔着岁月长河,跨越不同时代,我们仍然需要缅怀伟人风范,传承恩来精神。作为新时代的南开青年,作为总理母校的光荣学子,在这新时代,更应该将"恩来精神"内化为我们自身的品格和修养,内化为自觉的人格追求和精神境界,沿着周总理走过的路,不忘初心,不负使命,迈出属于南开人的坚定步伐。

(常小松)

传承恩来精神,做新时代的"觉悟者"

周恩来总理是我校觉悟社的创始人。1919年9月16日,在周恩来、邓颖超等人组织下成立了天津青年学生的进步社团——觉悟社,共同学习和传播马克思主义,团结爱国力量,开展改造社会、挽救祖国的革命斗争活动,而周恩来也以卓越的领导能力成为觉悟社公认的领导者。2003年,为了纪念周恩来总理等革命先辈,传承南开人的社会担当精神,南开学子组织成立了新觉悟社。

新觉悟社自成立以来,一直秉承知中国、服务中国的理念,以实际行动践行恩来精神,注重将恩来精神贯彻到学习生活中去,实现学思践悟的高度统一。一方面,我们注重理论建设,开展海谈会关心国家大事,畅谈党的十九大精神,研读党的十九大报告,激发同学们对时事的兴趣;组织同学们阅读《周恩来传》《习近平的七年知青岁月》等书籍,观看《将改革进行到底》等专题片;另一方面,我们积极践行着社团宗旨,筹办"提案中国·模拟政协"提案大赛,尝试通过自己对社会的了解为祖国发展建言献策;带领社员们参观觉悟社旧址、周恩来邓颖超纪念馆等,实地感受革命与建设的历史往事,更加透彻地理解恩来精神的时代内涵。我们还深入基层走访,在天津市红桥区浩达社区向基层民众宣传党的十九大精神,到周总理的家乡淮安、革命圣地西柏坡等地,重温党的光辉历史,接受党的革命文化教育。丰富的形式带来出色的效果,我们对恩来精神的"觉悟"越来越多,愈发觉得周恩来总理人格之伟大,仰之弥高,钻之弥坚。

习近平总书记在纪念周恩来同志诞辰120周年座谈会上连用6个"杰出楷模"高度概括和评价了周恩来总理的伟大人格。这6个"杰出楷模",也同样为我们青年的立志成才指明了方向。

在我看来,我们当代青年传承恩来精神,首先是要做新时代的"觉悟者"。要像周恩来那样,将我们的个人使命和价值融于时代的发展中。周恩来在《觉悟的宣言》中曾经豪情地写道:"努力!奋斗!一步步的'觉悟',一步步的'进化'。'觉悟'无边无止,'进化'无穷。"这对于今天的我们来说同样是适用的。党的十九大已经为我们画明了新时代的航线,周恩来在青年时"愿相会于中华腾飞世界时"的寄语也正在变为现实。我们既要像周恩来那样树立远大的理想抱负,把个人的成长深深融入民族的复兴和人民的幸福中,更要脚踏实地,勤勉奋进,"艰难困苦,玉汝于成",用扎实的专业本领投入到复兴伟业中去。

周恩来总理赋予南开学子恩来精神的火把,我们要接力传递下去,以周恩来总理为楷模,勇担历史重任,践行社会责任,为中华崛起而读书,为民族复兴而成才。

我们新觉悟社及翔宇社成员,将继续传承、宣传好恩来精神,当好新时代的"觉悟者"和"实干者"。愿相会于中华民族腾飞世界之时,让周总理放心!

(朱恒宇)

(原载《南开大学报》第1357期)

周恩来与重庆南开中学

周恩来总理在重庆南开中学[①]

梁华友

一

抗战时期,重庆南开中学的校长仍然是张伯苓先生,他已是负有盛名的教育家,担任着国民参政会的副议长。在校的教职员中,也还有周恩来同志熟悉的师友。周恩来到学校常驻津南村七号伉乃如家。

周恩来的另一个老同学叫王端驯,她的丈夫叫张子丹(张克忠,字子丹——编者注),是南开大学化工研究所的所长。当时王端驯夫妇住在津南村二十三号,周恩来曾借用这个地方宴请南开校友,对他们讲述革命前途和党的方针政策。

邓颖超同志的好几个老同学也住在南开,她们都是先后在天津直隶第一女子师范学校毕业的;其中一个是南开校务主任喻传鉴先生的夫人潘珍兰,一个是南开总务主任华午晴的儿媳高委贞。邓颖超也常组织女师的校友们聚会,给她们分析抗战形势,动员广大妇女积极参加抗日救亡运动。

1939年1月初,和煦的阳光,冲破山城的迷雾,照耀着沙坪坝南开中学的校园。校园里蜡梅盛开,芳香扑鼻,校门口数百名师生排成两队,精神振奋,等候着一位十分尊敬的客人。

上午九时许,响起了一阵热烈的掌声,原来是周恩来应张伯苓先生和南开校友会的邀请,从机房街八路军办事处,来到南开中学参加校友报告会,给学校师生做报告。周恩来到校后,在张伯苓先生陪同下,走向南开中学礼堂——

[①] 收入本书时有节略。

午晴堂。

张伯苓先生在介绍辞中说:"周校友奔走国事,卓著勋劳,为大家树立了榜样,今天有这个难得的机会给大家讲话。"会场上,响起了热烈的掌声。

周恩来站在讲台前面,十分谦逊而亲切地说:"我也是南开中学的学生,张校长是我的校长,在座有的老师也是我的老师。能够回到母校与老师同学见面,畅谈国家大事,感到十分高兴。"他的每一句话都吸引大家,引起全场师生会心的微笑。恩来同志这次讲演的题目是《抗战必胜的十大论点》。他详尽地分析了抗日战争形势,高度评价了抗日战争一年多来的胜利。他指出:"从卢沟桥事变以来,我们全民族团结起来了,建立了抗日民族统一战线,同日寇进行了英勇顽强的战争,这在我们中华民族的历史上是空前的,在东方,在世界历史上也是十分伟大的!"最后,恩来同志号召青年发扬爱国主义精神,积极参加抗日战争。他说:"青年人,书还是要读的,但是更要关心民族的危亡,要学习抗日救国的道理。在中华民族面临生死存亡的历史关头,我们青年人要把天下兴亡的责任担在肩上。"周总理对南开校训"允公允能"给予新的解释,他说:"在当前,公,就是抗战;能,在当前就是学习,就是学好抗日的本领。我们要把民族利益看得高于一切,有力出力,有钱出钱,凡是有利抗战的事都要支持、拥护;凡是不利于抗战的事都要抵制、反对!值此抗战转入第二阶段之际,望各位校友发扬这种可贵的南开精神,为抗战建国而努力!"

周恩来的讲话,以璀璨的思想光芒,触动每个听众的心弦。广大师生一新耳目,受到很大的教育和启发。

报告结束后,张伯苓先生设宴招待周恩来,作陪的有周恩来和邓颖超的几个老同学,还有几位学生代表。

继这次讲演之后,1月10日南开校友会在城内陕西街留春崿餐馆举行新年聚餐会,恩来同志以校友身份应邀参加,即席发表了"抗战建国与南开精神"的讲话。他再次强调:"抗战十八个月来,我们已打下抗战必胜之基础,而在争取胜利中又已奠定建国之基础。抗战前途极为乐观。南开的传统精神为抗日与民主,为苦干、穷干与实干,值此抗战转入第二期之际,望各校友发扬此种可贵的精神,为抗战建国而努力。"《新华日报》1939年1月11日报道了这个消息。

1940年冬,周恩来又去南开中学,在津南村二十三号楼上王端驯家中,对部分校友做了报告,以"抗战、团结、进步"为内容,分析了1940年的抗战形势。

他列举大量事实讲述了我八路军、新四军开赴敌后所取得的重大胜利,分析了取得胜利的主要原因,周恩来坚定地表示:"全国人民的抗日怒潮不可阻遏。抗日战争的抗毒素,不仅可以消除日寇的毒焰,而且也能够清洗我国的污泥浊水。只要我们全国人民一致努力,坚持抗战,就一定能够克服投降危机,取得抗战最后胜利。"

抗日战争时期,由于周恩来对南开中学的深切关怀,多次来到学校,有时单独来,有时和邓颖超同志一道来,有时又到官井巷南开校友总会去,给全校师生热情的教育和鼓励,指出正确的政治方向,推动广大师生积极投入抗日建国的伟大斗争,成效昭然,这在南开全体师生中留下了极为深刻的印象。

重庆解放后,南开中学根据全市中等学校统一命名,改称重庆市第三中学。周总理在百忙中惦记着这所学校的进步和成长。1957年2月10日访问亚非十一国后归来,路过重庆,不顾旅途劳顿,同贺龙同志来到南开视察。

这天,总理乘坐的汽车,从大校门一直开到"范孙楼"(即现在的红专楼)前,当他见到喻传鉴校长时,非常高兴地连说:"老熟人了! 老熟人了!"

周总理对南开中学有着深厚的感情,对一屋一宇了如指掌。走到"忠恕图书馆"前,周总理指着"忠恕"两字向大家解释:"忠恕"是康心孚和康心如两兄弟的学名(按:康心孚学名康宝忠,居长,康心如学名康宝恕,行二。"忠恕图书馆"是康心如捐款修建的)。周总理一边走一边向大家介绍南开的历史和变迁。他十分关心中华人民共和国成立后学校的发展和变化,无限深情地倾听着学校负责人的汇报,热情地鼓励学校负责同志要积极响应毛主席"三好"的号召,把学校办得更好!

周总理一行人来到操场,他极目四顾,很有感慨地说:"这个学校历来很重视体育,很重视学生的健康。我的身体之所以还不错,就是在中学时期锻炼得好,这都应感谢母校,感谢母校的老师们啊!"走到"津南村",周总理指着村口的平房说:"这原是张伯苓先生住的嘛! 张伯苓没有随蒋介石去台湾,还是对的嘛!"

周总理来校的喜讯,顿时传遍了整个校园,同学们成群地赶来,周总理见到这种状况,便指着一位魁伟的同志亲切而风趣地问:"同学们! 他是哪一个? 你们认识吗?"同学们一看,马上变得活跃起来,大家异口同声天真地喊道:"贺龙! 贺龙!"周总理和贺龙同志爽朗地笑了,同学们也尽情地笑。这时总理格外高兴,不断地向同学们问长问短,最后叮嘱大家说:"要好好学习,加强劳动观点;热爱祖国,提高政治思想觉悟;树立艰苦朴素的作风,准备做一个有文化、有技术的工人和农民,做一个体力劳动与脑力劳动相结合的新型知识分子。"

几十年来,不论是中华人民共和国成立以前还是成立以后,周总理热情关怀南开中学,不知耗费了多少心血。周总理热爱母校的深挚感情,永远激励南开师生奋勇前进!

(原载《南开校友通讯》第二期)

抗战中的周恩来与张伯苓[①]

梁吉生

抗日战争时期,南开大学是一所私立高等学府。它因为是中国人以民间力量办的大学,而且办学颇有特色、成绩卓著而闻名国内外。周恩来曾是南开大学第一期学生,与校长张伯苓等人建立了深厚的师生情谊。抗日战争时期,南开更加有名是因为它在中国北方抗日救亡爱国运动中始终站在斗争前列,为国人所瞩目,更因为日本帝国主义发动全面侵华战争不久,就野蛮地将南开这所私人文化教育机构炸毁,引起国内、国际上的同情和关注。

一所大学成为日本战争机器摧毁的目标,这是善良的人们不能理解的,连当时在天津的英美人士都觉得不可思议。1937年7月28日,当日本侵略军在天津举行的新闻发布会上宣布要轰炸南开大学时,外国记者异口同声地发出质问。傲慢的日军上尉回答:

"先生们,南开大学是一个抗日基地。凡是抗日基地,我们就要一律摧毁。"

"你这是什么意思?"

"南开学生抗日拥共,他们老是给我们在制造麻烦。"

"但是,上尉,现在校园内并没有学生,目前正是放暑假,空无一人。"

上尉真的发怒了。他说:"先生们,我是一个军人。我告诉各位,今天我们要炸毁南开大学,因为它是一个抗日基地,所有的中国大学都是抗日基地。"

上述这段问答,是当时担任记者的爱泼斯坦先生记录下来的。日本侵略军真的这么干了。当天夜里就开始轰炸南开大学,很快摧毁了学校的主要建筑,然后又派日军工兵乘车进入校园用汽油焚毁尚未完全炸掉的建筑和设备。一所大学就这样毁于一旦。7月30日,全副武装的日本军人进驻南开大学,

---

[①] 本文曾刊于《中华读书报》,并收入《张伯苓在重庆:1935—1950》,收入本书时做了修改。

从此一占就是八年之久。

　　无端用武力手段消灭一个文化机构这是国际法所不容的,何况南开大学是一所私人文化机构,更何况张伯苓校长是著名教育家。所以,自然引起中外人士的一致谴责和抗议。蒋介石和南京教育部对张伯苓表示慰问。中共领导的一大批左翼作家包括周扬、冯雪峰、茅盾、郭沫若、夏衍、巴金、胡风等 56 人也致电张伯苓,对"日寇夺我平津,摧毁文化机关,南开、女师惨遭轰炸,继以有计划之烧毁屠杀,同仁等无任悲愤"。

　　抗日战争开始,蒋介石邀请各方著名人士在庐山举行谈话会,听取他们对"国是"的意见。张伯苓、梅贻琦、胡适等参加。13 日,周恩来为与蒋介石谈判国共合作事宜也到庐山,见到了张伯苓。张伯苓在"国是谈话会"上带头提出"拥护抗战的蒋委员长",得到大家的赞同,周恩来也对张的此举表示支持。7 月底,南开大学被日军炸毁,师生辗转南迁到南京。张伯苓表示亲自与周恩来联系,将南开部分进步学生通过八路军在南京办事处送往延安。以后张伯苓还陆续致函周恩来介绍进步青年去陕北抗日。

1937 年 12 月 16 日,张伯苓给周恩来写信:

　　　　翔宇(周恩来字翔宇,编者注)贤弟大鉴:兹有南开校友杨作舟君原任所得税事务处湖北办事处收发主任,近以国家危急,投笔杀敌,赴陕北工作。用特专函介绍,即请为委用。

1938 年 1 月 16 日,张伯苓再函周恩来介绍罗沛霖:

　　　　翔宇贤弟鉴:兹有南开校友罗君沛霖愿到贵军作无线电设计制造及修理工作。查罗君于 1931 年由南开中学毕业后考入上海交大电机工程科。1935 年在交大毕业后即服务广西第四集团军无线电工厂,旋入上海中国无线电业公司工作。为人聪明干练,学历极佳。爰驰书介绍,希酌予任用是幸。

　　罗沛霖在中华人民共和国成立后曾任机电部科委副主任,当选中国科学院院士。

1938 年 4 月 22 日张伯苓又为南开大学助教傅大龄介绍:

　　　　翔宇贤弟鉴承:赠玉照经何先生转交收到,谢谢。兹有南开大学毕业生傅大龄君,曾担任母校物理助教数年。人极诚笃,作事努力。现拟赴陕投效，俾积极参与救国工作。苓特为介绍，即望赐予接洽，并酌量委派工作是所至盼。

1938年4月22日张伯苓致周恩来函

1938年5月，张伯苓为重庆南开中学筹款来到武汉。当时武汉云集了许多的南开校友。在南开中学时比周恩来低一班的吴国桢时任武汉市市长。周恩来作为中共中央代表团和中共长江中央局负责人，出任国民政府军事委员会政治部副部长，也常驻武汉。张伯苓到武汉后，南开校友奔走相告，他们集合了108名校友在汉口金城银行二楼欢迎张校长。周恩来偕邓颖超及刘清扬联袂而至。周恩来身穿藏青色哔叽中山装，浓眉朗目，神采奕奕。他的到来，使会场顿时热烈起来，他亲切地问候校长，并和校友一一握手。会间，张伯苓请周恩来向校友讲话。周恩来在讲话中分析了抗战形势，并指明抗战的前途，同时深情地回忆了在南开所受校长的教诲和南开精神熏陶。他说："南开严格训练与优良之校风外，有两点至可注意：一为抗日御侮之精神，一为注意科学训练。"张伯苓认真听着周恩来的讲话，他从心眼儿里为有这样的学生而自豪。他亲昵地称呼"恩来"的名字而不加姓。会上还放映了有关南开和校友们的幻灯片。当演出长征途中戎装而又蓄须的周恩来形象时，张伯苓用手杖指点着对大家说："这个脑袋要值十万块钱呢！"在场的校友都知道，抗战以前，蒋介石曾以十万大洋的高价悬赏周恩来的首级。有的校友笑着说："校长，您可以领着周校友到蒋先生那里,向他要几十万块钱,这不是很好的募捐方式吗?"周恩来笑了,张伯苓和校友们也笑了。这次周恩来应张伯苓之邀,答应参加为南开的募款活动。几天后,吴国桢在三教街的市长私邸宴请周恩来及魏文翰、施奎龄等校友。张伯苓也在汉口脥川菜馆请周恩来、吴国桢、何廉、范旭东等人吃饭,商讨建设后方南开的大计。

6月9日张伯苓又给周恩来写信,介绍去陕北的青年:

> 翔宇贤弟大鉴:前在汉畅叙甚快,兹有刘君念悌,为上海实业界闻人刘君鸿生之公子,曾在日本留学,又在四川水泥厂供职,现有志赴陕北工作,故特为介绍乞抽暇接见为盼。

1938年12月,周恩来到重庆,与张伯苓有了更多的接触。当时张伯苓是国民参政会副议长,住在重庆沙坪坝南开中学内的教职员宿舍——津南村。这里很快成为重庆社交活动的中心之一。翁文灏、谭仲逵、傅作义的家属以及柳亚子、范旭东、侯德榜等都住在这里。文化界名人郭沫若、曹禺、陶金、舒绣文、钱千里等也常常去津南村。国民党要人张群、吴国桢、张道藩等也常有往还。周恩来为广泛团结爱国人士抗日,经常到重庆南开中学拜望张伯苓,有时也到他的老师伉乃如家。

1939年1月初,周恩来偕邓颖超到重庆南开中学做报告。周恩来刚从汽车里走出来,立即受到师生的夹道欢迎,周恩来满面笑容,向欢迎人群挥手致意,在张伯苓先生的陪同下,走向校礼堂——午晴堂。这里早已济济一堂,坐满了参加聆听报告的师生,连过道、窗台都挤满了闻讯赶来的其他学校的学生和职员。周恩来身着蓝色中山装,足穿黑皮鞋,英姿焕发,健步登上讲台。一瞬间,会场里爆发出雷鸣般的经久不息的掌声。

张伯苓先生首先致辞说:"周校友奔走国事,卓著勋劳,为大家树立了榜样,今天有这个难得的机会给大家讲话……"话音未落,会场上再次响起热烈的掌声。

周恩来神采奕奕地站在讲台前,目光炯炯地注视着全场,以洪亮的声音,十分谦逊而又亲切地说:"我也是南开中学的学生,张校长是我的校长,在座的老师有的也是我的老师。能够回到母校与老师和同学们见面,畅谈国家大事,感到十分高兴。"周恩来的每一句话,说得那样朴实可亲,全场师生无不为之感动。周恩来接着很风趣地说:"几年以前,要是我站在这儿,有人就可以发一笔财——那时候,谁抓住我,就可以得到几十万元的奖赏!"他的这几句话,立刻引起全场师生的哄堂大笑,同时也使大家联想到很多。中国革命的道路是多么的艰难曲折,革命中不知有多少志士身陷囹圄,不知有多少烈士流血牺牲。周恩来充满革命乐观主义精神,接着说:"但是今天,我可以站在这里和大家一起畅谈国事,这说明形势变了,说明抗日民族统一战线已经建立起来了!"

周恩来给全校师生分析了抗日战争形势,指出:"从卢沟桥事变以来,我们全民族团结起来了,建立了抗日民族统一战线,同日寇进行了英勇顽强的战争,这在我们中华民族的历史上也是十分伟大的!一年多来,抗日战争的成绩是巨大的,它唤起了全国人民抗日救亡的决心,它使全国分崩离析的局面变成比较团结的局面,它给了日寇以巨大的消耗和损伤。"他又指出:"当前,战局正处在一期战争——退却和防御阶段已经结束,二期战争——相持阶段将要到来的过渡时期。从战略的意义来看,一期战争的特点,是敌人企图速战速决,求得聚歼我军,逼我屈服;我们则坚持长期抗战,诱敌深入,以图击破敌人的速战速决。这一战略任务,在敌人失败了,在我们是成功了。十八个月的战斗证明,中国的长期抗战,不仅是必须,而是绝对可能。敌人愈陷愈深,我们愈战愈强,已成为中日战争的真理,这是我们战略上的成功。"

接着,周恩来深刻地指出:"由于日本是一个帝国主义强国,而中国是一个半殖民地半封建的弱国,由于日本进行的侵略战争是退步的非正义的,加上它是一个小国,在人力物力上不足,在国际上寡助;我们中国进行的抗日战争是进步的、正义的,加上中国是个大国,在国际上多助;因此,这又决定中国不可灭亡。"周恩来对"抗战必亡"论调给予有力的驳斥。周恩来握紧拳头挥动左手坚定地说:"只要我们加强国内团结,提高民族意识,坚定抗战意志,只要我们坚持全面的、全民族的抗战,坚持持久战,抗战一定会胜利,最后胜利必属于我们!"

最后,周恩来特别强调:"抗战进入到现阶段的时候,摆在我们面前的许多新的困难正待我们去克服。而克服这些困难的主要有效方法,是真正切实动员和组织民众,尤其是青年群众帮助抗战。因此,青年在帮助克服困难,渡过难关这一目前主要任务上,是负有责任的。"当时,重庆南开中学以教学质量、学校设备优异著名,周恩来在讲话中语重心长地指出:"青年人,书还是要读的,但是更要关心民族的危亡,要学习抗日救国的道理。在中华民族面临生死存亡的历史关头,我们青年人要把天下兴亡的责任担在肩上。"周恩来对南开校训"允公允能"给予新的解释,他说:"在当前,公,就是抗战;能,在当前就是学习,就是学好抗日的本领。我们要把民族利益看得高于一切,有力出力,有钱出钱。凡是有利抗战的事都要支持、拥护,凡是不利于抗战的事都要抵制、反对……"

周恩来的讲话,使广大师生深受教育和启发,耳目为之一新,看到了自己的正确政治方向。周恩来的讲话,戳穿了蒋介石一伙在青年学生中所散布的只管埋头读书,不必过问国家大事的谬论和阴谋,使学校的风气逐渐有了新的改变。以后,周恩来又在南开校友新年聚餐会上发表了《抗战建国与南开精神》的演讲,精辟地分析和阐述了十八个月来敌我双方的形势,明确指出:"我们已打下抗战必胜的基础,而在争取胜利中又奠定了建国之基础。"他号召大家加强国内团结,反对一切挑拨离间和动摇悲观言行。接着他讲了"南开精神",他说:"南开传统的精神为抗日与民主,为苦干、实干与穷干",并且满怀热情地表示:"值此抗战转入第二期之际,望各位校友发扬此种可贵的南开精神,为抗战建国而努力。"

对照周恩来在武汉和重庆有关南开精神的论述,不难发现,他所赋予南开精神的内涵是不断发展、不断丰富的,而且总是把青年学生、学校、国家作为一个有机整体加以考察和构想,引导学生、教育者树立历史发展观和国家全局观念,把坚定的政治方向、民主思想与学习科学、专业本领结合起来,把道德、知识与实干统一起来,从而使南开精神充满了活力,有了更加深厚的社会基础,有了永不枯竭的动力之源。

抗战时期周恩来关于南开精神的论述,体现了周恩来的教育思想。在当时,对南开教育有着很大指导意义,促进了张伯苓教育思想在新时期的发展。张伯苓曾说:"南开精神就是爱国、民主、抗战到底,就是拼命干的精神。"张伯苓对南开精神的新解读,显然受到周恩来的思想影响。抗战时期,周恩来对南开精神的诠释使南开师生和校友受到巨大教育、鼓舞。当时出版《南开校友》第4卷第6期刊登《对〈南开校友〉提供一点意见》一文,强烈要求该刊多多报道周恩来讲话。文章写道:"周恩来先生屡次在校友会上做讲演,我们不但要知道这个消息,而且极需要知道演讲的内容。这次他讲《抗战建国与南开精神》,我们想象中他不但说明了抗战建国光明前途,而且更给南开精神做了进一步的发展,将南开精神和今日之抗战建国大业互相联系起来。这一切新的发挥,都是我们不得亲自与会聆听的校友所极盼望知道的。"

这一时期,张伯苓仍然不断介绍先进青年赴陕北工作,有时让他们持函去曾家岩50号或红岩村直接面见周恩来。周恩来返延安不在重庆时,张伯苓便直接写信往陕北。1939年7月,周恩来因骑马跌伤,导致右臂骨折,张伯苓得知后,立即致函问候。8月18日再次写信:

> 翔宇贤弟惠鉴,顷接复电,悉尊伤未能即愈,不胜惋惜,惟远祝吉人天相,早日获痊。并祈好自摄护,为国珍重。颖超闻已前往,谅早已到达,伤势日来如何,请随时示知,以免悬注。兹有李梦九君,曾在南中任教,不日将有陕北之行,李君对于贤弟,心仪已久,届时拟踵寓晋谒,藉聆謦咳,特为介绍,希即进而教之是幸。

悠悠赤子心,拳拳南开情。抗战时期,周恩来与张伯苓的往来体现了师生之谊,也反映了一位伟大无产阶级革命家对一位爱国知识分子的关怀。他们的诚挚友谊,他们的道德风范一直流淌在南开人的心中。他们交往的佳话时时激励着南开学子。

(原载《张伯苓在重庆:1939—1950》)

伉乃如与周恩来

梁吉生

周恩来早年在南开中学和南开大学读书的时候,与他的老师伉乃如就结下深厚友谊,以后在重庆更以兄弟相称,这不仅成为南开校史上的吉光片羽,也是周恩来统战工作的一段佳话。

伉乃如名兆翰,天津市人,1891年生,1911年从直隶高等工业学堂毕业后即到南开中学堂任化学老师,以后任张伯苓校长秘书兼南开大学注册课主任,并曾一度代理南开中学、南开女中教务课主任,有很强的办事能力,深于世故,善谋断,在职员教师中颇有影响,是学校核心人物之一。

1913年周恩来入南开时,伉乃如亦执教鞭不久,富有朝气,教课生动,很受学生欢迎。当时,中学生年龄参差不齐,有些学生与教师相差不多,伉乃如比周恩来也只大七岁,而且两人生日都是旧历二月十三日。周恩来仰慕伉的为人,伉乃如亦赏识周的敦品励学,但二人熟悉起来则主要缘于共同的话剧爱好。早年南开,号称中国北方话剧摇篮,学校创办人严范孙、张伯苓均热心倡导。如早在1909年校长张伯苓就自编自导了话剧《用非所学》,组织师生演出,并不顾校长之尊饰演剧中主角,这在当时真是骇世惊俗。上有所倡,下必风从。伉乃如多才多艺,既能扮演角色,又能指导演出排练,1914年南开新(话)剧团一成立,伉便成为骨干,任剧团演作部部长。周恩来一度也是剧团活跃人物。他善解人意,理解力强,加上长相俊秀、白净,在当时还不时兴男女同台表演的社会风气下,常在剧中扮演女角,"牺牲色相,粉墨登场"。周恩来表演到位,颇得美评,"凡津人士曾观南开新剧者,无不耳君之名。"(南开学校《第十次毕业同学录》)伉、周在剧团里,不仅一起编剧、互评稿本,甚至一起下乡体察民情风物,而更多的是同台演出。如1915年他们曾在《仇大娘》和《一元钱》中扮演不同角色,《仇大娘》一剧,伉乃如演大仇福,周恩来演蕙娘;《一元钱》剧中伉乃如演胡柱,周恩来饰孙慧娘。1916年他们同演过三剧:一是《华娥传》,伉演店家,周演华娥;二是《老千金全德》,俩人分演童男、童女;三是《一念差》,伉乃如演王守义,又兼管幕,周恩来负责布景,同时管幕,俩人又是互相配合。共同的爱好,共同的工作,浇灌了师生的友谊之花。在中学四年里伉乃如与周恩来成为亲密朋友。

1917年夏,周恩来中学毕业赴日本留学,还与伉保持联系。据伉乃如家人回忆,周恩来从日本多有信函致伉乃如。从周恩来的日本日记中也可得到证实。1919年,"五四"前夕周恩来从日本回到天津,参加并领导天津学生反帝反封建爱国运动,就住在南开中学里。这年9月,南开大学创办开学,周成为该校的第一期学生。这期间,同时工作在南开中学和南开大学的伉乃如,有了较多与周恩来接触的机会,他同情周恩来和学生们的主张,也为他们冲锋陷阵的爱国斗争精神所感动。1920年1月29日周恩来因率领天津中等以上学校学生赴直隶省公署请愿,被当局逮捕关押,伉乃如曾去看望狱中的周恩来。他们的友谊经历了岁寒时节的考验。

伉乃如早年加入基督教,在南开也不是思想激进的教师,但他重友谊,笃诚信,同情正义之举,这与周恩来先进知识分子的民主思想是有相通之处的,这也是"五四"时期他们的友谊的思想基础。这种友谊直到周恩来赴法国勤工俭学信仰共产主义理想后还在延续。周恩来在旅欧期间写信给南开师友的主要是马千里、严范孙、张伯苓和伉乃如等人。

伉乃如与周恩来重新见面并在新的条件下发展了二人的友谊,是在抗日时期的山城重庆。这时期周恩来与伉乃如亲密交往,既是传统友谊因子使然,又是作为共产党人建立广泛的抗日民族统一战线工作的需要。伉乃如作为爱国民族主义知识分子是同情和赞同周恩来所代表的共产党的抗日主张的。

1937年"七七"事变不久,日本侵略者野蛮炸毁了私立南开大学,师生被迫南迁,与北京大学、清华大学先是合组长沙临时大学,不久三校西迁昆明合组国立西南联合大学。南开被炸后,伉乃如未能立即南下,而是留在天津整理学校运到英国租界里的图书仪器,并负责结束以往的校务。后来去了长沙临时大学,不到一个月因病又返回天津,张伯苓校长令其"负责照顾津校办事处一切事项",直到1940年5月才奉召往赴重庆。在香港滞留两个多月,8月14日始抵重庆沙坪坝南开学校所在地。

还在抗战之前,张伯苓就在重庆沙坪坝建立了重庆南开中学。战争爆发后,津地南开许多师生辗转来渝,南开大学经济研究所也在沙坪坝安营扎寨。沙坪坝为陪都文化区,前临嘉陵江,后枕歌乐山,山地势平坦,环境清幽,水陆交通又很便利,不仅有南开,且有重庆大学、中央大学及其他学府林立。时任国民参政会副议长的张伯苓常住这里,国民党许多政要及各界名人也住这里,如翁文灏、傅作义家属、汪精卫连襟谭仲逵及马寅初、柳亚子、范旭东、侯德榜等,一些文化名人如郭沫若、老舍、曹禺、沙千里、陶金、舒绣文等也常来南开。张伯苓所在的重庆南开中学津南村成为社会名流社交活动中心。

1938年12月中旬,周恩来作为中共中央代表和中共中央南方局书记来到重庆。他为了广泛宣传党的抗日主张,团结更多的上层人士和青年学生爱国抗日,便经常以南开校友的身份到学校来,有时是应邀来为师生做抗战形势报告,有时是来出席校内文艺演出活动,有时是来拜访师友。他的落脚点多是津南村23号他的老同学、南开化工研究所所长张克忠教授家,或者津南村3号校长张伯苓家。伉乃如来到重庆后,他的津南村17号寓所更成了周恩来经常出入的地方,二人的友谊更加挚纯。伉乃如在其日记中写道:"在余抵渝未久,得遇相别念余年的好友周翔宇、邓颖超,互相往来有三年之久。"这个时期成了伉乃如在重庆生活中最为留恋的日子,尤其是皖南事变前的一段时间,周恩来和邓颖超几乎每周都去南开做客,在伉乃如陪同下到老师、校友家串门,到校园散步,或向进步教师发放有关学习材料,或一起观看话剧演出。每忆及此,伉乃如就感到十分畅快惬意。1943年日记云:

重庆乃一山城,关于天气及衣食住行,无一可令人留恋者。惟话剧一事,可称全国之冠。余居山城三年以来,同翔宇夫妇先后共听话剧约二十三出:《夜上海》《国家至上》《面子问题》《家》《北京人》《遥望》《大地回春》《雾重庆》《花溅泪》《结婚进行曲》《蜕变》《闺怨》《大雷雨》《日出》《屈原》《复活》《第七号风球》《重庆廿四小时》《天长地久》《棠棣之花》《清官外史》《江南之春》《天国春秋》。其中以《蜕变》《国家至上》《北京人》《清官外史》为最佳。表演较佳之剧人张瑞芳、舒绣文、白杨、露西、孙坚白、陶金、项堃、魏鹤龄、钱千里、谢添、陈天国、蓝马、金山等。

以上这二十多个话剧,有的是伉乃如、周恩来在南开校内观看的。重庆南开中学话剧活动一向十分活跃,不但师生自己演出,也邀请重庆的著名演员来校公演。但更多则是周恩来请伉在市内观看的。他们都是话剧行家,有很高的审美水平,边看边论,评头品足,给予艺术评价是常有的事。我想以上伉在日记中所谈"最佳"剧目和"表演较佳之剧人",绝不会仅仅是他的个人之见,或许也包含了周恩来的艺术见解和评价。

伉乃如有时也邀请周恩来到校观看他自己导演的话剧。南开是很有些导演人才的,张彭春、张平群、曹禺、张道藩、伉乃如等都不是凡辈。伉乃如因经常有病,在重庆时导剧不多。据他自己回忆,1940年5月为南开中学1941班毕业生导演《雾重庆》,1942年10月为庆祝南开校庆导演《北京人》,1943年5月为1943届毕业班导演《大地回春》。南方局的同志也都知道周恩来的老师伉乃如有话剧爱好。有时周恩来不能脱身,他下面的同志就陪伉去看话剧。1944年大部分时间周恩来不在重庆,5月29日张晓梅派车接伉乃如到曾家岩,由林伯渠出面接待,并陪观剧。伉在日记中记道:"在五月内进城四次。五月二十九日午后五时张晓梅派车来接,余携铁佩到曾家岩与林伯渠等谈。饭后同到银社观剧《两面人》,韩涛、魏鹤龄、赵蕴如等主演,十一点归。"

伉乃如时常与周恩来等共产党人一同出入看戏,着实令人为他担忧。因为周恩来在重庆时时受到国民党特务的监视、跟踪。他在一次座谈会上就曾说过:"重庆对我来说是一个大监狱,到处都有特务监视,我的足迹最远不超过山洞。"伉乃如并非不知周恩来的安危所系,但他依旧与周坦然以处。他对关心他的人说:"你看我这穿戴和相貌,特务会搞我吗?"伉乃如景仰周恩来的为人,同情共产党从事的抗日大业,他尽心努力给予共产党帮助。重庆南开中学校医王慈吾(张伯苓内侄)是日本留学生,不满当时社会的黑暗,向往光明,伉乃如得知他的内心愿求后,便向周恩来引荐,终被输往延安参加革命工作。

随着抗日战争的深入发展,国民党对共产党的打压愈加强烈。1941年1月发生皖南事变。几天后,周恩来到张伯苓校长家,伉乃如、吴国桢同在张宅。周恩来把印有"千古奇冤,江南一叶,同室操戈,相煎何急"的《新华日报》分送在座的每个人,并且十分气愤地说:"你们看看这千古奇冤!我新四军近万名英勇将士没有战死在抗日沙场上,竟饮恨于皖南事变的伏击中。国民党的一些人,用心何其毒也!"身为国民党高官的校友吴国桢进行辩解,两人激烈争论起来。张伯苓深知周、吴当年在南开读书时是最要好的朋友,担心今天二人争辩伤了和气,便从中调和。周恩来严肃地指出:"这不是我们两个人的问题。"伉乃如见他们辩驳不得休止,便把周恩来请到自己家中去坐。后来伉乃如对张伯苓说:"校长,下次恩来再来,不要谈国共关系了,谈谈咱校的金鱼和花比嘛不强!"

皖南事变后,国共斗争形势更加危急。周恩来在南方局内部做了充分的应变工作,以防不测,同时也对自己做了最坏的估计。有一天晚上,邓颖超突然来到伉乃如家,说:"我和恩来随时都可能被捕,我这里有一个小瓷盒交给你们,希望你们能给我保存好。盒内有周恩来获得的勋章和我母亲的手表。"伉乃如对此重托视为最大的信任,每次躲避日本飞机空袭警报,伉家总是把小瓷盒小心翼翼地带在身上去钻防空洞,一直保藏到天津解放以后。

皖南事变后邓颖超交由伉乃如保存的瓷盒

1943年春,第三次反共高潮将起,周恩来身上的担子更加沉重,与伉乃如的见面机会减少。6月底,周恩来离开重庆,此后一年多留驻延安。在这些日子里,伉乃如患严重胃病,时好时犯,几乎不能工作,但一直不能忘怀周恩来,而且愈是在病中,愈是思念远方的朋友。1944年他在日记上写道:"三月七日夏历二月十三日为余生日,因病未起,亲朋来家拜寿者甚多。翔弟与余生日均为二月十三日。自余入川四年来,每逢是日均与翔弟同在一处欢聚终日。翔弟去岁七月间同颖超到延安,至今未归,卧病床上,颇感不快,且触动余之思念翔弟不置也。"周恩来等共产党人始终关心伉乃如。据伉日记所载:1944年1月13日"上午九时余,张筱(晓)梅女士来,谈甚畅,十时始去。临行约张女士与徐冰先生于夏历除夕来家吃饺子。"如前所述,林伯渠等曾邀伉到曾家岩吃饭,并陪同观看话剧。这年6月周恩来还特地捎来一函由韩文信大夫转送伉乃如。伉得信后十分高兴,"当即复一函,烦曾家岩设法转递"(见《伉乃如日记》)。

1944年11月10日周恩来飞返重庆,准备同国民党谈判,不到一月又回延安。此后为国共谈判,在两地间时有往还,来去匆匆。日本投降后,8月28日陪毛泽东飞抵重庆,9月6日又陪毛到津南村拜访张伯苓、柳亚子。南开人再次亲见周恩来的身影。

国共谈判更加艰难。伉乃如也忙于南开复员北迁的工作。周、伉已经难得相见的机会。1946年"周恩来氏3月31日来校访问伉秘书乃如,旋即离校"(见重庆南开中学大事记)。这也许是与准备回北方的伉乃如的最后道别。4月,伉乃如奉张伯苓之命回到阔别六年之久的天津,主持南开大学复校工作。10月17日,南开大学在八里台原校址举行开学典礼。一年以后,即1947年10月28日伉乃如因胃穿孔逝去,享年57岁。

此时的周恩来正日夜转战于千里之外的陕北。

（原载《天津文史资料选辑》第一百零七辑）

深切怀念

伉铁健

　　记得在抗日战争时期,周总理和邓颖超同志作为我党的代表驻在重庆,正好我和我父亲(伉乃如)在重庆南开中学,我们有幸经常见到敬爱的周总理。当时,周总理和我谈话的情景,至今尚记忆犹新。那时在重庆,国民党的"白色恐怖"很严重。在环境险恶、工作条件十分恶劣的情况下,周总理总是机智勇敢、沉着坚定地和敌人展开针锋相对的斗争。尽管工作非常紧张和劳累,周总理还是抽出时间来联系人民群众。周总理在与国民党谈判之暇,还经常来我家做客。每次来,周总理总是向我们介绍解放区的民主政治和人民生活情况,向我们介绍我党在毛主席领导下,以农村包围城市最后夺取城市的胜利形势。记得有一次敬爱的周总理带来了很多解放区的照片,其中有解放区工农业生产的照片,还有解放区肉蛋等副食品丰收和人民自己织布的照片,生动地反映了解放区人民愉快地投入大生产的情景,反映了解放区人民贯彻毛主席的"自己动手,丰衣足食"的方针所取得的巨大成果。还有一次,周总理给我们讲解了毛主席关于农村包围城市的战略思想,并拿出了地图亲自指给我们看,哪些是解放区,哪些是敌占区。从地图上我们清楚地看见了解放区幅员广大,而敌占区最后只剩下了几个点几个城市的具体图景。当时使我深深感到毛主席军事思想的伟大,从而认定在毛主席的正确领导下,人民力量定会愈来愈大,最后必将取得胜利。

　　1959年5月,周总理来天津时接见了我一次。一见面总理就告诉我说:"我这次来是毛主席批准的,是党中央决定的。毛主席要我们都到家乡看看,联系群众。天津是我第二故乡,我就到天津来了。我已经60多岁了,来看看老朋友。"当时我和总理已有十几年未见面了。周总理很关心我们家的情况,并详细地询问了在天津的一些老朋友的情况。那次还亲切地对我说:"我们的事业是伟大的。中国之所以有今天都是毛主席英明领导的结果。"又勉励我说:"要好好学习毛主席著作,努力参加革命实践,要听毛主席的话,在工作中要特别注意,不能犯政治上的错误。"在那次见面以后,周总理的上述嘱咐,以及总理的和蔼可亲的面容,经常出现在我的回忆中,成了我前进的动力。

(原载《周恩来与天津》)

位尊不忘师生情

谭伯鲁

喻传鉴与周恩来早有深厚的交往,他们于民国初年在天津南开认识,那时喻是英文老师,周刚进南开。在重庆时周恩来是国民参议员、中共驻渝代表,他常到沙坪坝母校访问,并参加学校各种活动,喻传鉴是南开主任,周恩来到南开搞抗日爱国统战工作,他们配合得很好,他们共同目标只有一个,就是如何鼓舞全校师生及广大校友认识战时形势、热爱祖国、增加抗战信心,使南开越办越好,正因这样使南开达到鼎盛时期。

中华人民共和国成立以后,1957年2月,周恩来访问亚欧十一国,回国时路过重庆特来校看望师生,喻传鉴等热情接待。同年秋,喻到北京出席全国政协会议,周恩来没有忘记旧谊,在一次招待会上,周恩来走到喻传鉴席前举杯敬酒,并向毛泽东介绍"这是我的老师"。1964年周恩来再次赴渝考察,专程到南开拜访,听说喻有病住院,又去医院看望,祝他早日康复。1966年4月喻传鉴去世,周闻讯后即发唁电致哀,并献了花圈。

(原载《喻传鉴在重庆》)

周恩来与喻传鉴的师生情谊

魏仲云

周恩来同志是天津南开中学第十届毕业生,他对南开的老校长张伯苓和母校的老师始终怀着深厚的感情。重庆南开中学校长喻传鉴,当年在天津南开中学任教时,并没有给他上过课,但他仍然十分尊敬喻老师,数十年来一直保持着深厚的师生情谊。抗日战争时期,周恩来作为中共中央代表和南方局书记在山城战斗了八年,不论工作多么忙,每逢南开中学校庆,只要分得开身,他总是以校友身份到校祝贺,看望校长和老师。有时一人,有时与邓颖超同志同来,到津南村看望喻传鉴、伉乃如等。1940年冬天,他来到沙坪坝津南村王端驯老师家,在这里开了个校友座谈会,会后又去喻传鉴老师家,还代表邓颖超同志向喻师母(喻传鉴夫人潘珍兰是邓颖超同志在直隶第一女师的同学)问好。

1957年2月10日,周恩来总理出访亚欧十一国,回国途经重庆时,在贺龙元帅的陪同下,来到南开中学看望喻老师。会见时,向陪同的市委书记任白戈介绍:"喻校长是我的老师。"并问几位校长谁是正校长,任白戈书记说:"喻校长是正校长。"周恩来同志微笑着点头,表示对老一辈教育家的尊重和信任。同年秋,喻传鉴到北京出席全国政协会议,在招待宴会上,周恩来走到喻传鉴席前举杯向喻老师敬酒,并向政协其他领导人介绍说:"喻老师是我中学时代的老师。"在场的全国政协委员们对总理尊师的高贵品德十分敬佩。一位政协委员深有感触地说:"总理真是位尊不忘师生情啊!"

1964年,周恩来到重庆视察工作,百忙中还抽时间到沙坪坝南开中学,适逢喻传鉴因病住院,他又赶到第三人民医院看望,祝愿喻老师早日康复。

1966年4月21日,喻传鉴在重庆逝世。周恩来接到讣告后,及时发来唁电,并电请重庆市委代他向喻老师灵前敬献花圈,花圈上写着"喻传鉴老师千古,周恩来敬挽"。周恩来尊敬师长的高尚品德,在南开的师生中久久传颂。

(原载《喻传鉴在重庆》)

柳亚子在津南村

梁吉生　杨　珣

柳亚子先生在抗战时期,曾寓居重庆。他表现了旺盛的革命热情,其诗和思想都达到了一个新的高度。在此期间,毛泽东、周恩来等对亚子先生做过多方面的工作,对他产生很大影响。他在一次和毛泽东谈话后的诗作中写道:"与君一席肺肝语,胜我十年萤雪功。"正是他的由衷感言。关于诗人这一时期思想变化和经历,仅将我们所知的一点资料,贡献给《人物》。

1944年8月衡阳弃守之后,9月12日,柳亚子由桂林飞抵重庆。当时他在中央大学任教的儿子柳无忌住在沙坪坝南开中学津南村10号,柳无忌来到后,向南开中学教员张镜潭暂借一间。三家各居一间,局促之状可以想见。那时许多达官要人、知名人士住在南开中学教员宿舍——津南村,他们的房屋自然比柳亚子先生的宽绰得多。亚子先生不肯求人,甘愿与夫人、女儿无垢、外孙以及佣人挤在一间房子里。然而,他的心情是坦荡的、乐观的。他曾书赠张镜潭一诗:

　　卜邻五月喜相于,邸报同看更借书。
　　最是津南人物美,三冬图史伴三余。

诗里的"邸报",系指《新华日报》。柳亚子常常借阅张镜潭订的《新华日报》,以便了解抗日战争形势,领会党的意图。几个月后,通过吴铁城、邵力子等,南开校长张伯苓先生借给一间宿舍,柳亚子这才搬到张镜潭的隔壁11号,仍是斗室一间,与南开教员卢延英为邻。

在重庆,周恩来同志十分关心柳亚子先生。1944年11月11日,周恩来同志与赫尔利由延安飞返重庆后,当晚就去天官府街七号文化工作委员会参加郭沫若等为柳亚子举行的洗尘宴会。餐后,周恩来同志又在郭沫若寓所与柳亚子等人聚谈,介绍国内时局。以后,周恩来还不时请柳亚子到曾家岩50

号或八路军办事处去，每次都派人护送，甚至亲自陪同。周恩来同志还派报童给柳家送《新华日报》，为他提供学习便利条件。周恩来同志又多次以南开校友的身份到南开中学，广泛进行社会联系，开展党的统一战线工作。周恩来同志到南开去，多由邓颖超陪同，落脚在津南村17号南开大学秘书长伉乃如家。有一次，邓颖超同志要送给柳亚子一本新华日报印的辩证唯物论历史唯物论的书，一位南开教员主动要求代送，邓颖超同志和蔼地说："那可不行，我们不怕，你去不妥当，那会给你带来麻烦的。"周总理和邓颖超同志总是把每件事想得细致周到，对别人关怀爱护，无微不至。1945年8月28日，毛主席飞抵重庆与国民党谈判。在四十三天紧张的日子里，毛主席广泛深入地对各民主党派和各界人士进行团结、教育工作的同时，也多次会见柳亚子先生。《柳亚子诗词选》中的不少诗篇，都记录了这些会见。1945年9月6日下午，毛主席在周恩来、王若飞同志陪同下，曾驱车津南村拜访柳亚子。当时邻人卢延英长子卢国琦请求毛主席等题字留念。毛主席在小孩子的本子上挥笔写了"为和平、民主、团结而奋斗"。周恩来同志写了"民主团结，和平建国"。王若飞同志也写了"在和平民主团结的基础上，实现独立统一富强的新中国"。毛主席、周总理等的题字，表达了全国人民的心愿。此情此景，使亚子先生无比高兴。他即赋诗：

兰玉庭阶第一枝，英雄崇拜复何疑。
已看三杰留鸿爪，更遣髯翁补小诗。

下书一行小字："国琦校友纪念册，润之、恩来、若飞都有题字，余亦继生。卅四年九月亚子。"诗人崇敬领袖的激情，跃然纸上。

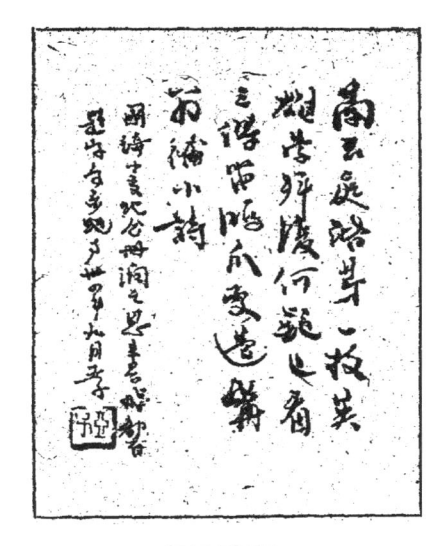

柳亚子题诗

（原载《人物》1982年第三期）

记在重庆南开中学求学时张伯苓谈周恩来[①]

阎明复

　　1944年暑假,各个中学都在招生。因为我生病半年没上学,所以考试成绩不佳,父亲(阎宝航)决定送我到重庆南开中学住校补习,然后再报考该校。结果,考试成绩仍不及格,父亲请王化一大叔托人联系,学校同意接收我做旁听生,期中考试及格后再转为正式学生。这样从1945年暑假后开始我就在重庆南开中学就读了。

　　重庆南开中学是我们的张伯苓校长高瞻远瞩,在抗日战争爆发前就亲自来重庆选址建设的。我在南开的时候,每个星期一的上午全校学生都要到大操场集合,举行总理纪念周。操场位于校园的中央,把男生部和女生部一分为二。操场北侧看台的中间设有主席台,对面南侧坡上用绿色的冬青树植成"允公允能""日新月异"两行标语。张校长身材魁梧,声音洪亮,身着长衫,只要他站在主席台上全场立刻肃静下来。纪念周开始的时候,老师带领我们朗读总理遗嘱,接着是张校长训话。一个甲子前老校长讲了些什么,我实在回忆不起来了。但是校长讲的几件事却深深地刻在我的记忆中。他说:"南开的学生中最好的学生就是周恩来,虽然他是共产党人。我还是要说,他品学兼优。在天津南开的时候,学校男生演话剧《一元钱》,剧中的一个女角,没人扮演,周恩来就承担了这个角色,非常出色。他现在还常来看望我。"校长说,我们中国人像一盘散沙,不团结,所以受日本帝国主义欺凌。他拿出一支筷子,稍稍一折就断了,接着又拿出一把筷子,百折不断。他说,中国人要团结起来,就没有任何力量折断我们,就能打败日寇。张校长在训话中苦口婆心地讲解南开的校训——"允公允能,日新月异"。他说,"日新月异"就是希望我们南开的学生每天每月都在进步,要有不断进取的本领。"允",含有应当、不能变的意思,合起

[①] 原题为《时间虽短 受益匪浅——记在重庆南开中学求学的日子》,收入本书时有节略。

来就是当为公能，奋斗终生。张校长提倡的这种"南开精神"，当时我的确不甚理解，但随着年龄的增长，时不时地有意无意用"做一个合格的南开人"来鞭策自己。

（原载《南开校友通讯》2007年下册）

回忆我与周恩来的几次会见[①]

柳无忌

在抗日战争烽火连年的时代,在敌人飞机狂轰滥炸的日子,我在重庆先后六次(1941—1945)会见南开校友周恩来。事隔数十年,记忆犹新。

(一)参加张伯苓校长家宴

1941年春天,由于日本飞机轰炸,我们一家三人,由昆明西南联合大学迁到重庆。那时候,我在沙坪坝中央大学(今日南京大学)外文系任教,我夫人在南开中学教书,女儿在南开小学读书。我们住在南开中学教员宿舍津南村。

抵渝不久,有一天,张伯苓校长在家里宴请南开校友,我和我夫人应邀参加。在客人当中有南开老同事何廉夫妇和伉乃如。另外,则是初次见面的周恩来和他的夫人邓颖超。寒暄后,我立即感到,闻名已久的共产党同志周恩来,果然是一位了不起的人物。在整个宴会上,周恩来不仅是张校长的贵宾,而且是客人中最活跃的一位。何廉本来以善交际与健谈著称,但是那一天,在杯盘交错之际,与周恩来相比,不免逊色。周恩来仪表非凡,在校长面前,彬彬有礼,谈笑风生。此外,何廉与伉乃如都是很有酒量的,周恩来与他们二人同席共饮,正是棋逢对手,互不相让。

通过参加张校长举行的家宴,我开始认识了这位有名的南开校友周恩来。他给我留下了极其深刻的印象,善于辞令,才智超人,温文尔雅,而又亲切感人。

[①] 原系英文,由南开大学教授张镜潭译成中文。

（二）曾家岩拜访周恩来

我父亲多年寄居上海，抗日战争爆发，上海、南京相继沦陷。1940年12月，父亲和母亲自沪避祸去港。1941年12月，香港又为日人所占领。当时我在重庆，千方百计，向各方接洽，都得不到父母亲的消息，真是忧心如焚。后来，想到父亲与共产党的友好关系，乃决定在友人的陪伴下，到曾家岩八路军办事处去拜访周恩来。我的心情十分复杂，一则想象不到周恩来将如何接待，再则又很担心在半路上会不会遇到特务的查视和干扰。喜出望外，我平安到达目的地，并且立即见到了周恩来。他态度友好、热情，与第一次见面时完全一样，并且留我"便饭"，实际上吃了一顿相当丰盛的午餐。更重要的是，周恩来对我父亲甚为尊重，无比关怀，他答应倘得到有关消息，一定即刻通知我。与周恩来的热情帮助相反，我父亲在国民党政府中原来的一些老朋友，却对他采取了敬而远之的态度，对他的安危并不关切。

（三）周恩来亲自至津南村送来的好消息

1942年6月初，重庆夏日炎炎，暑热逼人，我正在南开中学教员宿舍埋头翻译康拉德的小说《阿尔麦耶的愚蠢》，忽听外面有人敲门。开门一看，不是别人，正是周恩来和他的夫人邓颖超。信守自己的诺言，他特地亲自送来了好消息，即父亲和母亲已平安到达了大后方。实情是，父母亲逃离香港后，经过车船劳顿，历尽艰难险阻，在共产党组织关怀照顾下，有时还有几位游击队员护送，彼时正在向着桂林方面进发。闻讯之余，我非常感激，并请他们到室内稍坐，周恩来夫妇婉言谢绝了，说他们要去看望张校长。

数日后，我就接到了父亲由桂林寄来的第一封信。

（四）在陋室内父亲欢宴嘉宾

　　1944年秋,日本侵略军在投降以前,做最后挣扎,进攻衡阳,威胁桂林。父母亲自桂林来到重庆,和我们相聚。那时我们一家三个人,住在津南村10号,仅有住房两间,内间为卧室,外间为起居室。邻居就是我在天津南大英文系的学生张镜潭夫妇,在南开中学任教。父母亲抵渝后,同我们在一起,住在外间。这样,我们五个人就挤在两间不大的屋子里,令人不禁想起《陋室铭》:"山不在高,有仙则名;水不在深,有龙则灵。"

　　就是在这间"陋室",在1945年初,父亲宴请了他新交结的共产党人朋友和民主人士,酬谢他们的深情厚谊,慷慨相助。参加那次宴会的有六位客人:周恩来、董必武、王若飞、王炳南、郭沫若和沈钧儒。为了能够容下所有客人和家人,就在原来的饭桌上又放了一个大圆桌面。即将就座之际,周恩来低声向我母亲商询,可否让司机同志老段也到屋来进餐。母亲欣然答应了,我们深深感到他那平等待人的作风。那是一次极其欢愉的聚会,特别是周恩来,他谈笑自如,落落大方,令人难忘。

（五）郭沫若寓所举行庆祝晚会

　　毛泽东主席赴重庆谈判,是1945年8月28日,在此之前,在郭沫若寓所举行过一次盛大庆祝晚会,欢迎周恩来为促成国共谈判,由延安归来。周恩来当然在场。我和我夫人在城内看完戏后,深夜才来到会场,陪伴父母亲回南开宿舍。当时我不胜惊喜,发现郭沫若的住所内灯火辉煌,"群贤毕至",他们走来走去,有说有笑,兴高采烈,活跃非常,晚会上不时发出热烈的掌声,那是因为沈老在得心应手地表演太极拳,或者有人站起来祝酒,或者有人即席发表演说,甚至有人在讲笑话,欢呼舞蹈。回想起来,实在是极其动人的场面。一些共产党在渝的领袖人物及民主人士,集聚一堂,无拘无束,尽情欢乐,诚可谓"大人者不失其赤子之心"啊!

(六)参加李少石葬礼

我最后一次会见周恩来在迥然不同的一个严肃的场合。那是在1945年10月12日,在沙坪坝附近小龙坎八路军公墓参加李少石葬礼。

共产党员李少石,是廖梦醒的爱人。廖柳两家,由于政治态度相同,本是多年世交。廖(仲恺)夫人何香凝擅丹青,父亲时为她的画题诗。李少石亦喜作旧体诗,对我父亲一向尊敬。战祸连年,山城重逢,过从甚密。1945年10月8日,父亲赴曾家岩访李少石,晤谈甚欢,李少石又亲自送父亲回南开宿舍。两人在车上狂吟朗诵以为乐,而后李少石独自乘车回去,行至化龙桥,遭国民党伤兵枪击,不幸身死。

李少石惨死后三日,葬于八路军公墓。我们陪伴父母亲,怀着非常悲痛的心情自沙坪坝步行前去参加葬礼。当时来公墓送葬者,共四十余人。除了家属廖夫人和梦醒及其女儿外,还有周恩来、潘梓年、熊瑾汀和王炳南等。其中最引人注目的是孙夫人宋庆龄。整个墓地为哀伤气氛所笼罩,几乎没有人说话,周恩来主持了简短而又隆重的仪式,并没有致悼词——可以说是无言的哀悼。但是当灵柩被移入土之际,哭声四起,久久不息!送葬的人们终于各自分散了。父亲内疚最深,自认为少石之死,归咎于他,当时"誓墓"作诗哀悼曰:"何事驱车竟读诗?追原祸首关髯叟!忍见孤儿寡妇哀,百身莫赎英才茂。"

写于美国加州孟乐公寓,1980年7月

【作者后记】我们迁来加州不久,有一天,接到英国作家Dick Wilson自斯丹福大学打来电话,说他正在写英文《周恩来传》,要我供给他一些材料。他曾为英文《中国季刊》(*China Quarterly*)编者多年,此次为写书事特来美国寻找有关周氏的史料。我答应帮忙,隔了一时,寄给他一篇英文的回忆录。当时,中美已恢复邦交,我和镜潭开始书信往还,知道母校南开大学设立"周总理研究室",因把此篇英文原稿寄给镜潭看看。他征求我同意把它译成中文,并要我过目一下。在阅读时,我把译文略加改动。最重要的,文中所记为20世纪40年代前期,当时周氏尚未任总理职,因把原来译文数处改了,以符历史的真实性。

1982年5月1日无忌于加州

(原载《南开校友通讯》第二期)

难忘的一天

——记周恩来总理视察重庆南开中学

王敬慈

1957年2月10日,是重庆南开中学难忘的一天,因为这一天周恩来总理视察了他的母校——南开中学。

记得那一年是周恩来总理与贺龙副总理在出访亚欧十一国之行后,路过重庆,他回母校来看一看的。

当我们得知总理要回母校,真是欣喜万分,校领导吩咐我和总务主任于巫哲同志负责接待的准备工作。决定以范孙楼的延宾室作为接待总理一行的地点,我们对室内布置、茶水、点心等都做了认真和考究的准备,记得还专门去买了最好的西湖龙井茶。

2月10日天气较阴,学校正放寒假,绝大部分学生回家了。学校显得十分安静。下午五点过,总理一行的汽车直开到范孙楼前停下,当时喻传鉴校长、傅震垣副校长和我就迎了上去,热烈欢迎周总理和贺龙副总理等的到来。总理一下车就非常深情地与喻校长紧紧地握手,并连声说:"十多年不见了,你好吗?"接着回头与大家说:"他(指喻传鉴校长)既是我的学友又是老师,因为他与我同是南开同学,但比我高几级,后来又回南开工作,当时我还在南开学习,所以又是老师……"记得与总理一起来的有贺龙元帅、四川省委书记李井泉及重庆市市长任白戈等同志。喻校长向总理介绍了傅校长及我,并说我原是南开学生,现留校任脱产的青年团团委书记。

当喻校长请总理进范孙楼去休息时,总理说"不了,这次回来主要想走一走,看看我过去来过的地方",所以就没有进房子里去。当他抬头看见范孙楼和芝琴馆时,问道:"没打算改名字吧?"我回答:"没有。"总理说:"不要改,这是历史,应当尊重历史。"总理说他要去津南村看一看,就沿着忠恕图书馆向津南村方向走去,当时路旁的蜡梅花正盛开着,香气袭人,总理闻到了花香,心情格外好,就问我们三友路还有吗,并顺口问我:"是哪三友,你知道吗?"我回答:"知道,是松、竹、梅三友。"并说三友路还在,还是同学们最喜欢散步的地方。接着总理还问了现在南开中学学生中党员、团员等情况,我都一一做了回答。

到了津南村村口上,正面对津南村4号,总理指着6号对大家说"四几年,我常来南开就住6号,经常与张伯苓校长谈心,让他认清当时形势,选好自己应走的道路……"当大家问总理去不去4号时,总理说:"不去了,去3号张校长的房子吧。"于是我们一行人便来到了津南村3号老校长张伯苓的故居。总理进了院子,一直走到阶沿口并止了步(此时已围了不少师生了),回过头来对大家讲:"1949年蒋介石曾亲自来到张伯苓校长家,要他去台湾,但张校长没有同意,坚决不去台湾……"

出了津南村3号,总理一行人就沿着大操场侧的路向男生三个宿舍走去。此时留校的学生全部出来了,自觉地站在路两旁迎接总理一行。走了半天,都是总理谈南开的事。贺老总一直跟在后面没讲话。总理这时突然指着贺老总对同学们说:"你们看这是谁?你们认识吗?"同学中间一个小少先队员大声吼道:"他是贺龙,是贺龙。"说了以后由于怕羞竟一溜烟跑了……贺老总十分高兴。此时正走到大操场足球场球门侧,贺老总又转身对我说:"去年南开中学少年足球队代表四川打到了北京,与沈阳少年队比赛时我与邓小平同志专门去看了,结果四川队输了,我与小平同志把你们那个球门还叫来见了一见。"我回答说:"是的,那个球门是南开1956年级3组的,叫罗斯齐。他回来也讲过此事,十分高兴。"贺老总又说:"事后我与小平同志还议论过,四川娃娃太矮小了,不像东北娃十几岁就人高马大的……"说完就爽朗地大笑了。

此时总理一行人已沿着男生三宿舍前面的路走到了大礼堂侧了,喻校长、傅校长等再次请总理、贺老总等去范孙楼休息一下,但总理讲他们太忙没有时间了。师生们依依不舍地在芝琴馆门前送他们上了车。我一看表,前后才二十多分钟……

这一往事至今快四十年了,总理的音容笑貌却深深地留在我的记忆里。1957年2月10日这一天是重庆南开中学难忘的一天,也是我个人终生难忘的一天。

(原载《喻传鉴在重庆》)

周总理回南开

——记周恩来总理1957年回重庆南开

胡德鹿

周恩来是中华人民共和国成立后的第一任总理,是人民的好总理。他15岁进入天津南开学校,19岁毕业。他就读南开时校长是张伯苓先生。1919年以后喻传鉴先生曾任南开教务主任。虽然喻校长没有给周总理亲自授课,但周总理十分尊敬喻校长,师生情谊颇笃。抗日战争时期总理在重庆工作八年之久,多次到重庆南开看望张伯苓老校长,也同时邀请喻校长到津南村3号一起座谈。中华人民共和国成立后,总理在日理万机的国务活动中,路过重庆千方百计挤出时间到学校看望喻校长。总理尊师重教的品德给万千南开学子树立了榜样。

下面记录的是我耳濡目染的总理与校长情谊的一段动人往事。

1957年2月10日那天,天阴沉沉的,山城重庆的冬季虽然不及北方那么严寒,但因为难得见到阳光的照射,使人感到湿冷。不知是什么原因,这天我和王元亮同学晚饭吃得那么快、吃得那么香。饭后,天还很亮,我俩相约在大操场临近鱼池的岩边散步,碰到两个身穿长大衣的人,他们两手抄在大衣口袋里,问我们吃饭没有?上几年级?我们嘴上虽然一一做了回答,但心里总觉得有点纳闷,在寂静的校园里怎么会出现这么两位陌生的北方大汉呢(事后想可能是警卫吧)?就在此时,我们突然发现三友路上有一群人向津南村口走来,出于好奇心,我们就迎着走了过去。相距愈来愈近,看得愈来愈真切,中间那位首长竟然这么面熟,仿佛在哪儿见过似的呀,原来是周恩来总理和贺龙副总理!他俩在重庆市市长和校长喻传鉴、教导主任许子衍(其他领导不认识)陪同下有说有笑地走了过来,只见喻校长正在介绍着什么,周总理频频点头,贺龙副总理唇上留着一字形大胡子、嘴上含着一个大烟斗,环顾着校园的景色。

他们简直跟画报上的形象一模一样！我们看傻了，呆滞滞地站在那里，随后似乎处于梦境之中，情不自禁地跟他们由北向南一同走下台阶，步入大操场。

不知是哪位同学回到食堂传喜讯，几十名同学由三宿舍飞奔而下，拥到周总理的身边，冷清的校园顿时沸腾起来，鼓掌声、欢呼声回响在南开中学大操场的上空。喻校长在总理侧面引路，许主任劝同学们让开一条道，莫要挤住总理。周总理笑呵呵地说："没得关系，在国外（指刚刚访问过的亚欧十一国）那么多人挤都挤过来了，莫管这些娃娃！"同学们听到此话深为感动，没有人维持秩序就自觉地站为两列，请总理通过。慈祥的周总理、威严的贺副总理和夹道欢迎的同学近在咫尺，是何等亲切。是啊！领导和群众之间就心连心么，何必要人为地制造一堵墙去隔开他们呢！

走到三宿舍门前时，周总理亲切地问一个身穿军绿大衣的同学："你家里谁在部队上？"并且拉着他的手、鼓励他好好学习。总理刚走过去，他的手就被许多双手紧紧地握住了，大家都想分享一点儿他的幸福。是啊！我们是要好好学习，永远不能忘记总理的指示，永远不能忘记老校友语重心长的嘱咐，不然南开中学培养的学生将来怎么能成为建设祖国的栋梁之材呢！

又不知消息是如何透露出去的，几十名一中的归侨学生不顾门卫的阻挡，冲了进来，迅速地加入到我们夹道欢迎的队列中。他们的情绪分外激动，一些男同学边跳跃、边欢呼，一些女同学边抽泣、边鼓掌。他们和三中这些海外归来的赤子，就是在总理的召唤下才远涉重洋返回祖国学习、准备大展宏图的，今天能亲眼见到他，怎么能不激动呢？！

总理一边向前走、一边挥手向同学们致意，落在队尾的同学急忙跑到队首又去等着总理，像"接龙"一样从三宿舍一直把总理送到一宿舍。

在一宿舍和午晴堂之间停放着七辆银灰色的小轿车，欢乐的人群恋恋不舍地注视着总理的离去。总理指着车门说："市长，请！"市长说："总理，请！"总理在谦让中上了汽车，只见这七辆车使人眼花缭乱地交换了几次位置，终于在一阵告别掌声中驶去。同学们有的追呀，赶呀！有的淌下了幸福的眼泪，静静地站在那里眺望着远方；有的聚在一起议论，争着将自己的幸福感受倾诉出来。

人生值得回忆的事情虽然不少，但唯独周总理回重庆南开视察，探望喻校长这一感人的情景却使我永远不会忘却。时隔半个世纪，记忆仍然犹新、历历在目,而且随着时间的推移,周总理那亲切慈祥的音容笑貌反而更加清晰……

(原载《喻传鉴在重庆》)

附录一

本会成立小史[①]

（1914 年 10 月）

本会成立，半载于兹，经之营之，每多错谬。在旁观者，必以敝同人之毫无干才，未足语以会务。殊不知光阴有限，会务纷繁，况各团尽为初创，执事悉属生手。以素未曾经验之人，理素未曾设办之事，以短促之光阴，理纷繁之会务，则生疏自所不免，谬误亦意中事。此失职之过，敝同人所日夜惕惕而不自宁者也。然前途似海，来日方长，果能继续前因，锐意进取，鼓其斩钉截铁之精神，奋其破釜沉舟之勇气，有志者事竟成，自无难结最后之佳果矣。顾未来之希望无穷，已往之事实已去，追思曩昔成立之艰难，经过之困苦，非特校中同学知之者鲜，即本会会员中，亦多有未尽悉者。若湮没而不彰，则此会发生之原因将无由知，又何能矗立为一校之学会乎！兹以本会成立之先，撮其要端拉杂书之，以作本会成立之小史也可。

同志团之发端　民国三年年假后，有丁、戊、补习等班同志十余人，时相与促膝谈心，辨难析疑，轶出于课程之外，研究各种学识以为补助，遂成无形之会。本会之种子即下于是。相处既久，希望乃生，思广其范围以为联络同志计，遂有列名各会之议。后复因志趣不同，趋取各异，与各会宗旨且多未合，复经诸种困难，百般障碍，同志中多有灰心败兴，叹事途之不易登，无复昔时愉快者，乃不得不谋他策，以团聚此好青年，于是发起新会之主张，乃膨胀无已。适校中正调查各会内容，且拟强迫学生入会，而本会之生机遂肇于是云。

张瑞五君之赞助　校中调察各会内容时，君司其职。二月十九日与常君策欧接谈一次，言新会之必须组织，且愿牺牲脑血多加扶助。后复与张君瑞峰、周君恩来等讨论办事手续，有疑难时亦多就正于张君。故本会成立，张君实为无形中之赞助最有力者焉。

[①] 本文系周恩来以"飞飞"署名与孤竹野人（即常策欧）合写。

本会之组织　嗣后，每三五日辄有小聚会，讨论将来，以为组织之先声。三月四号在丁二讲室开正式讨论会。到会者常策欧、矫天民、李铭勋、周恩来、张瑞峰、吴家璆、安如磐、蔡时杰、邹宗善、张辅铨、南士豪、薛卓东、高坤柱、唐邦楷、唐邦植、于文治、申炳韶、于佩文、霍振铎、张鸿诰、陈彰瑁、黄士奇、金鼎新、丁崇禧、吴汉涛二十余人。推李君铭勋为临时主席，宣布组织新会宗旨。内容以稽古、演说二者为要。体育为本校所重，故不议及。公推吴家璆、张瑞峰、周恩来、常策欧为新会章程起草员。又拟定会名，于君文治提议以敬业乐群名斯会，经众议决，而本会之萌芽遂怒生于是日。

内容之增加　会中既举定起草员后，即从事于简章。初意仅组两部，以考古、演说为基。后复经会员提议增加内容，于是霍振铎、张鸿诰二君提议组军事研究团、诗团。张君瑞峰提议立国文研究团。矫天民、周恩来二君议立俱乐部。李君铭勋提议设佛学研究团。高君坤柱议组音乐团，均得增入，简章内容，因之扩充。当晚，张、周、常三君即起草章十余条，分稽古、智育、演说、俱乐四部。

与校长之一夕话　次早将草章缮就，当晚即由张、周、常三君往谒校长，告以此会成立之原因。校长询及各会近时之状况。适孟琴襄先生亦在座，便云："'青年会'有张瑞五君之辅助，势颇发达。'自治励学会'接办亦不乏人。惟'三育竞进会'会长辞职，势欲瓦解，诸君有意不如登庖代俎，较另组一会尤胜一筹。"校长亦然其说。张君乃述同志始意本在乎是，惜宗旨不与该会吻合，故欲独树一帜，联合同志以冀研究学识，练习做事，果三育竞进会后起无人，吾等因之亦无不可，特恐枝节横生，不如另组之为愈也。校长乃令张、周、常三君与该会旧发起人商榷，相机办理。复曰："诸生其尽心竭力，勿贻他人口实，各事手续亦宜斟酌，以期归于完善。"三君即蒙校长之勉励，得助本会成立，乃欣然退。

会所之交涉　三育竞进会，即乙班孔繁霱诸君发起。该会会务现既无人主持，不得不与发起者协商。故本会即请常君策欧往晤孔君，告以本会成立，会所未定。三育会果无转机，本会拟就会址改建新会，所有书籍或捐入本会，或各自取出，一听诸君意。孔君以新会既已告成，旧会亦无兴复之必要，正可藉此取消。所有旧会员借入书籍，可任其取去。至于三育会公有书籍自应捐入新会。孔君复列名新会赞襄一切。然则，本会成立孔君之力为何如乎！

简章之讨论　三月七号午后，在新会所召集全体讨论简章。会主席李君铭勋述开会辞,张君瑞峰述谒校长事,常君策欧报告会所交涉。事后,全体逐条讨论简章。约四点钟始议定(简章载附录栏)。散会后,复由张瑞峰、周恩来、薛卓东、唐邦楷、常策欧诸君备茶点,邀莅会会员集小食堂(今之盥漱西室)开茶话会纵谈一切,并有游戏助兴,至五点钟始散。

第一次之选举会 三月十号午后,假丁二讲室开选举会。会员全体莅临,票举张君瑞峰为会长,常君策欧为副会长,李君铭勋为稽古部长,周君恩来为智育部长,吴君家琭为演说部长,矫君天民为俱乐部长,蔡君时杰为庶务,葛君常峻为会计,陈君彰琯及邹君宗善为书记。选举毕,会长述就职辞,矫君天民报告新编剧本,以备成立大会之助兴焉。

本会之成立大会式 三月十四号午后十二时半,本会假礼堂开成立大会,到者数百人。奏乐,会长张君瑞峰述开会辞,校长代表教员演说,张瑞五先生代表各会演说,最后排演新剧《五更钟》助兴。是日,会场高悬国旗,中央"敬业乐群会成立大会"字样金光灿烂夺目。校长之勉励,瑞五先生之规箴颂扬,来宾之欣喜,觉此礼堂内尽为融融霭霭之气所充盈。而新剧描写社会之腐败,发抒少年爱国之精神,令人欲歌欲泣,鼓掌如雷,亦可见当日之盛也。至三点半始散会。

(原载《敬业》第一期)

吾校新剧观[1]

（1916年9月18日、25日）

课余有感，遂草是篇，内分四节。以篇幅所限，本期仅登首节。区区苦心，注于意旨，辞之工拙，固非所计。阅者诸君子倘蒙不弃，辱读终篇，许愚者千虑之一得，而以意见为切磋者，则幸甚矣。

著者识

一　新剧之功效

物虽微，理所据也；事虽细，神所系也。观一物之结构，而后知万象之生理；察一事之组织，而后洞人类之精神。林擒（檎）堕地，牛顿知吸力之所由；妇泣虎穴，仲尼知苛政之害猛。此观察事理、政治如斯也。移而观察国家之精神，学校之精神，亦何莫不然。夫国于天地，必与有立，语言文字，是大端也。语言文字者，国魂之所凭，国粹之所寄也。世无有无语言文字而能立国者，亦无有国虽亡，而其语言文字犹流传后世，人人家诵户习之者。语言文字既亡，国之不国也久矣。欲重整河山，复兴祖国，盖亦戛戛其难，犹太、印度是先例也。故观人国者，于其国之语言文字，恒察其功效，判其优劣，以为其国强弱兴亡之兆。希腊之兴也，以文言，及文言之既衰，而国亦随之。英称强盛，其语言文字亦因之遍五洲焉。吾国立国盖四千余年，语言文字以人种之未变，遂流传至今，蔚为文化所系，国魂所凭，国粹所寄。然细以察之，则知所谓文字，统全国之民，识者不及十之一二。所谓语言，异域之分，几及百数。以若是之语言文字，而名之曰吾国精神所系，国魂所凭，国粹所寄，吾恐不待外人观察者齿

---

[1] 本文系周恩来为南开《校风》写的一篇社论。"著者识"是周恩来写的"附言"。

冷,而吾已为希腊、犹太、印度续矣。且吾言非激也,事理昭然,毋能为讳。抑吾又闻救国者之言曰:吾国文字艰深,必求浅易,语言复杂,须事统一。言固非大谬,特于事理亦有所昧乎!夫中国今日所急者,人民之贫极矣,智陋矣。衣食所迫,大都不足为求学之需;而家室殷富者,又复居气养体,坐令子孙之作牛马,不为丝毫学识计。统国中人民不入此者,殆入于彼。昏愦愚顽,群居禹域,而欲施以文字之普及,语言之统一,宜乎格不相入。且学校之立已二十余年,其效果犹如是者,殆亦求之高深,期之宏远,遗其近且切者耶。夫功效之难著既若是矣,然则感此昏愦,化此愚顽,其道维何?曰舍通俗教育无由也。今夫国中之以通俗教育号召者亦众矣。试察其结果,亦多类学校教育之空洞无物,办事之乏人乎?手续之欠密乎?实行之无期乎?此其故可长思矣。但以吾意观之,上列之弊固未免,而其大者,殆于内容之组织,犹有未能尽善之病耶。今请言其内容。夫通俗教育之组织,大都不外演讲事理、出版书说等事,然演讲则失之枯寂,书说则失之高深。即有以演讲中而加入兴趣小语,书报取其平易近人者,而对于浮躁子弟,又何能使其静心不厌;目不识丁者,又何能使其翻卷阅诵?是知今日之中国,欲收语言文字统一普及之效,是非藉通俗教育为之先不为功。而通俗教育最要之主旨,又在舍极高之理论,施以有效之实事。若是者,其惟新剧乎!英莎士比亚之言曰:"世界为舞台,而人类为俳优"(The world is like stage and men are players),其言颇具意旨。盖世界种种之现状,类皆兴亡无定,悲喜无常,人类无异演技其中。故世界者,实振兴无限兴趣之大剧场,而衣冠优孟,袍笏登场,又为世界舞台中一小剧场耳。但推微及广,剧场中之成败若斯,世界之优劣亦判。言语通常,意含深远,悲欢离合,情节昭然。事既不外大道,副以背景而情益肖,词多出乎雅俗,辅以音韵而调益幽。以此而感昏瞶,昏瞶明;化愚顽,愚顽格。社会事业经愚众阻挠而不克行者,假之于是;政令之发而不遵者,晓之以是道。行之一夕,期之永久,纵之影响后世,横之感化今人。夫而后民智开,民德进,施之以教,齐之以耻,生聚教训不十年,神州古国,或竟一跃列强国之林,亦意中事也。非然者,学校社会,虚图其表,一任梨园优伶,驼舞骡吟,淫词秽曲,丑态百出,博社会之欢迎,移世风之日下,则社会教育终无普及之望,而国家之精神,亦永无表现之一日矣。然吾固非谓吾国旧戏尽属导淫毁俗之事也,特其中流弊滋多,改不胜改,较之新剧实利少而害多。且吾今之所论,亦仅限于新剧。不但此也,且限于吾校之新剧。而所以不惮琐烦,于功效一篇论之滋详者,盖预为后三篇之导引,亦所以示吾校新剧演旨之所在也。

二　新剧之派别

　　新剧之功效，既如前章所述，为刻不容缓之图矣。顾国中以新剧名者，亦实繁有徒，而收感化社会之效，寥寥仅见者又何哉！岂编演之不善耶，抑昏瞆难明愚顽难格耶？思之思之，要不外新剧纯正之宗旨，未能加以充分之研究。演者编者，类多率尔操觚之士，数时练习便自登场。情节之未合也，言辞之支离也，布景之未周也，动作之失措也，均无暇计及。藉一二之滑稽辞句，博观者欢迎，间复加以唱工，迎合社会心理。上焉者，刺取时政，发为激烈之词；中者，描写村妪冬烘，供人喷饭。至若言儿女之情，不脱遗花打樱之窠臼；状英雄之气，难忘天霸薛礼之身分者，又下乘矣。以此而言新剧，与新剧真正之主旨，相去日远。使演者为优伶也，则胸无点墨，发为辞句，既多拾人牙慧，甚者且背诵陈文，至其唱工，反不若演旧剧之天然合拍，诙谐又不出浑（诨）科丑态，束之以新剧之名，益令其有左右支绌之难。使演者为新学之士也，则满口名词，令人生厌。盖文既不能若昆曲簧腔之雅，俗又入于村妪谩骂之流。言辞混杂，毫无导线补应可寻。引吭而歌，与优伶争一日之短长。甚而至于良优所不屑为者，乃亦津津道之，曲曲传之，博下等社会欢迎，导江河之日下。是而人者，藉新剧为护符，行卑鄙之实事。呜呼！新剧新剧，几多罪恶假汝之名以行矣，岂不哀哉！然是固非所论于吾校也。溯吾校以新剧名于社会，已历七载。功效何若，进步何如，非所敢炫。特于上举诸派弊害，自谓已洗之净尽，未留丝毫恶迹。社会间闻新剧之名，每易视吾校若专有者，其实感化社会之责，匹夫均与，又何独吾校为然。且吾校学子负笈攻读之暇，事繁课重，舍每岁纪念演剧以外，实无力及此。岁演一次，社会一观，以此而欲期以开民智、进民德，不綦难耶？矧吾校新剧果具有是种伟力与否，尚不敢必。搔首中原，益用蜘蹰。虽津门不乏提倡之人，沪渎辄多躬行之士，而派别既分，取舍斯异，上列之弊未免，纯正之主旨亦无由表现，《广陵散》将绝响人间，怅望知音谁是，清夜扪心，良用慨然！然吾侪固学子也，力所逮者，尽力而为，其他若登高而呼，风行草偃之责，非吾侪任也。今姑就欧美新剧之派别论之，以知吾校新剧与夫社会新剧所处之地位焉。

（一）新剧之种类。吾国旧戏有所谓生戏、旦戏、武生戏等等，此因人而分，非对于全戏而言。至喜戏、悲戏等，差相近之，然亦指一人而言，非按全局而下断语。在新剧中可分为三大类：一悲剧（Tragedy），二喜剧（Comedy），三感动剧（Pathetic Drama）。若按剧内事实，可分为古代剧、近代剧二种。采取历史事实者，曰历史剧；注重诗歌者曰诗歌剧；描写社会情状者，曰社会剧。在欧美各国，具有最大之势力者为歌剧（Opera）。歌剧滥觞于意大利，自是渐次发达，遂为欧美艺苑精华所萃。而歌剧之中，又别为音乐喜剧（Musical Comedy）、喜歌剧（Comic Opera）、滑稽剧（Farce）、感觉剧（Melodrama）四种，以非吾论所取，姑置之。

（二）新剧之潮流。自古代以达而今，其文艺之潮流，可分三大时期：一曰古典主义（Classicism）之时代，二曰浪漫主义（Romanticism）之时代，三曰写实主义（Realism）之时代。何谓古典主义？一言以蔽之，盖有典雅、沉静、均齐、调和之趣味也。古典剧中，约分为希腊与近世二时期。凡希腊诗人爱斯基尔氏（Eschylus）、幼梨比德斯氏（Euripides）以及罗马古诗人均属之希腊古典剧；中世法、意、英诸国，盛行宗教剧，神秘鬼怪，殆无足观。其后十六世纪大剧家亚里哇里史德哇，酒（迺）之十七世纪法国著作家高尔纳氏（Cornile）及拉星氏（Racine）、莫礼安耳氏（Moliere），十八世纪意国大剧家麦弗氏（Maffei）及亚儿弗里氏（Aezeri）均属之于近代古典剧焉。浪漫剧者，为近代所流行，含有热烈神秘诗歌传奇之趣味。英之不世奇才莎士比亚氏（Shakespeare），西班牙之塞文得斯氏（Cervantes）、喀尔精伦氏（Calderon）、德之勒星氏（Lessing）、哥爱德氏（Goethe）、茜尔娄氏（Schiller）均属之。现代写实剧者，乃最近七八十年之戏曲，其意在不加修饰而有自然实际及客观之趣味。此种剧旨，更为锐进而成空前之发达。惟现代写实剧时代，发生二大潮流：其一表现极端之理想主义，其一偏于极端之写实主义。斯二者为吾所急欲优劣于阅者之前也。然此论应俟之下章。今先言吾校新剧，于种类上已占其悲剧、感动剧位置，于潮流中已占有写实剧中之写实主义。若社会间所演之新剧，其歌舞既不若旧戏剧专精，情节又无感人之深意，名之曰悲剧，则其于悲哀之极，忽引吭清歌，音调苍凉，固不敢谓无感动之力，然情景已失，动作早无悲意矣。名之曰喜剧，则仅属滑稽浑科，无纯正喜剧之可言。名之曰感动戏，则观者或厌恶久生，或时流淫佚，伤风败化云耳，又何感动之足言哉！至若按之以潮流，则不仅写实主义不得望其项背，即浪漫、古典二主义，亦不能若旧戏之饶有神味也。且吾言非过实也,津京间亦有新剧之演,惟派别不同,潮流未及。考之以新剧真正主旨,实深未能一致,故舍而不论。况吾之论新剧于吾校实为主观,而吾之主旨,又非纯求合乎欧美之种类潮流。特大势所趋,不得不资为观鉴,取舍去留,是在吾人之自择耳。

（原载《校风》第三十八、三十九期）

本社之责任观[①]

（1917年5月2日至6月6日）

记者不学，年来感于外象，每执笔为文，辄觉肠空如筲，无可言者。即勉成篇章，亦都拾人牙慧，效颦东施，屡用自怜。乃者编辑李君，不我遐弃，数索稿于余，自顾责任，惭谢决绝。惟以疏于文字如记者，择句艰涩，见理偏异，言之恐增阅者恶，转弗若藏拙为佳。思之再，辞之数四，均不见许，无已其本我良心上所认为是者，拉杂成篇，聊供阅者咀嚼，味甘味劣，自不暇计，而揣摩风气之消，或得稍敛迹于吾文。私幸之余，首成是篇，以明责任。倘阅者不以书生之见，而讥其识短，老气横秋，而笑其言夸，则记者当源源而来，以供千虑之一得，亦不暇计其腹空如筲矣。

吾今言本社之责任，吾知有多数阅者，目吾为憨。《校风》第一期陈铁卿君之发刊词，非表明本社责任所在乎？而《校风》固承续《南开星期报》出版者。《星期》首刊孔云卿君之发刊词，非尤为本社责任定不移之铁案乎？是责任也，《校风》报社知之矣，《校风》报社社员知之矣，而阅者亦无不知之矣。吾盍为又言乎责任？曰吾之为是言也，非另辟蹊径以惑阅者，盖为"责任"下一转语耳。按逻辑言直演绎也。孔君之言曰："亦将以本报为校中传播文明，交换智识之利器已耳。"陈君之言曰："善求书外之学问而已。"书外之学问，文明之传播，智识之交换，概括言之，亦仅作如是观而已。然细加推论，固知有不尽然者。吾亦本社社员之一，以个人论，一私人资格耳，无所谓责任之系身。逮集社员而成社，聚众人之言论理解付梓以成报，某也为编辑，某也为主任，更某也为经理，此法定机关矣，在法律谓之为法人。社员对于报社有职事之责任，而报社对于其所存在之机关，尤负完全其所应负之责任。

《校风》吾校机关报也。使其内容仅为传达校事而设。社员供访事之役

[①] 本文系南开《校风》社论，分六期连载，署名周恩来。

者,则其责任仅限于新闻真实,细巨无遗,采录迅速而已。他事无可负,亦不必负也。今则内容既非朝报之比,而组织又列于新闻杂志之类,聚及百之社员,分为部二:一司编辑,一司经理。虽职务之掌均属学生,一切执行概有范围,要异于国家之舆论机关,然范围内之责任固义不容辞者也。范围内之责任若何?从积极言之,颇难捉摸。今请言其消极者。夫学校非国家比,国家可共和,可专制。而人民,国家之主人也。学校则绝对的属于专制。所谓共和,亦仅少数职教员之共和,全体学生无与也。学生固学校之主人,荣辱与关,惟学生属于被动的,而非主动的。善夫南通张先生之言曰:"学校者,军队也。"军人以服从命令为天职,学生当然以服从校令为天职矣。然亦有说也,命令之服从以合法为止,若乱命则亦不能违正轨以服从为是。是服从也,有伸缩之余地矣。不仅此也,共和国之统治权在国民全体,行使此统治权者,则限于统治之机关。此统治之机关有为一人所独有,或为立法、司法、行政所分司。而学校之统治权所在及行使,均限于职教员。学生仅有建议之权,且限于学生方面。他若职教员询问学生之意见,以为进行校事之方针者,此例外也。明乎此,则学生于学校之责任,舍读书、励行、健身外,尤有建议之义务。吾校《校风》,既集各班学生选举而出之代表以编辑发行,为一校之机关,则其所负之责任,当然不越乎学生之责任也。故孔君于发刊词中太极两仪之理发挥既透,而系以结词曰:"继兹以往,深盼肄业是校者,理会力偶一触发,即引本报为记录小册,刊登其端,俾上焉者见之而理会力启发,下焉者见之而理会力进步,层累递嬗,精神、学术进化于不知不觉之中,如宇宙间之两仪动,而万物茁而生生不已。"是言也,尚仅限于编辑中之一小部分,吾藉其义,试为之推广如左。

一 编辑部之责任　《南开星期报》《校风》所自产也,出版于民国三年三月四日,为本校周刊之始。先于此者,有自治励学会油印之《励学报》,每月一册,约出五六期,期均十数页。内容大都于讨论学艺外,稍涉时政。其时正清宣统季年,请开国会之风甚炽,潮流所及,学校自不得不受其影响。而彼时主励学会务者为马千里先生,热心政治之人也。佐理者亦均同道,若张信天、若姜更生诸先生,皆一时之彦,故所言隐约咸含有政治臭味,要非励学正轨也。逮革命起,清社既倾,民气彭亨于社会,而学校中转沉寂,非若昔日抑郁不发磨励以须者矣。我校亦因之减轻政治观念,转而入于谋国民常识之途。未几,"三育竞进""青年"二会相继发生,修业敬德,各具专长。时流如张信天、韩紫阳、周子久、孔云卿、陈铁卿、黄春谷、施奎龄诸君,皆以干才著于同学,精力所至,蔚为南开学会初盛时代。然特理事之练习耳,于学问初无多与。又未几,"三育"改组,"敬业乐群会"突起,与"励学""青年"鼎足为南开三大干会。同时各专门学会,亦在此一年相继成立。若演说,若演剧,若军乐,若音乐,若唱歌,若照像、柔术等,统计共二十余会(详名见敬业乐群会所印之课程表中)。而各级级会,各省同学会尚不与焉。是为南开学会最盛时代。居此时代中,同学及见之者,以四年级为最。而《星期报》亦于是时发生,编辑员由各班公选代表,学生执此毛锥来复一现为全校之机关。

溯学校周刊之创,在吾国北数省舍清华学校外,当以吾校为先(或曰清华亦后于吾,按期核算,当得真实,姑存之)。董其事者为陈铁卿、孔云卿、俞德曾诸君。组织取单一制,总副主笔督理编辑、印刷、发行等事,其他编辑员则限于稿件之采取与编纂。行之数月,达暑假后,人咸欣欣向荣,稿件有增无减,而印刷亦由单张进而成册。同时,敬业会亦编辑半年出版之《敬业学报》。各学会讲学之风亦极盛,创之者有李光汉、张蓬仙、王朴山、周子久诸人。而《星期报》亦时以之为研究之资,倡为风尚,乃成学风甚盛时代。经此期后,校中同学乃益加增,而各事进行转入迟滞。《星期报》因印刷迁移故改组《校风》,社员由公举而入于委派,为变相之政府公报,堆叠成文者,咸不出于编辑数人。同学均袖手旁观,内容遂日形艰窘,学风乃渐趋低微。云卿、铁卿两大作家之名,几占满《校风》之每期,其时困苦可想而知。学会则自能者相率而去,皞如张先生离校他就,近而至诗岑张先生疾殁,创之讲之者既日见寥寥,而听讲者又复以高头讲章视之。言者寡神,聆者无味,学风乃益泯灭。至会务则转似因人而设,《励学》报两出,《青年》报三现,今则接续未闻。而《敬业》亦迟迟其来,岂五期便结束邪?此学报也。以言他事,则同学数已千人,各会会员合之尚不及全校之半。昔日每下班后,铃声振耳,奔走往来咸赴会也。今则沉焉寂焉,数日不一闻。即有之,亦各充耳不闻,转嫌其多事,怪为扰人清梦矣。次则专门各学会,除军乐、唱歌赖周、孙二先生督率外,散者散,停者停。追怀往事,过其会所,三五关心校事者流,茶余闲谈,有不啼嘘叹息者乎!然各会之数,则未见其减也。盖旧者虽停,其名犹存;而新者班有班会,级有级会,各省同学有各省同学会。屈指计其名,伸屈当忘其数。试略考其实,则鲜不为面团团而空其中者也。呜呼!孰使成之,孰令致之?记者亦曾数随诸君子后,稍习个中况味。困难所在,雅弗欲暴之公众,且深愿阅者自思,即鲠骨在喉须吐,亦当他日论以专篇。吾今所欲言者,即以上退化诸因,本社编辑部当引为己责,图挽救之方。

忆《校风》自去岁秋季,由变相政府公报,脱而为各班学生选举而出之代表组织,匆匆又将一稔。回顾当年,似稍进步,然篇幅加多耳。学风之提倡,会事之建议,同学之精神,以及孔君所云"文明之传播,智识之交换,小册之记录",陈君所云"书外之学问",果如何邪?此吾编辑部所当注意者也。

编辑部于校中往事,负挽救之责既如上所述。未来兴腾之事业或已发轫,或尚未经道出者,本部均应负提倡建议之责。良以一校机关,学生自由发表言论之地,而犹不事提倡,则千人集中之力将谁所属?两仪停动,万物尚何由而生生不已之足言哉!是故爱校之诸君子,苟闭目沉思,排除一切感情作用,凭良心上主张,为吾校谋宏大之道,本报图生存之方者,舍此当无他策。校长张先生之言曰:"吾校自今而后,当先谋内部之健全,暂息人数之加增。"斯言也,吾校未来之计划,亦即大政方针也。吾校一中学校耳,数达千人,在欧美固属数见不鲜,然考之国内,则诚居少数,差堪自豪。但君子观人必于微,观校亦然。视察者徒眩于校舍之大,人数之众,而不细考其内部,是谓之盲。居校者日以人夥名盛为夸,疏于健全之计,是谓之愚。譬之以人,生而哺乳,幼稚成行,其父母家族重视之者,莫不以发达身体,陶养性情为第一要务,智识之启发尚次之。逮及十余龄,则入学求识是大问题,而身体性情则随前者以进。所谓根基固于先,智识诱于后,未有不克立而为人者也。吾校成立,于今十有三载。身体之发达,性情之陶养,可云已略具端倪。今而后以健全身体,固有情性,入于广知之途,诚不可缓之要图。而千人之数,亦正如身体之健全,锻炼筋骨,新陈代谢(新旧细胞与新旧学生断非相类,此不过以之比新旧之进退,若以毕业生目之为旧细胞则不伦矣),长其脑力,广其智慧,以图个人之成立,是犹吾校谋内部之健全也。健全之道,首贵舍浮取精,万不可囿于固有,惰于革新之作,偏于己见,恶其异议之生。吾校师生千人,人负是责,职教员掌行使之权,学生有建议之责。而吾代表学生之言论机关,尤当负是义务。此本社编辑部所当引为己责,谋提倡之方也。或曰:校事自归之于职教员处理,吾学生负笈而来,智陋识浅,读书焉耳,他事奚得过问?斯言也,大多数心理咸倾向之,然吾窃有辨(辩)焉。今日之学生,未来社会中心之人物也。人非鹿豕,秉灵以生,处事接物,鲜无评判之力。今日能观察校事,他日即可洞知世情。其懵然于今日,未有他日能号为明达,而他日之明达,亦未有由今日冥顽不灵产出者也。然而学生中固大多数主缄默者,岂均懵然邪?曰是不为也,非不能也。西人主动,吾人主静。西人主合群,吾人主个人。今世界潮流所及,忧国者怵于大势,群以合群主动号于众。奈之何，吾党青年，犹复以独善其身，自命清高，以自斩其生机哉！且也吾之所谓建议，首言限于学生方面，全校方针固无与也。以学生言学生利弊，当较隔靴搔痒者为强。稍分宝贵之光阴，图全体之利益，于己则藉以结于全体，于人则获利无穷。利己利人，此而不为，诚自负矣。至学生识浅智陋一层，诚吾人之通病。然学生而不浅陋，则何贵乎学！矧愚者千虑一得，安知所言非准乎绳规之中邪？此吾学生所不应推诿，而吾编辑部更义不容辞者也。

总上二者言，编辑部责任之负既如此，则进行之方法必待商榷。要期无负于代表学生言论机关之《校风》，兹姑按本社分类法言之。

（甲）言论类。是类之列，冠于编辑各类，按例似无异于新闻杂志通法。然顾名思义，则责任之属，讵又可缺。吾报既名《校风》，负建议之责，木铎所司，千人喉舌，非扩此寸尺地，天籁之鸣，将安所属？是故无论机关大小，范围广狭，凡新闻杂志号称异于朝报者，报首概有言论之刊，标其主张，期他人表其同情。盖言论非文章比，阐扬至理，建立名言，表明其意见，此言论家之本色。若徒以文字炫于众，点缀粉饰，极其起承转合之能，以求合于国粹文人之列者，是当入以文苑，示范后进，无所谓言论也。吾《校风》之言论，又岂期其有此。往事已矣，来者可追。舍译丛、演说，非假手外国文字及他人不得自由发表意见外，余均完全属诸吾同学千人之身。明其责任，建宏议，规过诱善，如吾前所谓往事之待挽救者，各本经历见解发表其商榷文字。未来兴腾之事业须待提倡者，出以热心，见以深远，开其幽邃之道。吾愿吾执言论之笔者明烛乎此，吾尤愿吾千百同学，本社社员时懔此义，勿视《校风》言论为无足重轻之地。而作之者亦宜勿使言论之出，有令人视为无重轻之文，则言论之正鹄定，《校风》之责任明。吾同学凡百事业，或如吾前所述抱为杞忧者，或未经吾道出者，藉斯鼓吹提倡，庸讵知死灰不可复燃，万物不复茁而生生不已哉！闲尝静观吾校精神，常觉有一种神秘不可告人之特点在。以近事论，本岁运动，吾校连捷于天津、华北，锦标夺得，银杯归来，欢欣鼓舞，观感所及，于是一校之内，运动会团体之发生不可胜数。各班有各班运动会，各会有各会运动会。析而小之，有所谓各寝室运动会，私人运动会；广而大之，则有所谓全级联合，各寝室联合诸运动会。诚所谓一日之内，一场之中，而种类各殊。不仅此也，每届课余，三五成群，齐趋操场，非竞走即踊（跳）跃，或掷抛；而夜间自修班后，昏黑广场，接踵相跑者，尤不可胜数，皇乎胜矣！溯其源，初不过起于些微。故凡事一经提倡，未有不响应四起,从善如流,随恶亦如之。所期者登高振臂慎之于始,妨其偏侧,则结果自有良美可观。使吾《校风》言论,果日以斯种精神倡于同学,而大力者复从而增助之,则事业之兴腾,又岂仅运动一项已哉！杨椒山先生之言曰："铁肩担道义,棘手著文章。"吾党青年愿毋忘斯语焉。抑吾又闻之,此次校中国文汇考,知名之士如孔繁霱、阮庆浩、丁履进诸君均未与试,其故吾不得知。惟或有鉴于鸡肋之得失,退而为立言之计邪。果尔,吾《校风》之福也。吾当箪食壶浆以迎诸子。

（乙）纪事类。《校风》出版,已达六十八期。追溯《星期报》,及今三载。其所能系人长久之思,免致望而生厌者,殆恃此纪事以为支持之具乎？凡吾阅者,当无不表同情于此言。盖在校者,或执教鞭,或长事务,或埋首于斗室之中,孜孜求学,于校事虽有所闻,要属于一部,决无巨细靡遗之道,传布而普及之。所谓课程也,会事也,运动也,校中进行一切政策也,是非藉斯小册不为功。至校外者,使为出校同学及师长,则母校系怀,情关旧雨,苟有消息可传,无不急欲闻问。使阅者为同学家属,则子弟学绩如何,在所关心,苟有可征查者,殆亦欢欣罗致。此外,如与学校有关系者,或教育界中诸执事,凡欲闻吾校消息,又鲜不以得传达之道为然。是故校内实情,宣扬于社会,更非藉斯小册不为功。夫纪事之功效,于吾《校风》既若是,则主其事者,当然益之以丰富,考之以真实,有闻必录无所偏倚,以求洽合于阅者。非仅此也,吾《校风》编辑三类,言论之不易得阅者欢迎,其弊既如上所述,而文艺则千篇一律,易入窘困之境。所恃以层出不穷,厥惟纪事。故今后花样翻新,长吾《校风》之价值者,吾人平心而论,固宜特重于言论。如吾前之所云,而司纪事之责者,则应当仁不让,力争上乘,原挟欢迎之势,增长而广大之,其收效固易于挽已颓之境,转而入再新之途万万也。此外,吾尤愿为阅者进一言,溯《星期报》出版之初,其时同学数方五百,校闻类多十余则。今则数既达千,校事遂亦随之增多。每星期之校闻,按比例核之,当得三十余则。然有时或相差甚远,有时或仅达之,岂执其事者责任之尽未当耶,抑校闻之探悉无方耶？吾愿阅者诸君为下一转解。然一人之精神有限,千人之事业无垠。各处之投稿既如凤毛麟角,而校事之增多,亦未能概作比例之核。亮察原恕,抛弃旁观态度,慨然作源源之投,是故所望于阅者诸君子也。再纪事类,舍校闻外,尚有所谓启事布告等。此责固不在社员,而在于社外之 团体及校中执事者,能以吾《校风》为宣布万机之地,勿弃如敝屣,旅进旅退,使失其传达之效,则吾《校风》乃尤有价值可言也。

（丙）文艺类。一类之设，在始创者必具有特解，方得永续无碍。若此类者，其置之初，特不过以凡属新闻，概设无阙，本报遂亦因之。究其实，吾人于文章一道，既属门外之汉，而轶事杂俎，又复见闻无多。每届出版，编辑者恒左支右绌，东抄西觅，以塞篇章。有际稿件之投，案积盈寸，或则望穿秋水，迟迟不来。以故报中篇幅，或厚或少，期各不同。在阅者以为本报无固定之页数，而实则主其事者，又何尝不期其有定。特以社员概作袖手旁观，非索不与。同学则金玉其文，下顾者尤百不遇一。夫《校风》为全校之机关，同学皆负责之人。而文艺一道，按之实际，于平素作文尚相习近。文笔虽陋，故不妨出之本色，以觇进步；见闻虽浅，记之亦足知各人识力，各地风情。以如是之易事，乃犹惜墨吝与，不为全报计，宁不为责任心计乎！即责任亦不足计，个人文思之启发，文笔之爽捷，练习有地，同学多文豪，岂尽无意于斯乎？抑非屑为邪？吾昧昧以思之，诚莫知斯故。而比者补习一组，既有课余杂志之刊，二年三又继之有班报之出，琳琅满纸，云烟笔下，是固非无人为也。诸君爱班既若是其甚，则推爱班之心以爱校，吾《校风》又何愁文艺之付阙如。盖言论、纪事有社员负责，大厦之支尚可暂安无危。若文艺，则编者决非博闻强识，有异于众。源源之来，必有藉于同学，以新阅者耳目，俾不至以数人永占其地，令他人退避三舍。且也此次全校文试，名次昨已揭晓，济济多士，苟弃其洁身高蹈之念，出负斯责，则吾《校风》何患英豪不集，每期出版，更何惧稿件之不丰哉！矧文试之会，诸君既乘兴而与，鼓其勇气，锡光本报，正不背诸君始愿。而诸君又何乐而弗加援手，以求本报光，以增学校荣乎！企之企之，系吾望之矣！

二 经理部之责任 吾《校风》暨《星期报》，向无经理之设。逮去岁秋新章改定，编辑与经理权限遂分，非若昔日以主笔一人而可统司两种职权矣。然创设之始，以司其事者感情关系，遇事仍不免互为援助，致紊法规。此种扶持，以之图一时之进步则可，以之谋久远之道则辄惧未能。盖事权不一，必误事机，习惯养成，传为恶例。董事者苟囿于一时苟安，则长久之策必破，是斯弊不可不防，而编辑、经理两部，亦不可不互相监视者也。间尝谓吾侪学子，处事接物既领其群，不患不为，而患在滥为。不为，万象沉寂，事故可虑；滥为，则盛于一时，不足持久。终也，滥为者厌其烦而退，未为者以素有所恃，至手足无措，于己无益，于人多损。吾甚愿执今之事权者，慎乎此也。经理部分内之事，不外印刷、发行、校对、招致广告数事。然即此数者，已足操《校风》生死之权。使印刷不得所，则讹错孔多，不堪成诵；需费过巨，付印为艰；校对不精，鲁鱼亥豕,尤铸大错;发行失策,非出售数微,即收款不易;广告未招,滴款无补。凡此种种,皆经理部惴惴然,惧一旦将临之事也。夫《校风》良否,全校荣辱与关,事大如经理,讵一二人可承其责。所望全校师生,校外阅者,不以吾《校风》为弃材,严以督之,厚以济之。涓滴之施,集之可成巨流。人各一本,取费既廉,购阅亦易,使全堂无向隅者,本报之经费必充。经费充,万事易举。印刷以求精故(致),遂得不惜重资,择选佳所,校对乃无讹错,广告有否,亦无足轻重矣。编辑者因阅者之多,亦必鼓其勇气,求精内容,是一事举而万机随之。优劣之权,固不在《校风》主事者,而在吾千人师生之掌握矣。不仅师生,而并在校外阅者,诸君子提倡与否卜之焉。果尔,则《校风》本学期虽暂告结束,而未来之兴腾荣耀,固以吾及千师生阅者诸君子负共同之责,而董其事者亦庶几有左券可操矣。非然者,纯恃校中资助,以作长久之图,事宁有济,拮据支细,行见自毙。爱校诸君子更何忍见哉!更何忍见哉!

统上所言,《校风》责任,百未尽一。只以本报停刊在即,不欲喋喋多辞,致读阅者清听。他日有暇,尚愿与阅者诸君子多所商榷。兹者,来不敏,幸随班众,行将去校,不获与同校诸君子多得把晤。所期此后本报无恙,同仁无恙,文字因缘方将永续不绝。今本昔人临别赠言,愿董吾《校风》之事者,勿苟安,勿自诿,勇往直前,百折不挠;勿临渴掘井,勿缘木求鱼,预备于先,持久于后,为《校风》谋与校俱长,与日俱存之念。勿囿于目前,致贻事后之悔,勿姑息俯就,致弊重而难返。发扬增长,非诸公之力莫措;精美丰富,非诸公之力莫致。今日辛勤,图《校风》巩固,他日觇学校精神者,追论中兴人士,固亦非诸君莫属矣。阅者诸君子乎,吾愿各本其责任之心,扶持掖助,使《校风》稿件日益盈,经费日益充。存相与共始之念,勿存相与偕终之心,则《校风》之增长赖诸君以传之无尽,而诸君之精神亦赖《校风》扬之永久。异日论《校风》维系之功者,又舍诸君其谁与归哉!其谁与归哉!

(原载《校风》第六十三至六十六、六十八、六十九期)

《南开学校第十次第二组毕业同学录》序[①]

（1917年6月）

夫大雅扶轮，端资哲匠；中流砥柱，良赖宗工。吾南开学校创立以来，达今十有三载。津沽闻望，学林夙树新标；教术纲维，作育蔚成杞梓。理事者苦心综核，岂徒标榜乎虚名；实力弥纶，亦冀昌明乎教化，龙门高峙，凤翼争攀。不佞谬以樗栎之材，获厕菁莪之列。他山攻错，占讲习于同人；同级携偕，增怡欢于心性。追随四载，朝夕于斯，竭蹶踬颠，幸达毕业，回首前情，恶能自已。而班众于分袂前，适有同学录之辑，委其事于余。自顾谫陋，陨越之虞，处置之劣，知所不免。惟吾人志不在是编纂，微旨殆以为吾侪居校，春秋四易，锻炼切磋，晨昏无间，出入与偕，声气相求之雅，瞬将自奋前途，扬镳分道，魂消黯然，固不足阻吾侪进取之心；而室迩人远，通情愫慰，相思要必藉乎斯编。则此后天各一方，卓立社会，有所建树，发扬母校精神，齐心一德，不负初志。同窗今日，同趋异时，进退朝野，考其始，验其行，燃犀阐微更非斯编莫辨焉。归子有言："所患不同心，不患相见稀。"士生今日，怀奇才无同志，不足以致用。斧柯莫假，未易言功。矧吾侪受良薰陶，期深造出而售世。大厦非一木可支，群策群力，求为社会干才，是尤宜守志勿变，共趋于一道也。录成付梓，刊就在即，略赘数言，志编辑始愿。传有云：风雨晦明，鸡鸣不已。区区私意，愿与吾侪共勉之。

民国六年六月下浣，周恩来序于南开母校

（原载《周恩来早期文集（1912.10—1924.6）》上卷）

[①] 这是周恩来为《南开学校第十次第二组毕业同学录》撰写的序言。周恩来所在班于该次毕业。

附:《南开学校第十次第二组毕业同学录》周恩来小传

周君恩来

君字翔宇,号飞飞,浙江会稽人,自大父宦于吴,遂徙居焉。君生于淮安,六月而孤,承嗣寡母陈。幼羸弱多病,扶持将护,君母备极劬劳。五岁从母教,明年入家塾,师暨诸父怜其孤,辄少宽假,而慈母则督之綦严。九岁迁袁浦,生母、嗣母相继逝世。君悲痛之余,佐理家务,井然有序。少年游江淮,纵览名胜。年十二,从伯父召趋辽东,入沈阳模范小学,肆力学科,兼好读欧美小说及新闻杂志。十五来津门,遂入南开。初至,英文非佳,嗣发奋攻读,始同趋步,而国文则早露头角。旋与同学张、常二君发起"敬业乐群会",君规划之力最多。复继张君掌会务者二载,热心从事于学报,尤倍竭其力编辑印刷之习,遂为全校冠。以善交游,到处逢人欢迎。曾为《校风》总经理,演说会副会长,国文学会干事,江浙同学会会长,新剧团布景部长,暑假乐群会总干事及班中各项干事。凡此均足证其学识毅力之胜于人也。君于新剧,尤其特长。牺牲色相,粉墨登场,倾倒全座。原是凡津人士之曾观南开新剧者,无不耳君之名,而其于新剧团编作布景,尤极赞助之功。嗜说部,得暇辄手一卷。善演说,能文章,工行书;曾代表本班与全校辩论;于全校文试夺得首席;习字比赛,复列其名。长于数学,往往于教授外自出新法,捷算赛速,两列前茅。班中事无不竭力,即此同学录之经营,君实为其总编辑焉。君性温和诚实,最富于感情,挚于友谊,凡朋友及公益事,无不尽力。其于课程,前二载俱臻上乘,嗣以理事日繁,乃稍逊前,然绝未以他事妨学业致失正鹄,故毕业成绩仍属最优。君家贫,处境最艰,学费时不济,而独能于万苦千难中多才多艺,造成斯绩。殆所谓天将降任于是人,必先苦其心志,劳其筋骨者欤!

致留日南开同学[①]

（1919年5月）

（一）

南开的事体，我是不愿意冒昧说，冒昧管。现在我从各方面看，我说一句，实在是危险得很。校长也许别有肺腑，不过我总看不出，不止我，所有知道校长的人，都这样说。

（二）

你们诸位离天津远，还不知道内情。我是现在天天到南开去的，我是爱南开的，可是我看现在的南开趋向，是非要自绝于社会不可了。人要为社会所不容，而做的是为社会开路的事情那还可以，若是反过脸来，去接近十七八世纪，甚而十三四世纪的思想，这个人已一无可取，何况南开是个团体。团体当做的事情，是为"新"，倘要接近卖国贼，从着他抢政府里的钱，人民的钱，实在是羞耻极了，那能谈到为社会的事实。

（三）

南开校内的学生都可造就，并且极有热心毅力，校中却不拿真学问教他，

---

① 此信是周恩来原信的节录。原信系寄留日南开同学会的，该会接信后于1919年5月21日将信节录寄给留美南开同学会。原信已无存。

弄的一个个都是空的,并且校长近来人心大变,总是拿中国式的政治手腕办教育。"新"的一线生机仅仅在于学生。校长方面是天天讲 Democracy,可是样样事武断,闹的人心都离体了。

(原载《"五四"前后周恩来同志诗文选》)

天津中等以上男女学校
学生短期停课宣言书[①]

（1919年10月13日）

一国的国庆，是一国的大典，全体国民所应当庆祝的。我们中华民国，自从武昌起义以来，国会里议决十月十日为中华民国的国庆日，大家全都遵守，每年全国全有庆祝。庆祝的典礼是差不多一律，而庆祝的心理同现象，不免因着时期问题各有不同。

此次天津庆祝国庆，由各界联合会发起，通知各界人士赴会。为着伸我们庆祝的热忱，并且团结我们的民气，组织的人是各界的团体，责任由各界联合会负的。在开会以前，各界联合会有正式公函给省公署同警察厅，手续上没有一点缺欠，并且各界联合会副会长马千里，亲口向警察厅督察长丁振芝说："这次会由我完全负责任。"游行的事也说在内。四面顾到，总算给警察厅没有一点口实可借了。然而杨以德终不死心，派大队警察拦阻我们出发。我们大家同他理论，他却向我们威吓，我们各界的人是赤手空拳，秉着爱中华民国的心，去庆祝国庆，我们还有什么惧怕么？一往直前是我们当然的办法。我们是"结队成群"，是极有秩序的团体行动。他们不但阻拦，并且还用枪刺枪托伤人，野蛮黑暗，那时的情景，已经达到极点，稍有人心的人，没有不感动的。加上他所伤的，全是我们有团体的男女两界学生，公民是有目共睹，人人都"怒不可遏"，所以才做到全体到警察厅的一步。等到我们男女两学界代表，向他警厅质问，杨以德的代表丁振芝，却不负管束的责任，所有的错失，他全让我们向法庭去起诉。

我们想，庆祝国庆是举国同庆的事，我们照手续做，他们却故意为难，不放

[①] 为抗议北洋军阀政府镇压爱国群众运动，天津中等以上学校决定短期停课。本文为周恩来起草的《短期停课宣言书》。

我们游行，破坏我们有团体的秩序。他们的罪恶，是妨害我们庆祝国庆，这事的主动，完全是杨以德。所以杨以德不让国民庆祝国庆的游行，他的罪完全是不承认国庆，破坏共和。

  再说，他的巡警打伤我们有团体、有秩序的男女学生。警察厅是保护地方治安的，他们反扰乱地方治安，我们不去质问他负责任的警察厅，我们还问谁去？不想他的回答，一方面承认他"破坏秩序""殴伤学生"，却让我们到法庭起诉去。这种不能管束警察的长官言语，还能够有指挥巡警的资格吗？并且主使巡警殴人，他的罪是主使罪，更没有再为警察厅长的道理。

  他的罪状既定，我们以后对他完全是没有一点儿恕心了。破坏共和，是他对国家犯的大罪，打男女学生，是他同我们学生宣战，并且他又用马队冲散公民，弄的公民有落到水里去的，有受伤的，这种罪状他是同公民宣战。从今后，我们永远不承认杨以德作我们警察厅长了。杨以德的罪状是如此，我们大家反对他的决心是已经在围聚警厅同累次演讲上表现出来了。各界代表要求省长惩办杨以德，正是我们人人心中所主张的事。而我们男女两学界身受"切肤之痛"，尤其"义愤填膺"，期在必达到我们目的，并且期望将我们当场所受种种痛苦同各界所受的摧残，一一宣告社会，以求社会公众的同情、"仗义执言"。本着这种主旨，我们因此议决短期停课，表示我们促社会觉悟的决心，一致进行。"救国不忘求学，求学不忘救国"。本我们全国学生终止罢课的宣言，我们非迫不得已，何忍拿神圣教育的团体"轻于一掷"！然而为我国共和前途计，国民人格计，我们实不能无所表示，审慎再三，始敢出乎此道。所期政府能顺舆情，确保共和，谅我们隐痛，允许各界的要求，而邦人君子，要是能谅我们苦心，当能表同情，赞助我们进行，"群策群力"、"众志成城"，可（则）目的终可达到，我们区区心愿，也可以表白于社会了。

天津女界爱国同志会
中等以上学校学生联合会 发布 十月十三日

（原载天津《益世报》1919 年 10 月 13 日，后收入《周恩来早期文集》）

致南开出校同学诸君

（1919年12月18日）

出校同学诸君：

现在校中添设"南开出校学生通讯处"，其中办事的细则，已登在上期《校风》报，想大家都已见着了①。在校中的意思，以为南开成立已经十五年，毕业的学生差不多有六七百人，合起没有毕业出校的学生算，数目总在一千人以上。这一千多人散布在国内外，有的是转入别的同等学校，有的是升入各高等专门同大学，有的在社会担任各种职务。国内外的面积这样大，到南开来上学的人又是差不多各省都有，诸君出校后四处分散，要想与校中消息灵通，同学的彼此消息灵通，实在不是件容易的事。就按每年学校中同出校同学通信的情形说，除去有"南开同学会"组织的地方，常常接有同学会的公函，各人单独的通信就不容易得了，至于普通同学们的彼此消息更是无从得知，推这种原因，病在校中没有一个正式通信机关，一方不能收受各地出校同学的消息，一方不能报告同回答校中的消息，又一方不能转达各同学彼此的消息。有这三种缺憾，所以"声息"的相通，就显得隔膜多了。这种痛苦，想出校同学诸君一定是常常感受，没有不愿意设法驱除的。

现在校中既然设立这种通讯处，大意是要为校中同出校同学诸君驱除这种痛苦，又委托兄弟在"课余之暇"做这件事。兄弟本来毕业中学校，也曾受过两年的离校的滋味，对于以上所说的痛苦，曾经亲身阅历过。因着三种痛苦，还引起两种"欲言不得"的痛苦来。

一、对着母校的各种施设，因为不能得知真相，遂引出许多的误会来，弄的对母校的感情日薄。

---

① 《南开出校学生通讯处细则》由周恩来拟订，载《校风》第133期。《细则》最后标明"办事人周恩来"。

二、对母校各种施设,有要建议的地方,因为没有人去接收,也没有去同各种施设机关接洽的人,所以弄的出校学生发言"等于无效",人人有不满意的感想。

这两种情形,我离开母校的时候,同出校同学的谈话,或者是同各人的通信,常常发现此点。我所认识的出校同学是这样,我想多数的出校同学诸君,也都要有这种感想。

我个人对于通讯处的办法,除去上一次所登的细则外,总起来说就是要弥补以上的五种痛苦。主旨是:联络出校的同学会同校内的所有分子去为南开谋精神上的发展,事业上的改造。

出校同学诸君:对兄弟以上所写的,要是有什么疑问同不满意的地方,尽可来信相问,我是很愿意答复的,我的责任也是要答复的。

这封信是我个人用通讯处名义同诸君第一次通信。我盼望诸君要"常常不断"的给通讯处来信,我也要"常常不断"的去信。建议!报告!讨论!传达!盼诸君爱母校要努力为母校谋"进步无疆"的幸福。

南开出校学生通讯处办事人
周恩来
八.十二.十八

(原载《校风》第一百三十四期)

《觉悟》的宣言[1]

（1919年12月29日）

"觉悟"的声浪，在二十世纪新潮流中，澎渤（蓬勃）得很厉害。我们中国自从去岁受欧战媾和的影响，一般稍具普通常识的人，也随着生了一种很深刻的"觉悟"：凡是不合于现代进化的军国主义，资产阶级，党阀，官僚，男女不平等界限，顽固思想，旧道德，旧伦常……全认他为应该铲除应该改革的。有了这种"觉悟"，遂酝酿成这次全国的"学潮"，冲动了全国的学生界，人人全想向"觉悟"方面走。在这种时期内，我们天津有些学生也本着这种感想，集合起来，要打算发行一种不定期小册子，用"觉悟"这两个字，做他的名字。这个集合的团体，遂叫他为"觉悟"社。

"觉悟"社的名字，在社会上传布了三个半月，然而"觉悟"社的小册子——《觉悟》——还没有见他出版。社会上想要看他、批评他的心，未免有"迫不及待"的情形，并且人人怀着一种《觉悟》"到底是怎么样？"的念头，寻问催促的很急。但是，外界催促的愈急，我们内部的恐惧愈甚。我们标榜的名字既是"觉悟"，我们小册子的内容，要没有一定"觉悟"的实质表现出来，对着社会，实在是惭愧了；并且还要夹着一种"哄骗"的成分在里头了。

因为恐惧，遂越发迁延，迟到现在，我们"觉悟"社内部的组织，经了几次从"觉悟"上得来的改变，稍稍有一点粗具模型的样子。我们小册子——《觉悟》——也经了几次变化，方敢大着胆子决定出版的日期，要在社会上露第一次的"面孔"。

《觉悟》的主旨同内容，经几次的毁改，现在的结果是要本我们"觉悟"社的

---

[1] 1919年9月16日，周恩来、邓颖超等20名天津男女青年组织了革命团体"觉悟社"，并出版由周恩来主编的白话文刊物《觉悟》。本篇和《觉悟》一文，都是经过全体觉悟社社员讨论，由周恩来执笔的。

目标——本着反省,实行,持久,奋斗,活泼,愉快,牺牲,创造,批评,互助的精神,求适应于"人"的生活——做学生方面的"思想改造"事业。抽象的话是要本"革心""革新"的精神,求大家的"自觉""自决"。发扬宗旨的方法有四种:

一、取公同研究的态度,发表一切主张;

二、对社会一切应用生活,取评论的态度;

三、介绍社外人的言论——著作同演讲;

四、灌输世界新思潮。

我们从这四种方法里,要表现我们能够"觉悟"的程度。但是,是否合于现代"觉悟"的潮流,我们很盼望社外边的人,从旁观的态度上能够给一种严重的审查,深刻的批评。我们是非常欢迎的。至于"觉悟"的程度够不够,我们全是学生,决不敢说已经"觉悟";并且也不能说是现在已经"觉悟"。我们的决心就是齐心努力向"觉悟"道上走,同时也盼望社会上所有的人都向"觉悟"道上走。努力!奋斗!一步步的"觉悟",一步步的"进化"。"觉悟"无边无止,"进化"无穷。

八.十二.二九

(原载《觉悟》第一期)

致张伯苓信

（1936年5月15日）

不亲先生教益，垂廿载矣。曾闻师言，中国不患有共产党，而患假共产党。自幸革命十余年，所成就者，尚足为共产党之证，未曾以假共产党之行败师训也。

去岁末，复闻先生于"一·二八"事变后，曾拟挺身入江西苏区，主停内战，一致对外。惜当时未得见先生，而先生亦未得见苏维埃与红军历次抗日宣言，向使当时果来苏区，红军北上抗日之路，或可早开，又何致直至去岁始得迂回曲折，以先锋军转入陕甘！经二万五千里历十一省之长征，在事为难能，在红军抗日之意更可大白于天下，而战胜声威，为抗日保存活力，或亦先生所乐闻欤？

今国难日亟，华北垂危。红军不能忍华北五省拱手让人，已于十一月出师东向，力争对日作战，并一再宣言，主张停止内战，一致抗日，红军愿为先驱，集中河北。不图山西阎氏阻挡于前，蒋复出兵于后，反使中国军队，同室操戈，为暴日清扫道路，是实现广田三原则中日"满"共同防共之要旨，而非中国民族之利也。

目前华北局势，非战无以止日帝之迈进。华北沦亡，全国继之，救华北即所以救全国。兄弟阋于墙，外御其侮。今日如能集合全国之武力与人力财力智力，共谋抗日，则暴日虽强，不难战胜，而民族战争之开展，端赖有一致之政府与军队。居今日中国，应不分党派，不分信仰，联合各地政府及各种军队，组织国防政府与抗日联军，以统一对外，并开抗日人民代表会议，以促其成。先生负华北重望，如蒙赞同，请一言为天下先。想见从者如云，先生昔日之志，将得现于今日也。

事急矣！东进匪遥，率直进言，幸赐明教，并颂教祺！

（原载《周恩来统一战线文选》）

埃德加·斯诺《西行漫记》录周恩来谈话[①]

（1936年夏）

周恩来是一个大官僚家庭的儿子，祖父曾任清朝大官，父亲是个杰出的教书先生，母亲不同凡俗（是个博览群书的妇女，甚至真的喜爱现代文学），他本人似乎注定要做个读书人的，因为他从很小的时候起就表现出有突出的文学天赋。但是，像他同辈的许多其他人一样，他在民族觉醒的时期里受的教育，使他的兴趣从文学转移到别的方面去了。第一次革命（1911年）以后，中国的单纯的新文化运动开始有了比较严重的产物萌芽，这时周恩来便被卷到了社会革命运动中去，这个运动将使中国受到触及灵魂深处的震动。

他先在南开中学，后在南开大学，学会了英语，受到了"开明的"教育，南开大学是天津得到美国教会支持的一所大学。他在班上成绩优异，在南开的三年都靠奖学金维持。接着日本提出"二十一条"要求，袁世凯企图恢复帝制，全国爆发起义，产生了争取民主和社会改革的运动，最后是1919年的学生运动。周恩来作为学生领袖，遭到逮捕，在天津关了半年监牢。

周恩来获释后去了法国。他在战后共产主义运动的影响下，在巴黎帮助组织中国共产党，成了同时在中国成立的这个组织的创建人。他在巴黎学习了两年，到英国去了几个月，又回到法国，接着又到德国学习了一年。他在1924年回国，已是个著名的革命组织者，回国后立即在广州与孙逸仙会合，后者当时与中国共产党和苏俄合作，准备发动国民革命。

（原载《周恩来自述》）

[①] 本文是《西行漫记》中有关周恩来的部分谈话记录。题目是编者加的。

周恩来和美国记者李勃曼的谈话记录[1]

(1946年9月)

　　十二岁的那年,我离家去东北。这是我生活和思想转变的关键。没有这一次的离家,我的一生一定也是无所成就,和留在家里的弟兄辈一样,走向悲剧的下场。

　　我离家去东北铁岭,是因为当时父亲、伯父都在那里做事。我在铁岭入了小学,六个月后又去沈阳入学,念了两年书。从受封建教育转到受西方教育,从封建家庭转到学校环境,开始读革命书籍,这便是我转变的关键。当时有两个教员,一个历史教员叫高戈吾(山东人)是革命党人,另一个地理教员是保守党人。高戈吾介绍我读进步书籍,如章太炎(光复会领袖)的书和同盟会的杂志。地理教员是满族人,姓毛,介绍我读康有为、梁启超的文章。章太炎的文章是古体文,很难懂,梁启超的文章是近体文,很易懂。

　　后来,戴季陶出了《民权报》,把章、梁的主张混合为一,写了激烈的文章攻击袁世凯,我从它的创刊号读起,直到这个刊物被当时的统治者袁世凯查封为止。那时我十三四岁。

　　十五岁(1913年)我入南开中学,是一个私立学校。学费起初由伯父供给,后来靠学校的奖学金。

　　南开的教育,是正常而自由的。我喜欢文学、历史,对政治感兴趣,对数理也有兴趣。总之,喜欢能说理的东西,不喜欢死记的东西,如化学、英文。我经常在课外读许多书。南开有集会结社自由,我们组织了敬业乐群会,我当过会长。一九一五年,参加反袁运动,演说、劝募,反对"二十一条"卖国条约。但当时南开全校学生有政治兴趣的也还不多。

　　1917年中学毕业后,我去日本念书,是自修,生活费用靠朋友供给。在日

---

[1] 本文是1946年9月周恩来与美国记者李勃曼的谈话记录。题目是编者加的。

本共一年半。

　　1919年"五四运动"时回国，又进南开大学，参加"五四运动"，主编《天津学生联合会报》。后该报被封，我被捕，坐牢半年（当时是段祺瑞的部下杨以德统治天津）。被释后，去法国勤工俭学（1920年）。

　　当时戴季陶在上海主编的《星期评论》，专门介绍社会主义，北平胡适主编的《每周评论》、陈独秀主编的《新青年》，都是进步读物，对我的思想都有许多影响。

　　这个时期，我的思想已从赞成革命而走向社会主义。但是由于我出身于封建家庭，我开始的社会主义思想是乌托邦的。不过因为我自小吃过苦，懂得生活之艰难，所以很短时间内，即转变到马克思的唯物主义了。这一时期，在国内曾看到《共产党宣言》，在法国又开始读到《阶级斗争》（考茨基）与《共产主义原理》，这些著作对我影响很大。

（原载《周恩来自述》）

周恩来总理在天津高等学校
师生欢迎大会上的讲话

（1957年4月10日）

西伦凯维兹部长会议主席，波兰政府代表团的同志们：
天津高等学校的老师们，同学们：

　　我首先说，我很高兴能够陪同西伦凯维兹同志和波兰代表团的同志们来到我青年时代的故乡，特别高兴的是，回到了我的同学们跟前。如果你们承认我是你们天津的同学的话，我现在愿意以三十八年前参加过"五四运动"的一个天津学生的身份，用今天的毛泽东时代的天津青年名义，向波兰政府代表团致敬。同时，我也愿意把我们天津青年的敬意请波兰政府代表团带给波兰的青年们。

　　刚才西伦凯维兹同志说得不错，波兰曾经受过帝国主义列强的瓜分，好像我们中国曾经受过帝国主义列强的侵略一样。我们两国同样受过殖民主义的迫害。可是第二次世界大战以后，波兰比我们早得到解放，并且比我们早开始社会主义建设。这就是说，波兰走在我们的前面。现在经过十多年社会主义的建设，经过波兰的劳动人民努力以后，波兰已成为一个工业化的社会主义国家。我们把波兰建设社会主义的成就看成是我们自己的成就一样高兴。虽然波兰在社会主义建设当中也曾经犯过一些错误，但是在波兰统一工人党的八中全会以后，在以哥穆尔卡同志为首的波兰统一工人党中央委员会的领导下，波兰的党和政府已经开始纠正了许多过去的错误和偏向。现在波兰人民正在坚定地沿着社会主义的道路前进。这次一月二十日的波兰会议选举就足以证明波兰的劳动人坚定地拥护波兰统一工人党的领导，拥护波兰的社会主义制度。中国人民把波兰人民的这种胜利也看成是我们自己的胜利一样高兴，我们认为波兰的成就，波兰的胜利和波兰的经验教训，都是值得我们的后进的社会主义中国的人民学习的。不仅这样,在中国人民革命的过程中,波兰人民始终关心我们的事业。正像西伦凯维兹同志在北京所讲过的,当中国人民革命取得胜利的时候,波兰人民感到非常高兴。这就说明我们两国的人民在各自革命事业中深深地感到彼此是休戚相关、甘苦与共的。在我们革命胜利了以后,波兰人民对于我们社会主义建设给了很多的帮助,特别是在远洋航运和科学技术方面。在天津工作的中波航运公司就足以证明这一点。我们应该借这个机会以天津市人民的名义——假使你们承认我也是天津过去的一个市民的话——再一次向波兰政府代表团表示我们的感谢。

我现在再以一个过去的天津学生——而且仅仅是一个中学生的资格讲几句话。我是四十年前在天津受过中学教育的一个学生。没有疑问,那时受的是资产阶级教育,但是资产阶级教育,对于我当时这样一个封建家庭出身的青年也给予了一些启蒙的知识。所以我每次来到天津,总是告诉我过去的师友说:我还是感谢南开中学给我那些启蒙的基本知识,使我有可能寻求新的知识,接触新的知识。但是这是四十年前的事。四十年后的今天呢?在座的同学都是大学生,你们生活在毛泽东时代,你们已经有可能不仅接受高等教育,而且能够在学校里完成学习以后,到社会上去继续学习,继续在工作中学习,在实践中丰富你们的知识。这是很难得的机会。你们大家都很清楚,在现在我们国家初建的时候,我们的国民义务教育一般地只能限于小学。这就是说绝大多数小学毕业生、大多数的中学毕业生需要参加劳动,或者准备参加劳动。只有极少数的小学生、初中生和高中生才能够升学。而你们正是这个极少数中的一部分。国家给了你们机会,你们自己也作了努力,使你们能够在大学求学。从一方面来说这当然是好事,但是从另一方面来说,也加重了你们的责任感。你们求得了高等知识,要进入社会为人民服务,首先你们应该想一想,怎样能够完好地解决六万万人的问题,也就是说怎样为六万万人建设社会主义社会的问题。但这是一个艰巨的任务,绝不是轻而易举的。毛主席告诉我们,革命的成功才不过是走完了万里长征的第一步。回顾一下三十年人民民主革命时期,固然困难重重,但是比起今后的建设事业来说,那还是较单纯的。不错,在革命中许多烈士流血牺牲替我们开辟了道路,他们的功绩是永垂千古的。可是今后,在社会主义的建设事业中,困难还会更多,而不会更少。今天能够受到高等教育的青年同学们不要把事情看得太简单、太容易。我们社会主义者,社会主义的青年,不应该怕困难,而准备遇到更多的困难,准备能力去克服更多的困难,不应该怕犯错误,而应该准备面对可能犯的错误,准备勇气去承认和改正错误,以便能够担当起今后建设社会主义的重大任务。所以我希望你们不要仅仅觉得现在已经是幸福的时代了。当然,比起灾难重重的旧社会来,比起反动统治时代来,现在是幸福得不可比拟了。这是我们社会主义制度必然要代替腐朽的旧社会制度的道理。可是,我们要建设起新社会来,也不是旦夕就能成功的,也不是一辈子就能做好的。更不是老一辈子人做好了以后,你们就可以从此享福,从此没有困难了。这是绝对不会有的事。否则,我们为社会主义、为共产主义奋斗什么?我们应该告诉青年同学们,在你们面前的是另一种性质的困难,跟过去革命时候的困难不同,是建设中的困难。这种困难在旧社会中不可能遇到,即使遇到也不能解决,而在新社会里你们一定会遇到这种困难,遇到以后,你们也一定能够努力去克服它。因此,你们的责任,应该说比我们重大,比我们艰巨。如果我们老一辈子的人要告诉你们一些经验的话,那就是:你们要比我们更能够艰苦奋斗,更能够克服困难,更有勇气面对错误,纠正错误,更有能力寻求新的知识,增加新的知识。你们要能够比我们更好地创造未来的世界,使它能够不断地前进。刚才西伦凯维兹同志说得很对,未来是属于你们的。怎样才能使未来属于你们呢?那就是要你们比我们老一辈子的人负起更重大的、更艰巨的责任,工作比我们做得更好,这才能够不辜负刚才西伦凯维兹同志给你们的赠言,这样才能够使未来真正属于你们,而你们才不致为未来所抛弃。

(原载《人民南开》1957 年 4 月 17 日)

给南开中学(天津市第十五中学)学生会、共青团委员会的信[①]

(1957年5月4日)

天津市第十五中学学生会、青年团委员会并转全体同学们：

我很高兴地读到了你们的来信。在你们举行红五月大联欢的时候,我衷心地祝贺你们快乐,并且希望你们好好学习,加强劳动观点,热爱祖国,提高政治思想觉悟,树立艰苦朴素作风,为准备做一个有文化有技术的工人和农民,做一个体力劳动和脑力劳动相结合的知识分子而努力。

祝你们三好！

一九五七.五.四
于北京

(原载《解放后南开中学的教育》)

---

① 南开中学当时改称天津市第十五中学。

附录二

周恩来总理来我校视察

《人民南开》

（本报讯）5月28日，周恩来总理来到了南开园。在七个多小时内，参观了学校的实验室、教室、图书馆、资料室、学生宿舍、运动场、职工食堂和经济研究所。

上午九点三刻，周总理和邓颖超同志由河北省委第一书记林铁、书记处书记张承先、天津市委书记处书记王亢之、市委教育部部长梁寒冰陪同，首先来到了第一教学楼客厅。周总理面色红润，神采奕奕，六十岁的人看起来还不过四十多。

周恩来总理（左二）来到南开大学，
与校党委书记高仰云（右一）握手

在党委负责同志汇报了学校的情况以后，周总理原本打算去化学系参观。但是，当总理听到广大师生员工在广场已经集合起来，为了不让大家在阳光下久等，就径自来到了图书馆大楼前，和全校师生员工见面，并做了重要讲话。

周总理非常关心学校师生员工的工作、学习和生活。在去化学系的路途中，他突然提出要去看看职工食堂。在那里，总理吃了一顿饭，还亲到厨房，俯视着一个个菜桶，对每一种饭菜的价格、粗细粮的搭配比例、食堂的清洁卫生和教授们的伙食情况，做了详细的了解。在参观中，总理一再地问学生每周和每天上课时数，每天的时间安排，一上午连上五堂课的时候多不多，累不累。在学生宿舍，总理细心地观察了宿舍的布置和学生们在书架上所放的书籍。当人们告诉总理每间宿舍住六个人的时候,他就指着书桌问:这样长短,学生们在自学时能不能坐得开?周总理还检查了学生的学习情况。他仔细地翻阅着同学们的学习笔记,参教书籍,让同学们念英文给他听,读音不准还给纠正,鼓励他们努力学习。有一个女同学,由于太激动没敢念,总理就一再鼓励她,给她做了示范。并风趣地对她说,要勇敢些,要解放思想。在经济研究所,周总理对该所方向和研究方法做了具体细致的指示。周总理不放松任何一个能了解情况的机会,他在物理系参加了该系职员和辅助员的增产节约讨论会。为了看看学生劳动锻炼的情况,在图书馆,周总理不辞辛苦,一口气走上了五楼的屋顶往下观看。

周总理在下午六点才离开学校。当中曾去天津大学参观了近两个小时。周总理的到来,大大地鼓舞了全校师生员工工作和学习的热情,他们纷纷表示要以实际行动来报答总理的关怀。

(原载《人民南开》1959 年 5 月 30 日)

周总理在职工食堂

《人民南开》

周恩来总理（左一）在职工食堂与炊事员握手

5月28日下午一点四十分，周总理在天津大学参观了一个多小时以后，又回到了南开园。下了车没顾得休息，就径自走向第二教学楼。在半路上，周总理突然问："学生食堂在哪里？"当学校的负责同志回答说离这很远时，总理又问起了职工食堂，并表示要到那里去看看。

那天中午，职工食堂的炊事员们正忙乎着下一顿的主食。他们一面干着活，一面谈论着上午听周总理讲话的情景。李庭安、马承才、王玉华等几个人为了做中午饭，没去成，他们用羡慕的眼光注视着同伴们谈话时的神色，心里想："什么时候也能见一见周总理那该有多好。"

"周总理来了！"党委会的王志峰急急忙忙打后门奔了进来。

"总理会来到我们这儿？"炊事员真有些不相信自己的耳朵，一时不知所措。正待着，周总理已经出现在他们的面前，微笑着，向他们点头示意。炊事员李双印双手正捏着窝窝头，见周总理来，将身一闪站在旁边，不作一声。哪知周总理头一眼就瞧见了他，过来就和他握手。李双印有满肚子的话想和总理说，可是那不听话的嘴巴，却一个字也迸不出来，连个"好"也没有问，只是用两眼盯着总理瞧。这个当了多年炊事员、在旧社会被人瞧不起的人，怎么也没想到今天会有这么大的荣誉。

"你们的工作很忙吗?""又在做下一顿饭了?"总理说着说着走进了厨房。周总理走到一个菜桶旁边俯着身子问:

"中午没有卖完,多少钱一份?"

"这是萝卜,五分钱。"

"这个呢?"

总理走到了另一个菜桶面前。

"小白菜粉条,也是五分。"

周总理回眼一看,见桌子上还放着一盘鱼,用手一指,再一次问着价钱。

"两角。"

"还不算贵。"

猛回头,周总理看到笼屉上有中午开饭后剩下的凉窝窝头,就过去拿了一个,用手掂了掂。

"窝窝头多少钱一个?"

"两分。"

"这便宜,我买两个。"总理说着一手就抓了一个,走出厨房,在饭厅中随便找了一个座。

"就在这儿吃饭吧!吃饱了好多参观。"周总理爽朗地说着,一边招呼同来的工作人员和新闻记者们:

"你们忙了半天肚子也一定饿了,坐下来一起吃饭吧!我请客!"

这下子可把炊事员们急坏了,菜已经差不多卖完了,而且剩下的也都已凉了,拿什么东西给总理吃呢?

"来一盘萝卜,再加两分钱咸菜,千万别给我做菜。"

炊事员们没敢违背总理的意思,但心里总有些过意不去,拿凉菜凉窝窝头来款待国家领导人那怎么行呢?

总理夹着萝卜,大口大口地吃着窝窝头,并侧过身来对坐在他身边的天津市委文教部部长梁寒冰同志说:"萝卜有营养,还可以帮助消化,我就是喜欢吃萝卜。"接着,总理和周围的人谈笑风生地又讲起他学生时代在前南开校长张伯苓家吃窝窝头的故事。

炊事员给端来了一碗汤,周总理看见里面放着鸡蛋,就用手制止说:"不要再做了。"学校的负责同志解释了几句,他才喝了几口。

吃完饭,周总理又一次来到了厨房,亲切地和炊事员同志们一一握手道谢。

"你们继续工作,你们的工作很重要。"这给炊事员们有多大的鼓舞,他们今天更真正意识到党是多么重视他们的工作啊!

总理走到炊事员赵风轩身边。赵风轩心想:我手上沾满了棒子面怎么能和总理握手呢!转过身来,就在水里涮了一涮。不涮犹可,这一涮可更糟糕了,又湿又黏。总理看透了他的心理,低声对他说不要紧不要紧,说着就把手伸了过来。赵风轩握着总理的手,有着说不出的滋味。

周总理离开了饭厅。炊事员们再一次回忆着这幸福的时刻!用什么来回答总理的关怀呢?工人阶级是不兴说空话的,他们决心搞好食堂的清洁卫生工作,在目前条件下,做到主食多样,把副食的花样从每顿三个增为六个,以后还要争取达到十个。

(原载《人民南开》1959 年 5 月 30 日)

周总理巡视物理系

《人民南开》

周恩来总理(左一)与南开大学物理系青年教师母国光

5月28日下午三点一刻至四点五分,这段不寻常的时光,在物理系许多师生和员工的心中,铭刻下永世难忘的记忆。那天晚上在原子核物理教研组和物四原子班联合举行的座谈会上,曾经和总理亲切交谈和握手的教师与同学们,激动地描述着那些难忘的情景,并且表达了自己内心深处所起伏的波澜。112实验室进修教师杨靖霞说:"今天下午,我经历了一生当中最幸福的时刻,当总理进入实验室后,我紧张得不知如何来介绍我们所进行的科学研究项目,但是总理那亲切和蔼的笑容,鼓起了我的信心和勇气,我开始平静地讲解着我们所试制的新仪器的性能、用途和工艺情况。总理还详细地询问了仪器的制作需要用哪些材料,这些材料是哪些工厂出产的,我们在工作中遇到哪些困难和问题,等等,真是比我们自己还关心得更加细致。总理又问我从哪个学校来的,我说从成都工学院来的,总理立刻微笑着说:'你不是四川人吧?'我告诉总理:'我是湖南人。'这时我心里洋溢着无限的温暖和幸福,我想:这是何等亲密的领袖和群众的关系啊!"她接着又说:"我们的工作做得很不够,因此我没能用令人满意的成绩向总理汇报,这使我深深地感到遗憾和惭愧;我决心今后鼓足更大的干劲,全力以赴地投入工作的最后冲刺阶段,用提前完成和出色地试制成功,来回答党和总理的无微不至的关怀。"物四原子班学生邵丽影说:今天下午,我在资料室查阅外文文献,忽然,门被推开了,总理出人意外地走了进来,当时,我不知所措地呆坐在座位上心里紧张极了。总理走到我的身边,把手伸给我,我连忙紧紧地握住总理的手,心呵,在剧烈地跳动。总理亲切地问我在看什么书,并且还翻阅着我的读书笔记,然后又是那么谦虚地说:"我看不懂。"这时,我仍然坐在椅子上,而总理却站在桌子旁,我开始意识到应该站起来了。于是也就慢慢地站起来,但是总理却说:"坐着谈不是很好吗?"并且把我按回在座位上。我想,我们的领袖是多么的谦虚、和蔼和亲切近人啊!总理还关切地问我:每周上多少课,每天的时间如何分配,科学研究小组有多少同学,是否有教师指导,是否有时间参加劳动锻炼,实验做了一半却到了劳动锻炼时间是否可以请假,等等,我们的领袖就是这样全面地细致地关心着青年学生的成长。"我今后一定要按总理的指示和教导去生活,力争读书、劳动、思想三丰收,准备为社会主义和共产主义做出最大的贡献,只有这样,才不辜负总理对我们殷切期望。我要用实际行动来作为自己这种决心的见证。"原子核物理教研组秘书杨先珏说:"我虽然没有获得与总理交谈和握手的这种珍贵的幸福,但是我在详细询问了每个获得这种幸福的同志的心情和感受后,也同样感受到了他们所得到的欢乐、鼓舞和力量。这将推动着我更加兢兢业业地为党工作。"

在204实验室,电子物理教研组副主任朱遐先生向记者诉说着总理参观这个实验室并同他谈话的情景。朱先生说:"当总理听完我的汇报和解说,从而了解到我们正在从事某一尖端科学的研究工作之后,饶有风趣地对我们说:'能完成吗?有信心吗?'总理的亲切鼓舞,使我们信心倍增,我们怎么能不加速前进呢?因为党和国家的领袖们在注视着我们的脚步。"

基础物理教研组辅助员邹玉成兴奋地告诉记者说:"今天下午,全体行政干部和辅助员都在结合上午总理的指示讨论增产节约问题,忽然,总理走了进来,正在发言的宋庆熙停止了讲话,总理连忙说:'我是以学生的身份来向你们学习的,你们继续发言吧!'说着就坐到我旁边的椅子上了。总理低声问我:'正在发言的人是谁?做什么工作?'我紧张地吞吞吐吐地回答了总理的问题。总理又亲切地问我做什么工作,是哪里人,我说:'自己是辅助员,原籍在四川。'总理又问,是四川哪一县,我说是四川成都,总理微笑地点了点头。由于总理是那样地和蔼可亲,我也不再惊慌了。于是,我就问总理:'总理去过成都吗?'总理微笑着说:'去过。'总理后来又问我:'你们女同志为什么总是不发言?'我有些调皮地解释道:'总理来晚了,我们女同志已经发过言了。'"邹玉成接着又向记者诉说着自己的心情和感受,她说:"那短短的十几分钟,是我一生当中最幸福、最欢乐、最值得珍贵的时刻。我从来没有想到过,我会同总理坐在一起,像两个熟悉的朋友一样彼此毫无拘束地交谈着,这只有在社会主义国家里才可能出现这种令人永远难忘的事情。我一定要在自己这个平凡的岗位上,踏实工作,勤恳学习,用出色的成绩,来作为对党和领袖的最实际的感激。"

(原载《人民南开》1959年6月3日)

南开大学建立周恩来同志纪念碑

《天津日报》

（本报讯）南开大学建成周恩来同志纪念碑，并于昨日上午揭幕。在一片鞭炮声和掌声中，中共中央政治局委员、国务院副总理方毅同志为纪念碑揭幕剪彩。

10月17日，是南开大学建校六十周年。为了迎接这个节日，南开大学师生从去年就热烈要求建立周恩来同志纪念碑。他们在写给学校领导的信中说，南开大学是敬爱的周恩来同志的母校，在中外享有盛誉。中华人民共和国成立后，周总理一直关怀南大，并多次视察，做过重要指示。值此建校六十周年之际，应建碑纪念，以激励广大师生员工，继承总理遗志，大干"四化"。今年，校党委和校长办公会议对此提议进行了反复讨论，认为这一提议完全反映了全校师生员工的心愿，应列为校庆的重要内容。随后，在以校长杨石先为首的国庆、校庆筹委会的领导下，加紧进行准备。经多次设计并反复征求意见，最后才把方案确定下来，并于7月底施工。

根据广大师生的愿望，纪念碑建在绿荷环抱、风景秀丽的马蹄湖湖心岛上。碑体高2米，宽4米，为象征周总理高洁无瑕的一生，全用大块的汉白玉制作。碑的正面，镶嵌铜制周总理侧身浮雕像和用周总理笔迹拼成的六个大铜字："我是爱南开的。"这是1919年周恩来同志给留日南开同学会信中的一句话，表达了他对母校的深厚感情。碑的背面，刻有由校长杨石先手书的碑文，全文如下：

　　周恩来同志一九一七年毕业于南开学校，九月赴日留学。一九一九年四月回国，九月入南开大学，为我校第一期学生。"五四"时期，领导了天津人民反帝反封建的爱国运动，并创建了觉悟社。翌年七月离校，后赴法勤工俭学。

抗日战争期间,周恩来同志在重庆常到沙坪坝我校经济研究所和南开同人宿舍,纵论天下大势,宣传我党方针政策,激励师友团结抗日。

解放后,周恩来同志肩负千钧,日理万机,仍始终关怀南开大学的发展,曾于一九五一年二月、一九五七年四月和一九五九年五月三次重返母校视察,并作了重要指示。

兹值建校六十周年,全校师生员工追怀往事,誓承遗志,建设祖国,实现四个现代化。为表对周恩来同志热爱之忱,谨立碑永志。

纪念碑左侧还有一条60厘米的半环形花岗石镶边,与碑下1米多高的花岗石假山形底座相配,构成群峰起伏之状,再环之以微波荡漾的马蹄湖水,整个设计,象征着全中国人民热爱的周总理的伟大革命精神与祖国的山川共在。

国务院副总理方毅(中)为周恩来纪念碑剪彩

在近三个月的施工期间,学校各职能部门齐心协力,互相配合,保证了工程的顺利进行。参加施工的工人干劲十足,负责人即使在生病时也一直坚持在工地上。

施工过程中,还得到了北京工艺美术研究所、北京玩具三厂和河北省遵化市团瓢庄民工建筑队的大力支持。北京建筑工艺雕塑厂也曾派人来帮助施工。

(原载《天津日报》1979年10月18日)

后　记

《周恩来与南开》在纪念"五四运动"90周年,庆祝南开学校创办105周年、南开大学成立90周年之际出版了。

周恩来是中国革命和建设时期的伟大历史人物。对于中华民族来说,他的名字是一个永恒的记忆。南开是周恩来的母校,天津是周恩来的第二故乡。1913年至1917年,他在南开中学完成学业。1919年"五四运动"中,他在南开大学留下短暂而不平凡的经历。以后几十年的风雨岁月,重庆、天津两地的南开校园都有他难以忘怀的身影。这是南开人的光荣,是南开文化的特有内涵,也是文化育人力量的源泉之一。周恩来校友的名字,一直是激励南开前进的动力。学习和发扬周恩来的精神,是南开教育的责任和使命。

有鉴于此,特组织编纂《周恩来与南开》一书。收入该书的文章,一部分是亲历者的口述实录文字。它们是"周恩来与南开"的历史见证。为了添补和缀连一些历史细节,也适当收录了一些研究者的叙史文章(但不包括学术性研究论著)。另一部分是天津南开中学、重庆南开中学和南开大学发扬南开传统,践行周恩来精神,进行思想教育的历史资料。全书分为"周恩来与天津南开中学""周恩来与'五四运动'""周恩来与南开大学""周恩来与重庆南开中学"等四个部分,书后还有"附录"。所有收录文章大都取自过去周恩来青年时代在津革命活动纪念馆(即周恩来邓颖超纪念馆前身)所编《周恩来青年时代》及南开大学、天津南开中学和重庆南开中学编印的书刊,谨向原编者表示深切感谢。

本书在编辑过程中,得到周恩来邓颖超纪念馆、天津和重庆两地南开中学的热情支持。陈洪、刘景泉、朱光磊等同志及校党委宣传部也给予了具体帮助。梁吉生同志是本书的设计和具体编撰者。南开大学档案馆张兰普同志也为本书付出了大量心血。南开大学出版社文稿编辑室主任焦静宜同志不顾溽暑炎日审读书稿。谨此致以衷心感谢。

编　者
2009 年 7 月

N